심리상담사가 바라본

부부와 자녀 양육

심리상담사가 바라본 부부와 자녀 양육

발행일	2023년 4월 13일		
지은이	임향빈		
펴낸이	손형국		
펴낸곳	(주)북랩		
편집인	선일영	편집	정두철, 배진용, 윤용민, 김부경, 김다빈
디자인	이현수, 김민하, 김영주, 안유경	제작	박기성, 황동현, 구성우, 배상진
마케팅	김회란, 박진관		
출판등록	2004. 12. 1(제2012-000051호)		
주소	서울특별시 금천구 가산디지털 1로 168, 우림라이온스밸리 B동 B113~114호, C동 B101호		
홈페이지	www.book.co.kr		
전화번호	(02)2026-5777	팩스	(02)3159-9637

ISBN   979-11-6836-818-7 93180 (종이책)   979-11-6836-819-4 95180 (전자책)

(주)북랩 성공출판의 파트너

북랩 홈페이지와 패밀리 사이트에서 다양한 출판 솔루션을 만나 보세요!

홈페이지 book.co.kr   •   **블로그** blog.naver.com/essaybook   •   **출판문의** book@book.co.kr

작가 연락처 문의 ▸ ask.book.co.kr

작가 연락처는 개인정보이므로 북랩에서 알려드릴 수 없습니다.

갈등 가족에서 행복한 가족으로 거듭나다!

심리상담사가 바라본
부부와 자녀 양육

| 임향빈 지음 |

자녀의 올바른 양육과 함께 행복한 부부로

상담학박사 임향빈이 조력하는 행복한 부부와 자녀 양육 지침서

북랩

CONTENTS

머리말

　대추의 씨가 하나인 것은 대추를 먹어본 사람들이라면 누구나 안다. 그러나 대추 씨에 몇 개의 대추가 영글게 될지는 아무도 모른다. 대추의 씨가 땅에 뿌리를 내리고, 싹이 트고, 잎과 줄기가 커져 둥치를 이루어 수많은 열매를 맺을 수도 있고, 싹이 트기도 전에 말라 자랄 수 없게 될 수도 있다.

　아이들이 바르게 성장하여 사회구성원으로서 자리 잡아 부모보다 더 나은 삶을 살아가기를 바라는 것은 자녀를 양육하고 있는 부모라면 대다수 갖고 있는 생각이다. 그러나 양육자의 성격, 성향, 가치관이 올바르지 못하다면 그가 양육하고 있는 아이 역시 양육자의 틀에서 벗어나기 어렵다. 즉, 경계선 성향의 양육자가 자녀를 양육한다면 경계선 성향의 아이를 길러내게 된다. 따라서 자녀의 문제를 치유하고자 한다면 그를 양육한 양육자의 변화와 치유가 선행되어야 한다.

　사람은 누구나 태어나면서부터 다양한 경험을 하게 되며, 한 번 경험한 일들은 그냥 사라지는 것이 아니고 무의식에 가라앉아 있다가 연상상황(연상기억)에 의하여 재활성화하게 된다. 특히 어린 시절 아동기 감정 양식이 형성되는 60개월 이전의 경험은 성격, 성향, 가치관에 미치는 영향이 크게 되므로 바르게 형성될 수 있도록 더욱 주의를 기울여야 하며, 양육자는 자녀의 관점에서 사랑을 주어야 한다.

이 책은 부부와 자녀 양육에 대하여 체계적으로 이해하고 적용할 수 있도록 세부적인 방법에 대해 설명하고 있다. 1부, 2부로 나누어져 있으며 1부에서는 부부에 관하여 다루고 있고, 2부에서는 자녀 양육에 대하여 다루고 있다.

1부는 1장 결혼, 2장 부부의 관계와 갈등, 3장 부부의 성性, 4장 관계 안의 스트레스 그리고 부부의 갈등 두 사례에 대하여 기술하였다. 2부는 1장 부모, 2장 부모효능감과 자기효능감, 3장 아이의 감정 양식, 4장 육아와 훈육, 5장 아동의 정서 발달과 사회, 6장 심리적 발달 과정 그리고 사례로 구성되어 있다. 1부의 사례에서는 부부 갈등의 요인과 미치는 영향, 2부의 사례에서는 부※의 말에 의하여 상처받은 자녀의 정체성 혼란과 영향에 대하여 다루고 있다.

이 책에서 제시하고 있는 부부와 자녀 양육은 다음과 같은 분들에게 실질적으로 도움이 될 것이다. 결혼을 앞둔 예비부부, 아이들을 양육하고 있는 부부, 할아버지, 할머니, 아이 돌보미 등 자녀를 돌보아야 하는 양육자에게 자녀 양육 지침서와 같은 역할을 하게 될 것이다. 이와 함께 교육기관과 생활시설에 종사하는 선생님들과 지도자들의 역량 강화에 도움이 되었으면 좋겠다. 또한 아동의 바른 성장과 발달 단계에 맞는 지도와 훈육으로 올바른 인성과 자아존중감의 향상에 도움이 되기를 바란다.

이와 함께 필자의 노력이 이 땅에 뿌리를 내리고, 나무가 되어 열매를 맺고, 그 열매를 통하여 건강하고 행복한 사회가 되는데 이바지하기를 바란다.

1부

심리상담사가 바라본 **부부**와 **자녀 양육**

부부

1장

결혼

1. 결혼의 법적 보호

결혼은 일반적으로 성인 남자와 여자가 공식적으로 가정을 이루는 제도이며, 관례이기도 하다. 인류사회는 기본적 욕구를 충족시키기 위한 방법으로서 좀 더 영속적이며 안정된 가족제도를 일찍부터 발전시켜왔다. 사람들은 성장함에 따라 부모로부터 독립적으로 자신의 생활 영역을 확보하고 심리, 정서, 사회적 욕구를 충족하고자 한다. 결혼은 이와 같은 욕구를 가장 잘 충족시킬 수 있는 사회집단으로써 가정을 법과 제도로 보호한다(송성자, 2005: 27).

과거에는 결혼을 결혼 적령기에 도달한 성인 남녀가 반드시 해야 하는 필수적인 삶의 관문과 같이 여겼었다. 하지만 최근에는 가치관의 변화와 함께 다양한 생활양식에 대한 인식이 확산됨에 따라 점차 결혼을 개인적인 선택사항으로 여기고 있다. 아직도 대부분의 사람이 결혼하는 쪽을 선택하고 있기에 여전히 결혼의 중요성은 공감대가 많이 형성되고 있는 편이다. 이러한 사회 변화에 따라 동거나 독신, 비혼(결혼을 못한 미혼이 아니라, 결혼을 주체적으로 선택하지 않는 삶의 방식) 그리고 이혼에 대한 가치관 역시 점점 더 개방적으로 변화하고 있는 추세이다. 결혼은 본인의 자유로운 의사에 따른 남녀의 결합이지만, 법적인 승인을 얻어서 양가 가족, 사회 그리고 국가에 공포함으로써 부부로 인정받는 사회적 의미를 지닌다. 하지만 사회적 승인이 없는 남녀의 동거생활이나 성생활은 법적, 제도적 부부가 아니므로 사회적으로 인정을 받지 못한다(신용주, 김혜수, 2021: 53).

성인 남자와 여자가 결혼함으로써 부부 관계가 형성됨과 동시에 한국에서는 민법에 명시한 법적 보호와 의무 그리고 제한을 받게 된다. 대부분의 국가에서는 개인의 권리와 사회의 질서를 유지하기 위하여 결혼을 법적으로 통제하고 있다(송성자, 2005: 32). 대한민국 민법 제812조(혼인의 성립)의 내용은 다음과 같다.

① 혼인은 「가족관계의 등록 등에 관한 법률」에 정한 바에 의하여 신고함으로써 그 효력이 생긴다. 〈개정 2007.5.17.〉 ②전항의 신고는 당사자 쌍방과 성년자인 증인 2인의 연서한 서면으로 하여야 한다(법무부, 2020).

결혼은 모르는 남녀가 만나 서로의 부족한 욕구를 보완하고 충족시키기 위하여 선택한 울타리이며, 서로를 보호하고자 인간이 만들어 낸 제도적 방안이다. 원만한 결혼 생활을 유지하기 위하여 당사자는 신의 성실을 준수하며, 믿음과 신뢰가 유지되어야 한다. 사회적으로는 성인으로서 갖추어야 할 도덕적 규범과 윤리 그리고 책임이 따르게 되며, 의무와 권리도 주어지게 된다.

건강한 남자와 여자는 성性에서 자유로울 수 없으며, 성적 욕구를 어떻게 표출하는가에 의하여 사회적 지탄을 받을 수도 있고, 보호를 받을 수도 있는데 법과 제도로서 보호를 받는 것이 결혼제도이다. 이와 함께 모르는 남녀가 교제 후 결혼하게 되는 또 하나의 이유는 안전한 성관계이다. 성관계는 연령대에 따른 차이는 있으나 그 연령대에 적절한 성관계나 빈도가 높은 부부일수록 삶의 질이 높아지며, 결혼 만족도 역시 높아진다. 그러나 자녀의 출산, 스트레스, 심리적 요인, 육체적 피로 등 여러 가지 이유로 인하여 원만한 성관계가 이루어지지 못할 경우 결혼 생활 유지에 어려움을 가져오기도 하며, 파경을 겪기도 한다. 즉, 성적 불만족은 부부 갈등과 이혼의 원인이 되기도 한다.

2. 결혼의 이해

결혼은 그 자체로 인간의 행복에 중요한 영향을 미치며 삶의 질을 설명하는 가장 큰 변수이다. 사랑과 헌신의 관계를 기반으로 하는 결혼 생활은 부부가 함께 인생의 고통을 나누고 서로의 성장을 이루어가는 과정이다(양미아, 2020). 결혼을 하게 되는 동기는 개인마다 다르다. 친밀한 관계를 맺으며 안정된 생활을 추구하기 위하여, 성적 욕구를 합법적으로 충족하기 위하여, 경제적 안정을 위하여, 자녀를 갖기 위하여 등으로 다양하다. 결혼의 동기는 크게 개인적 욕구를 충족하기 위한 개인적 측면과 사회의 욕구를 충족하기 위한 사회적 측면으로 나눌 수 있다. 개인적 측면으로는 성적 만족과 심리적 안정을 추구하기 위해서이며, 사회적 측면으로는 사회적 유대감을 증진시키고 가문을 계승하기 위해서이다. 최근에 결혼의 동기는 사회적 측면보다 개인적 측면이 더욱 중요하게 인식되고 있다(신용주, 김혜수, 2021: 62-63).

동서고금을 막론하고 결혼이라는 것이 행해져 온 것은, 결혼이 다양한 기본 욕구를 충족시킨다는 사실을 입증해 주는 것이다. 결혼은 보통 자녀의 생산과 그로 인한 종의 존속을 확실하게 하는 최선의 방법으로 여겨진다. 대부분의 사회에서 결혼은 또한 경제적인 이점도 지니고 있다. 즉, 물질적인 욕구가 결혼 생활을 통해서 좀 더 쉽게 충족된다. 그뿐만 아니라 결혼은 성적 욕구를 합법적으로 충족시켜준다. 결혼은 우정, 애정, 동반자 관계의 안전한 근거를 마련해 주며, 정서적인 도움이 된다. 오늘날 높은 이혼율은 이러한 이상에 도달하기가 어렵다는 것을 말해 주지만, 높은 재혼율은 많은 사람들이 계속 노력하고 있음을 보여준다(정옥분, 2009: 556).

긍정적인 상호작용을 배우자들끼리 교환할 경우 점점 더 긍정적인 상호작용 교환 빈도가 높아지고, 이는 결혼 만족 수준을 높이게 되며, 반면에 부정적인 상호작용의 교환 빈도가 높은 부부들은 점점 더 부정적인 상호작용을 할 가능성이 높으며 결혼 만족 수준은 낮아지게 된다(이보미, 2016).

모르는 남녀가 만나 서로 좋아한다는 단순한 이유 하나만으로 꾸미는 것이 가정이다. 물론 가정을 꾸미기까지에는 여러 가지 사회적인 제약과 남녀 각자의 가정적 조건이 따르지 않는 것은 아니지만 웬만한 제약이나 조건은 별로 계산에 넣을 만한 걸림돌이 되지 못한다. 서로 좋아한다는 결속에 의한 확신만 있다면 어떠한 것도 이들이 가지고 있는 자력을 능가하는 힘을 행사할 수 없기 때문이다. 자유 결혼이든, 중매 결혼이든 결혼에 필요한 절대적인 조건은 서로 좋아하는 감정이다. 서로 좋아하는 감정이 없이는 결혼이라는 것이 거의 불가능하기 때문이다. 사람에 따라서 어느 정도 차이는 있겠지만 좋아하는 감정이란 어느 때인가 묽어지는 것이 일반적이다. 그렇다고 해서 열정을 보존하는 방법이 전혀 없는 것도 아니다. 그런데도 그 방법을 터득하기도 전에 성급하게 가정을 꾸며버린 당사자들의 무책임한 결과가 갈등과 싸움 그리고 심하면 별거와 이별을 안겨준다(임종렬, 2002: 74-75).

가족은 개인의 발달과 성장에 필수적 환경체계인 동시에 사회의 기초를 이루는 가장 중요한 시발점이 된다. 이처럼 중요한 가족이 부부로부터 시작된다는 점에서 결혼 만족도는 건강하고 행복한 가족의 필수적 요소이다. 결혼 만족도란 부부가 결혼 생활을 지속하면서 결혼 생활의 실제와 기대 간의 차이에서 오는 만족 정도를 나타내며, 부부 각각의 심리적인 요인과 환경적인 요인에 의해 영향을 받는다. 결혼은 가치관과 성장배경, 성격이 다른 두 사람이 결합하여 형성된 관계이므로 부부간의 차이점에서 발생하는 여러 문제들을 어떻게 해결하느냐가 결국 원만한 부부 관계의 중대한 지표가 된다. 나아가 행복한 부부와 불행한 부부를 구분할 수 있는 중요한 척도가 결혼 만족도인데, 부부의 결혼 만족도가 낮아지면 가족 고유의 정서, 관계적 기능이 약화되면서 이혼율 증가, 아동, 노인학대, 가정폭력과 같은 가족의 역기능적 특성의 증가로 이어지는 경향이 있어 부부의 결혼 만족도를 향상하는 것이 우리 사회의 주요 문제로 이슈화되었다(강혜숙, 김영희, 2012).

현대사회의 결혼은 가문의 계승과 집안의 화목에 일차적인 목적을 두지 않고, 부부 사이의 애정적 유대관계에 기반을 두며, 가족 전체보다는 부부 중심의 행복과 만족을 추구하려고 한다. 현대 부부 생활은 핵가족 내의 상호작용에 중점을 둠으로써 개인의 욕구가 충족되며, 부부 관계도 애정이 존재하는 관계로 발전시킬 수 있다. 그러나 그 과정에서 부부 상호 간의 기대, 가치관, 결혼의 동기, 가족 의식, 성격 등의 차이로 인한 불만과 좌절감으로 가족관계에서 새로운 형태의 갈등을 일으킬 가능성은 더 증가하고 있다. 예를 들면, 남자들은 남자들에게 편리한 전통적인 가족 구조와 가족 관계 유형을 고수하기를 원하는 반면에 여자들은 변화를 원하기 때문이다. 이와 함께 성격, 성향, 가치관의 차이와 원가족 내에서 형성된 삶의 방식에 길들어져 있기 때문이기도 하다.

원가족 내에서는 결혼 전에는 부여되지 않았던 관계 속의 위치와 도리가 삶의 일부분으로 다가오며, 그 역할을 하지 못하였을 때 어려움에 봉착하기도 한다. 이와 함께 부부 당사자 간의 생활도 변할 수밖에 없다. 부부는 원가족에서 벗어나 새로운 가정을 일구어 가면서 이전에는 경험할 수 없는 책임과 의무가 부여되고 사회구성원으로서 역할을 수행하게 된다. 부부는 각자 맡은 바 역할에 따라 삶을 이어가는데 당사자에게 주어진 의무와 책임을 소홀히 할 때 가정은 균열과 함께 갈등이 시작된다. 부부의 갈등은 서로에 대한 욕구 불만에서 표출되며, 그 요인으로는 성^性, 경제문제, 고부갈등, 원가족 갈등, 의사소통 등 다양하다.

부부 관계의 어려움을 주는 요인 중 성이 차지하는 부분이 크다. 결혼 생활에 있어서 성적 욕구가 충족이 안 되었을 때 나타나는 어려움은 화와 분노를 수반하며 정상적 결혼 생활이 어려워지기도 한다. 부부 또는 가까운 사람과의 갈등이 일어난다면 정서 통장에 균열이 생기고 있다는 신호이다. 정서는 사람의 마음에 일어나는 여러 가지 감정 또는 감정을 불러일으키는 기분이나 분위기를 의미한다. 즉, 사랑, 온정, 배려, 포용, 이해, 공감 등을 말한다. 따라서 부부의 정서 통장에 정서가 가득 쌓여 있다면 갈등으로 인하여 정서를 차감해도 큰 어려움 없이 지나가지만, 정서 통장에 잔고가 고갈되면 사소한 갈등이 점차 커져 감당하기 어려운 파경에 처하게 된다.

3. 배우자의 선택

Freud 학파의 심리학자들은 사랑을 자신의 부모와 대체할 수 있는 사람을 발견하는 것이라고 설명하였으며, 다른 심리학자들은 형제와 비슷한 파트너를 찾고 있다고 지적하였다. 현재 우리나라의 배우자 선택 과정을 살펴보면, 서구 여러 문화의 영향으로 많은 젊은이들이 스스로 배우자를 선택하고 있으며, 법적으로도 20세 이상이면 부모의 동의 없이 당사자들의 의사만으로 결혼을 할 수 있게 되었다(권육상, 2006: 103-104).

개인의 내면에 억압되어 있는 초기대상관계는 개인이 배우자를 선택할 때도 영향을 미친다. 결혼은 한 사람만의 선택이 아닌 두 사람의 선택이다. 두 사람 사이에 어떤 무의식 역동이 발생하는 것이다. Dix는 배우자를 선택하는 과정에서 두 사람 사이에 투사가 발생한다고 말한다. 부부는 각자가 가지고 있는 무의식적 욕구들을 서로에게 투사하고, 그 욕구들이 맞물리면서 서로에게 끌리게 된다. 투사가 발생하는 이유는 개인이 무의식적으로 어린 시절에 부모와 맺었던 초기대상관계에서 해결되지 않았던 부분들을 배우자를 통해 해결하고 싶은 욕구를 느끼기 때문이다(정사라, 2018).

정옥분에 의하면 배우자 선택의 과정을 일련의 '여과' 과정으로 보는 심리학적 접근법이 있다(Cate & Lloyd, 1992)고 한다. 예를 들면, Murstein(1970, 1976, 1986)은 우리가 배우자감을 만났을 때 맨 먼저 외모나 예절, 사회계층과 같은 외적 특성에 기초하여 둘이 얼마나 잘 맞을지를 점검한다고 한다. 만약 첫 번째 관문에서 통과하면 그다음에는 태도나 신념(정치적 또는 종교적) 등을 맞추어 본다. 그리고 여기서도 통과하면, 즉 서로 호감이 가면 이제 '역할 조화(role fit)'가 쟁점이 된다. 상대방이 나에게 바라는 기대가 나의 욕구나 성향과도 일치하는가? 양자의 성역할에 관해서도 의견이 일치하는가? 등을 점검하게 된다. 여과 이론은 지지하는 연구 결과도 있지만, Murstein의 제안처럼 여과 과정이 순서대로 진행되는 것이 아니라 위에서 언급한 요소들이 처음부터 동시에 존재하는 것으로 보인다(정옥분, 2009: 552-553).

원가족의 건강성 수준이 낮은 가족에서 자라난 청년들은 그렇지 않은 청년들에 비해 결혼에 대한 태도와 의식이 부정적이며 결혼을 하게 되어도 여러 가지 문제로 인한 부부 갈등을 겪게 된다는 연구나(Cho, 2007), 가정의 분위기가 개방적일수록 결혼관이 근대적이며, 부모 간의 사회-정서적 관계의 질이 높을수록 결혼 이미지가 긍정적임을 제시한 연구도(Yang, 1996), 성장 과정에서의 부모와의 관계가 성인 자녀의 결혼 선택과 매우 관련되어 있을 보여주고 있다. 이러한 연구들에서 볼 수 있듯이 결혼에 대한 가치는 성장하는 동안의 대인 관계와 자기 결정 능력에 바탕을 두고 있고, 이러한 관계적 문제는 성장기 동안 형성되는 부모와의 관계와 밀접한 관련이 있다(김진희, 2014).

　격리개별화에 실패한 사람이면 누구나 느낄 수밖에 없는 유기 불안은 자기가 아닌 다른 사람을 거쳐 느껴야 하는 감정이기 때문에 결국 배우자를 선택할 때도 격리개별화에 실패한 상대를 배우자로 선택한다. 그리하여 서로가 서로에게 매달려 상대방 배우자를 증오하고 저주하면서 자신에 대한 부정적인 느낌을 투사하며 심리적인 안정을 취한다. 부부가 자신들도 알지 못하는 자신들의 경계선 성격 때문에 유기 불안이 증폭되어 서로의 관계가 악화되었을 때 이를 만회라도 하려는 듯 자녀가 태어난다. 부모의 경계선 성격 병리를 전수해 줄 수 있는 표상적 대상(영아)이 태어난 것이다(임종렬, 김순천, 2001: 64).

　배우자의 선택은 나의 부족한 부분을 상대로부터 보완하고자 하며, 상대 배우자 역시 부족한 부분을 보완하고자 배우자를 선택한다. 미성숙한 부부들은 서로의 욕구가 충족될 때는 문제가 표출되지 않지만, 가진 자원이 떨어지게 되면 서로의 단점을 바라보게 되며, 이해의 폭이 좁아지고 갈등의 폭은 점차 커진다.

　따라서 행복한 결혼 생활과 삶의 질을 높이기 위하여 결혼 전에 자기 자신을 되돌아보아야 한다. 원가족과의 관계가 좋았는지, 부모의 결혼 생활은 원만한지, 직장 생활, 대인 관계, 친구 관계, 나의 성격, 성향, 가치관 등에 특이한 점은 없는지, 그리고 심리적, 정서적, 정신적 어려움은 없는지 되돌아보아야 한다. 이를 통해 미해결 과제, 걸림, 트라우마(trauma) 등이 있다면 전문가의 도움을 받아 이를 해소 하여야 한다. 그리하여 삶의 주체가 되어 삶의 질을 높이고, 사회 공동체 일원으로써 행복을 추구하며, 자기다운 삶을 살아가야 한다.

4. 가족

1) 가족의 이해

가족이란 가족 구성원들이 삶의 과정에서 희로애락喜怒哀樂를 함께 경험하며, 공유하는 것을 의미한다. 이들은 심리적, 정서적, 정신적으로 밀접히 얽히어 있으며, 가족 구성원 중 누군가가 즐거운 일이 생기면 모두가 즐겁고, 슬픈 일이 생기면 가족 전체에 영향을 미쳐 슬픔을 함께하게 된다. 이는 마치 가족 구성원들의 한쪽 발을 묶어 놓은 것과 같이 한 사람이 움직이면 그 뒤에 있는 사람은 자동으로 움직이게 된다.

신용주, 김혜수에 의하면 사회의 변화 양상에 따라 가족 구조, 가족 문화 그리고 가족 가치관도 점차 변모하고 있다. 가족의 소규모화 현상이 보편화되어 전통적인 확대가족보다는 부부 중심의 핵가족 형태가 더 확산되고 있다. 아울러 과거와는 달리 한부모 가족, 재혼 가족, 동성 가족, 공동체 가족 등과 같은 다양한 형태의 가족 비율이 점점 증가하고 있다. 이에 따라 다양한 가족 유형에 대한 사회적 인식도 자연스럽게 변화되고 있다(신용주, 김혜수, 2021: 19).

　이와 함께 가족주의적이고 유교주의적인 우리나라 문화에서 가족 내 문제는 가족 안에서 해결해야 한다는 신념이 강하게 자리 잡아 왔다. 그 결과 전문가의 도움을 필요로 하는 어려운 문제에 봉착해도 가족들은 가족 상담과 같은 전문적 도움을 추구하기보다는 가까운 친척이나 친구 등의 조언을 받아 스스로 문제를 해결하는 경향을 보여 왔다. 이러한 대처는 가족 내 갈등과 문제를 더 심각하게 만들어 결국 가족이 붕괴되는 현상을 초래하기도 하였다(나희영, 서미아, 2020).

　가족과 더불어 융합된 관계를 형성하지 못한 사람은 유의미한 인간관계를 향유할 수 있는 기회를 박탈당한다. 가족으로부터 정상적인 성장 기회를 박탈당한 사람은 그 또한 가족 간의 관계를 폐기하려는 무의식적 갈등과 이를 실천하려는 행동상의 문제를 지닌다. 그러나 이러한 심리 현상은 가족을 포기하려는 외면상의 행동과는 달리 박탈된 가족과의 관계를 끈질기게 유지하려는 강인한 심리 내부의 욕망을 표출하는 또 다른 형태의 가족에 대한 강한 집착을 표현하는 것이라 할 수 있다. 따라서 성장상의 어려운 경험 때문에 자신을 훼손하려 한 결과가 작게는 사회질서를 파괴하는 반사회적 행위로 나타나고, 크게는 잃어버린 모성을 회복하려는 부정적인 형태의 행위나 방화 살인에 이르는 정신분열증적 행동에 이르기까지 방대한 범주의 역기능적 행동을 하게 된다(임종렬, 김순천, 2001: 13-14).

　가족은 나름대로 일정한 체계를 가지고 움직이는데 순기능적 가족과 역기능적 가족으로 나누어 볼 수 있다.

(1) 순기능적 가족

순기능적 가족이란 부부 체계나 부모와 자식 간의 체계가 기능적인 역할을 하는 것을 의미하며, 가족 규칙이 뚜렷하고 공평하게 이루어져 있고, 상황에 따라 융통성 있게 변할 수 있다. 또한 가족 구성원의 입장에서 생각해보고 그 사람의 가치관을 이해하고 그가 처한 상황을 공감할 줄 알고 경청한다. 이와 함께 의사소통하는 데 있어서 언어적, 비언어적으로 일치된 의사소통을 하고 가족 구성원 간의 자유롭고 직접적으로 표현한다. 이들은 지지, 격려, 칭찬을 하면서 믿음과 신뢰가 형성되고 인정욕구가 충족되며, 성숙한 삶을 이어간다.

(2) 역기능적 가족

역기능적 가족이란 가족 구성원이 경직되어있거나 지나치게 독립적 또는 융해되어 있어서 분화되기 어렵다. 가족 규칙이 없거나 명확하지 않으면 가족 간의 문제가 생겼을 때 각자의 생각과 관점에 따라 말을 하기에 공통된 의견에 합의가 어려우며, 자신의 의사를 표현하지 못하고 방어적이거나 회피를 하며 갈등이 생기게 된다. 이러한 갈등을 통하여 좌절과 불신으로 얽혀져 있으며, 미성숙한 관계를 이어 나가게 되는데 이 과정에서 갈등이 표출되어 마음의 상처가 깊어진다. 또한 자주 언성이 높아지고, 서로의 탓을 하면서 거친 언행으로 인하여 마음의 상처를 주고받게 된다. 이와 함께 도박, 바람, 알코올 중독, 지나친 취미활동이나 일 중독, 언어 및 신체 폭력, 무관심 등의 문제가 나타나기도 한다. 이러한 부모 밑에서 자란 자녀들은 훗날 부모 역할을 할 때 자신의 부모와 비슷한 역할을 하게 될 가능성이 있다.

가족이라고 하면 반사적으로 따뜻하고 아늑한 보금자리를 떠올리곤 한다. 그러나 나를 키우고 가르쳐 온 가족이라는 존재가 과연 자신에게 좋은 영향만을 주었는가에 대해 되돌아보면 스스로에게조차 만족스럽지 않을 수도 있다. 이러한 불만족이 생기게 된 원인을 되돌아보면 그 특징이나 성격의 요인이 나의 잘못이 아니라 어린 시절에 겪은 가족 안에서의 경험과 고통이 그 근원일 수 있다. 양육자의 양육 방식에 의해 성장한 아이는 양육자의 성격, 성향을 여과 없이 받아들이며, 양육자의 긍정적 또는 부정적 성향의 심전에서 자라게 된다. 아이는 성장 과정에서 형성된 마음의 병(심인성 질환)의 인자에 대해서는 인지하지 못하며, 의식적 또는 무의식적으로 그가 사는 사회 안에서 표출하게 된다.

2) 가족의 관계

가족은 사회를 구성하는 기본적인 집단으로 애정에 의해 결합된 혈연집단이며, 인간 발달의 근원적 집단이라 할 수 있다. 가족관계는 가족 구성원 간의 인간 관계를 의미하며, 가족관계는 가족 간의 권력 구조나 역할 구조 및 심리적, 정서적 관계를 포함한다(나희영, 서미아, 2020). 가족은 더 이상 혈연이나 제도에 의해 주어진 실체이거나 불변하는 동질적 공동체로 이해되기 어렵다. 그것은 정서 교감, 제스처, 행위, 상황, 의례 과정의 체현과 몸의 특정한 문화적 양식화를 통해 구현되는 일종의 효과로서, 우리가 서로에게 가족으로서 기대하고 욕망하는 바를 구체적으로 실행에 옮길 때 현상하는 '어떤 것'이다. 달리 말하면 가족은 한 번 맺어지면 완결되는 것이 아니라, 어떤 습관과 태도로 서로를 대하느냐에 따라 변화하는 유동적 관계인 것이다(류도향, 2021).

자녀 출산을 시작으로 본격적인 부모기로 이행하면서 부부는 삶의 큰 변화를 겪게 되는데, 이때 성역할 이데올로기에 따라 뚜렷한 성별 분업을 수행하게 된다. 여성은 어머니로서의 가사노동과 자녀 돌봄에 대한 책임과 남성은 아버지로서의 생계 부양에 대한 책임에 따라 가정 내 역할 분담이 이루어진다(이진숙, 이윤석, 2020).

이와 더불어 사회의 급격한 변화와 함께 가족 가치관이 변화하고 다양한 가족 구조가 출현하고 있다. 독신과 이혼, 재혼, 고령화 현상으로 인하여 1인 가구, 한부모 가족, 재혼 가족 등 다양한 가족 유형이 증가하는 추세이다. 이 외에도 맞벌이 가족, 분거 가족, 소년 소녀 가장 가족, 무자녀 가족, 조손 가족, 다문화 가족, 입양 가족 등 가족 형태가 다양해지고 있다. 이에 따라 다양한 유형의 가정환경을 고려한 부모 역할 수행, 자녀 양육, 경제적 적응 등 당면 과제가 사회에 이슈화되고 있다(신용주, 김혜수, 2021:29).

가족은 아버지와 어머니 그리고 아이들이 잘 융합되었을 때 가족으로서 기능할 수 있다. 가족이 가족을 생각하지 않는다면 누가 가족을 생각해 주겠는가? 어머니는 아버지를 가족 내적 사람으로 받아들이고 아버지는 어머니와 아이들을 보다 귀하게 여기고 서로가 필요한 것을 충분히 주고받을 때 비로소 그 가족은 가족다운 기능을 하는 가족이 될 것이다(임종렬, 2002: 81).

이와 함께 확대 가족이나 친구 사이에 생기는 관계를 적절히 조절할 수 있어야 한다. 특히 부부는 커플로서의 충분한 기능을 수행하기 위해서 기본적인 규칙과 유형을 만들어 갈 필요가 있다. 이러한 규칙은 배우자의 욕구에 맞추는 것, 의견이나 사고의 차이를 조정하는 것, 집안일이나 수입과 지출 등의 일상생활을 하는 데 필요한 여러 가지 활동을 어떻게 조화시킬지에 대한 합의를 포함한다.

가족 내 갈등이 일어나는 원인 중의 하나는 가족 구성원 중 누군가 자기주장을 받아들이게 하려고 더 많은 목소리를 내기에 갈등이 일어나게 된다. 특히 가부장적 가장이라면 가장의 말이 그 가정에서는 법이 되어 가족 구성원들은 가장이 정해놓은 틀에 의해 구속당하게 된다. 경우에 따라서 다르지만 구성원 중 누군가의 주장이 가정 내에서 지나치게 높을 때는 역기능적 상황이라고 할 수 있다. 따라서 순기능적 가정을 유지하기 위해서는 가족 구성원의 자율성과 주장을 인정하여야 한다. 특히 핵가족이 많은 우리 사회에서는 더욱 필요하다고 생각한다. 이와 더불어 행복한 가정을 위해서는 아버지의 힘인 부권父權과 어머니의 힘인 모권母權이 함께 존중되어야 한다. 부부의 체계와 자녀의 체계가 기능적 역할을 할 때 순기능적 가정이 될 것이다.

2장

부부의
관계와
갈 등

1. 부부의 이해

가족 구성원은 가족 내에서 일정한 지위를 갖게 되며, 사회적으로 뿐만 아니라 가정적으로 기대되는 역할을 수행하며 살아간다. 부부는 결혼 후에는 남편 또는 아내의 역할을 얼마나 잘 수행하느냐의 여부에 따라 한 가족의 삶의 질과 행복이 크게 좌우된다. 부부의 역할 수행은 비단 개인에 국한된 것이 아니라 가정, 나아가 사회에 중요한 영향을 직간접적으로 미칠 수 있다(신용주, 김혜수, 2021: 71).

과거에 비해 현대사회의 부부는 평균 수명의 증가와 사회문화적 흐름의 변화 등에 따라 가족 내에서 기능적인 역할보다 인생의 동반자로서의 가치가 강조되고 있다. 개인의 삶에 있어서, 결혼 이전의 삶보다 결혼 이후의 삶이 길고, 그동안 남편, 아내, 부모, 자녀 등 다양한 역할을 수행해야 한다는 점을 고려할 때, 부부 적응은 두 사람의 행복을 위한 필수 과업이라고 할 수 있다(곽민하, 전혜성, 2016). 또한 모든 인간관계의 기본이라고 할 수 있는 부부 관계는 일상을 같이 살아가면서 정서적, 성적 친밀감을 교류하는 장기적인 유대관계이다. 많은 사람이 누구나 행복하기를 바라고 그 행복이 결혼 생활에서 비롯된다는 것에 동의한다. 그래서 누구나 자신의 결혼이 성공적이기를 바라고 그를 위해 최선을 다하여 생활하지만, 뜻하지 않은 불행이 오기도 하고, 결혼 생활의 위기를 만나기도 한다. 이와 같은 결혼 생활의 위기는 외적인 상황에서도 오지만, 개인의 불충분한 지식, 불안정한 정서, 미성숙한 인성이나 결혼에 대한 지나친 기대 등으로 결혼 생활의 갈등을 초래하는 경우가 많다(오현정, 2014).

호감 및 애정이 높은 부부들은 관심이나 배려를 자주 나타내고, 애정을 많이 표현한다. 배우자를 향한 부정성은 서로에 대한 부정적 정서 표현이나 부부간 불일치 정도를 나타내는 개념으로, 배우자를 향한 부정성이 높을수록 서로에게 비난이나 불평을 더 자주 표현한다. 한편, 우리됨과 분리는 결혼 생활에서 배우자와 하나가 되는 것을 인식하는 정도로 설명된다. 이는 우리됨이 낮은 부부들은 공유된 가치관과 신념들보다 성격의 차이를 강조하거나, 개인적인 취미활동을 각자 즐기는 경우가 많다. 확장과 철회는 대화 과정에서 부부가 서로에게 얼마나 표현적이고 개방적인지를 나타낸다. 철회적인 부부들은 짧게 답하고, 배우자의 말에 첨언하지 않지만, 확장적인 부부들은 배우자의 말에 더 많이 동의하고, 지지적인 의사소통 방식을 사용한다(이선형, 2019).

부부 생활의 기본적인 요소인 성적 친밀감은 건강한 부부 관계의 필수적 요소이지만 중년기 부부에게 있어서 성적 친밀감은 오랜 시간 함께 살아오면서 '익숙함'이라는 것으로 가려져 등한시됐을 수 있다. 상호 간에 애정이 있는 결합, 상호 보살핌을 자주 경험하며 성적 친밀감을 쌓아가는 것이 중년기 부부의 결혼 생활에 있어서 새로운 활력을 불어넣을 수 있을 것이라 생각한다. 이러한 신체적 교감과 함께 의사소통을 통한 정서적 교감이 함께 할 수 있다면 더 큰 만족감을 느낄 수 있게 될 것이다. 부부 관계에서의 갈등은 대체로 관계 속에서 나만 알거나 내 주장을 더 크게 함으로써 평생을 함께하기로 한 상대방을 제대로 이해하지 못하는 데서 시작되는 것이다. 내가 아닌 상대방에게 문제가 있다고 미루어놓고 변화하려 하지 않거나, 지키지 못할 거창한 변화를 꿈꾸기보다는 배우자를 존중하는 마음으로 경청하는 의사소통을 하는 것이 '지금 여기'서 내가 당장 할 수 있는 일일 것이다(손강숙, 주영아, 2015).

부부는 서로 다른 환경에서 살아온 남녀가 결혼을 통하여 새로운 가정을 형성하고 이끌어 가는 관계를 뜻하며, 남편과 아내로서 권리와 의무를 이행하는 관계이다. 이와 함께 부부 역할은 각자 주어진 역할을 수행하여야 하는 상황에서의 행동이나 권리, 의무 등을 의미한다. 부부의 관계는 심리적, 정서적, 정신적으로 밀접한 영향을 미치는 관계이며, 합법적이고 안전한 성관계를 기반으로 형성되기에 일반적인 친구 관계, 부모와 자식 관계, 이해관계로 얽혀진 사회생활에서 형성된 관계와는 비교할 수 없을 정도의 그 깊이가 다를 수밖에 없다. 관계가 좋은 부부는 순기능적 가족을 구성하게 되고, 관계가 안 좋은 부부는 역기능적 가족을 만들 수밖에 없다.

2. 부부의 의사소통

1) 의사소통

의사소통은 일종의 상징적 상호 교류 과정이다. 의사소통이 상징적이라고 하는 것은 자신이 원하는 것을 전달하기 위해 상징을 사용하기 때문이며, 상호 교류적이라는 것은 의사소통을 통해 부부 서로에게 영향을 미친다는 것을 의미한다. 결혼 생활에서 부부 상호 간의 갈등은 불가피한 요소이다. 갈등은 부부간의 원활한 의사소통을 위한 문제해결의 큰 키워드이다. 의사소통과정에서 내용과 메시지라는 두 가지 종류의 정보를 주고받게 된다(탁용환, 2017).

의사소통에는 말하기, 듣기, 읽기, 쓰기 이외의 감정의 교환이나 상대방과의 공감 등 다양한 내용이 포함된다. 이러한 의사소통에는 언어적 의사소통과 비언어적 의사소통이 있다. 언어적 의사소통은 말이나 글로 의사를 전달하는 것이고, 비언어적 의사소통은 표정이나 몸짓, 행동, 옷차림 등 언어를 포함하지 않는 의사전달을 말한다. 의사소통에서 중요한 것은 태도 요인으로서 상대방에 대한 신뢰, 감정이입, 자신의 생각이나 감정을 자유롭게 표현할 수 있는 분위기, 다른 사람의 생각이나 느낌을 진지하게 듣는 자세 등이다. 비효율적인 의사소통은 부정적이고 방어적인 경향이 있다. 이러한 의사소통은 부모의 우월감, 지나친 통제, 독단, 욕하기, 비난 등을 포함한다. 부모들은 자녀를 지나치게 비판함으로써, 자녀의 죄책감을 유발한다(정옥분, 2009: 454-455).

의사소통은 '의사'와 '소통' 두 단어가 결합한 말로, 말하는 사람과 듣는 사람 사이에 생각과 뜻이 전달되는 상태를 의미한다. 또한 의사소통은 인간이 인간 및 사물에 관한 모든 것을 언어 및 비언어적 방법을 통해 제삼자에게 전달함으로써 영향을 미치는 인간의 상호작용을 의미한다. 따라서 말하는 사람의 언어적 표현과 비언어적 표현이 일치하지 않을 때, 듣는 사람은 혼란에 빠지게 된다. 이는 비언어적 표현이 언어적 표현보다 전달력이 강하기 때문이다.

기능적 의사소통을 하는 부부는 대화의 내용과 감정이 일치하며, 진실한 자신의 감정을 적절하게 표현할 줄 안다. 이러한 의사소통을 하기 위해서는 믿음과 신뢰의 기반이 형성되어야 한다. 이를 위해서는 자신의 의사소통이 배우자와의 대화에서 어떻게 표현되고 있으며, 받아들이고 있는지에 대해 반추하여야 한다. 또한 자각과 통찰 그리고 성찰을 한다면 관계 속에서 친밀감은 더욱 향상될 것이다. 즉, 자신의 마음과 감정을 잘 이해하고 그에 따른 말과 행동을 일치시키며, 더 나아가 배우자가 가진 언어표현 방법에 대한 이해와 배려도 하여야 한다. 자기의 생각과 뜻을 배우자에게 분명하게 전달하고 경청한다면 더욱 원활하고 건강한 의사소통을 할 수 있을 것이다.

2) 부부의 의사소통

부부의 의사소통은 배우자에게 자신을 노출해 생각을 주고받는 상호작용의 과정으로 이를 통해 배우자의 생각을 알 수 있고, 친밀성을 전달하는 수단이다. 부부의 믿음과 신뢰를 형성하는 정서는 함께 살아가면서 쌓아가야 하는 부분으로서 서로가 공통되는 의미를 공유하기 위해 정확한 의사소통 기술이 필요하다.

부부는 특유의 대화 형식을 갖는다. 부부 상호 간의 대화 형식은 은유적일 수도 있고 암시적일 수도 있다. 건강한 부부의 대화는 직설적이며 공개적이고 민주적이다. 그러나 건강하지 못한 부부의 의사소통 형식은 비공개적이고 암시적이며 회유적이다. 부부의 대화 형식은 의식의 세계에서 결정하는 것이 아니고 무의식의 작용에 따라 결정되기 때문에 의식이 이를 알지 못한다. 그렇기 때문에 잘하려고 하는 대화가 왜곡되기도 하고 왜곡하려는 의도에서 출발한 대화가 왜곡을 피해 가는 경우도 있다. 대화 형식에 의해서 가지게 되는 부부의 병리적 요인을 병원의 실체라고 한다. 병원의 실체는 왜곡된 대화, 비공개적인 대화, 은유적이고 암시적인 대화, 방어기제가 활성화된 대화와 자신의 이익을 위해 배우자에게 피해를 주는 대화, 이들에 상응하는 몸짓을 가리키는 비언어적 행동이며, 결과적으로 정신 질환을 가지게 하는 병인으로 작용하는 것을 일컫는 말이다.

송양근에 의하면 효과적인 의사소통은 자기 자신과 타인과의 관계

사이에 원만한 인간 관계를 유지시켜 주며 진심으로 상대방의 이해를 돕는다고 볼 때 부부간의 의사소통은 정확히 이해하거나 수용하기 위해서는 정확한 상황판단과 함께 자신의 성격, 태도, 능력 등을 파악해야 한다(송양근, 2006).

부부 관계에 있어서 달인들은 다음 세 단계를 따른다. 첫째, 그들은 상황을 중립적으로 말한다. 둘째, 그들은 그 상황에 자신의 기분이 어떤지를 말한다. 셋째, 그들은 자신이 원하는 바를 표현한다. 그들은 또한 예의 바르고 때로는 고마워한다(최성애, 조벽 역, 2008: 88).

부부 갈등에 있어 의사소통은 부부가 가진 의사소통 방식에 따라 서로 간에 수용적이고 효율적인 원만한 관계를 유지하는 요소로 작용할 수 있고, 반대로 부부 관계의 갈등 악화와 더불어 가족 구성원에게 악영향을 미치는 부정적 요소로 작용할 수도 있게 된다. 그 때문에 부부 갈등과 의사소통은 소통 과정의 한 맥락으로 연결하여 볼 수 있다. 즉 부부 갈등에 있어 의사소통의 결핍은 부정적인 연결고리가 되어 악순환되는 것이다. 반면 부부간의 의사소통이 원만하게 이루어지면 부부가 가진 문제를 대화로 나누고 서로를 이해하며 수용하는 과정을 가질 수 있게 된다. 이러한 과정은 부부가 부부 갈등에 관해 보다 기능적이고 효율적인 해결 방법을 모색할 수 있게 한다. 이를 통해 부부가 가진 문제와 갈등은 유연하게 해결되고 부부의 의사소통은 보다 원만하고 친밀하게 이루어져 갈 것이다(김나영, 2015).

우리가 무심코 하는 말에 의해 힘을 얻기도 하고, 때로는 비수처럼 가슴에 꽂히기도 한다. 특히 갈등 관계에 처하였을 때, 감정의 물결이 홍수처럼 몰려오면서 심리 내적에 억압되어 있던 분노가 표출되는 것이다. 이때 표출된 언어는 경험에 의해 습득된 언어이다. 때로는 표정에 화가 나 있고, 감정표출을 하며, 감당하기 어려울 정도의 심한 욕을 동반하기도 한다. 따라서 그가 어떠한 언어를 사용하는가에 따라 살아온 삶의 과정을 유추할 수 있으며 성격과 성향도 알 수 있게 된다.

관계 속의 어려움은 대화의 부재이다. 대화가 잘 이루어지기 위해서는 서로에게 도움이 되어야 한다. 부부의 관심을 불러일으키는 주제가 되어야 하며, 욕구 충족이 되어야 한다. 그러나 대화의 주제에 대해 관심이 없거나 자기중심적인 이야기를 하게 되면 당사자의 마음은 편할지 모르겠으나 경청하는 배우자는 같은 이야기를 반복적으로 들어야 하는 상황에 이르게 된다. 이러한 언어폭력에 지속해 노출되면 부정적 방어기제가 활성화되고 상대 배우자에게 되돌려주게 하려는 심리적 욕구에 이르게 된다.

3. 부부의 갈등

부부 갈등은 부부가 결혼 생활을 영위하는 데 있어서 목표, 기대의 불일치, 상충하는 요구 등으로 인해 발생하는 심리적인 압박의 현상이며, 부부의 개인적인 차이나 욕구, 배우자와의 사이에서 겪는 긴장 및 갈등이라고 할 수 있다(이혜욱, 2020). 또한 부부의 갈등은 배우자에게 기대한 바를 충족시켜주지 못하고 심한 좌절을 줄 때 분노에 빠져 공격적이게 되며, 서로 간에 부정적인 언행과 함께 당사자들의 결혼 만족도를 저하시키고 부부결속력은 급속히 와해된다. 또한 자녀에게도 심리, 정서적으로 부정적 영향과 가족의 전반적인 기능 약화로 이어진다. 따라서 부부가 어떻게 갈등에 대처하며 해결할 수 있는가에 초점을 맞추어 건설적이고 효과적인 갈등 대처 방식을 습득하는 것이 중요하다(임향빈, 2018: 128).

감정의 물결이 홍수처럼 밀려올 때 성숙한 부부는 지혜롭게 대처하여 문제를 해결하고자 한다. 그러나 미성숙한 부부는 감정의 물결에 휩싸여 역동이 일어나며, 갈등을 일으키는 요인이나 미해결 과제 또는 걸림에 따라 표출하는 상황도 다양하게 나타난다. 미성숙한 부부는 자신이 아는 방법으로 갈등에 대처하게 되며, 이로 인해 갈등의 폭이 점차 커져 그 후유증은 감당하기 어려울 정도로 커지게 되며, 파경을 맞기도 한다. 여기서 자신이 아는 방법이란 성장 과정에서 부모나 양육자로부터 경험한 내용과 발달 단계에 따라 경험한 내용들이 무의식에 가라앉아 있다가 조건이 형성되면 의식 위로 올라오는 것을 의미한다.

1) 부부 갈등의 영향

부부 갈등은 배우자의 가정폭력으로 나타나기도 하며, 가정폭력 피해 여성들은 앞으로 다가올 더 심각한 폭력으로부터 자신을 보호하기 위해 획득한 대처기법이 심각한 성격 장애의 증상으로 나타나고, 이들은 자신들이 겪고 있는 가정폭력의 피해 경험으로 인해 많은 정신적 문제의 고통을 겪고 있다(Walker, 1979).

부부 갈등이 심각한 경우 잦은 다툼으로 인해 이혼으로 이어지기도 하고, 스트레스와 부정적 감정을 적절하게 대처하지 못할 경우 자녀들의 정서적 불안이나 사회부적응 등 문제가 나타나며, 자녀의 성장 발달에도 나쁜 영향을 미친다. 이러한 자녀들은 우울증, 조현병, 과잉행동 장애로 진단받은 경우에서부터 학교 부적응, 가벼운 우울, 자살기도 같은 다양한 정신적 어려움을 호소한다(하경희, 강병철, 2013).

이와 더불어 부부 공격성에 의해 부모가 때리는 것을 보고 자란 자녀들은 나중에 그들의 배우자를 때리는 경향이 있으며, 부부간의 학대 및 폭력은 자녀에게 있어서 현재 직접 매를 맞는 것보다 미래의 행동에 더 큰 영향을 주게 된다. 이처럼 자녀가 서로에게 폭력을 가하는 부모를 보고 자람으로써 자녀는 그 폭력의 희생자이면서 동시에 폭력을 주도하는 주동자가 되기 쉽다. 물론 가정폭력의 원인은 한 가지 요인보다는 여러 가지 복합적인 요인으로 나타나며, 힘이 없는 약자의 위치에 있는 아내와 자녀는 가정폭력의 주된 피해자라고 할 수 있다(이혜욱, 2020). 즉 부모의 심한 갈등을 지속해 지켜보면서 자라온 자녀들은 공격성과 과잉행동, 비행 등의 문제행동은 물론 우울과 불안, 심리, 정신적 문제 등을 나타낸다(임향빈, 2014a).

이와 함께 부모의 갈등이나 이혼 속에 자란 자녀는 상대적으로 자아존중감이 낮아지고 피해의식이 있으며, 또래 관계에 안 좋은 영향을 미치게 된다. 특히 어린 시기에 부모의 이혼을 경험하게 되는 아이는 감당하기 어려운 트라우마(trauma)를 평생 지니고 살아가야 한다. 부모의 이혼은 아이 의사와 관계없이 어느 날 갑자기 한쪽 부모가 아이의 생활공간에서 보이지 않게 되는 것을 의미한다. 이러한 일을 겪은 아이는 죽음보다 견디기 힘든 분리불안을 느끼게 된다. 아이는 한쪽 부모와 살아가면서 이 부모마저 떠나가면 나는 어떻게 살아가지, 라는 생각을 하며, 생존 본능에 의하여 말 잘 듣는 척을 하게 된다. 이러한 상황에 부닥친 아이는 홀로 삶을 이어 나갈 힘이 생길 때까지 억압하고 있다가 때가 되었다는 생각이 들면 억압되었던 자신의 감정을 표출하며, 일부는 부모와의 갈등, 폭력, 일탈 등 다양한 어려움이 나타나

기도 한다. 또한 말 잘 듣는 척을 하며 성장기를 보내게 된 아이는 성
장 과정에서 거쳐야 할 심리적 갈등 혼재기(사춘기)에 자신의 욕구 표출
을 하지 못하게 되며, 성인에 이르게 된다. 이러한 삶을 경험한 사람들
의 일부는 애착형성 결여와 인정욕구 부족으로 마음의 병인 심인성 질
환을 앓게 될 가능성이 높다. 특히 공허함을 겪게 되는 이들은 삶에 대
한 의미를 느끼지 못하며, 채워도 채워지지 않는 텅 빈 것 같은 느낌을
경험하게 된다. 내부 감정이 피폐해지고 즐거움이나 기쁨보다는 무기
력해지며, 희망이 없고 타인과의 관계 형성에 적절한 반응을 하지 못
하여 어려움을 느끼게 된다. 따라서 갈등 후 이혼은 당사자에게 감당
하기 어려운 고통을 수반하지만 자녀에게는 평생 가져가야 하는 트라
우마로 자리 잡는다.

2) 부부 갈등의 대처 방안

인간은 의사소통을 통하여 서로 간의 이해를 증진하며, 상대방에 반
영한 자아를 인식하게 되고, 이러한 일련의 과정을 통해 상호 간에 긍
정적이고 우호적인 인간 관계를 발전시켜 나간다. 그러나 신념, 감정,
느낌의 표현 등 자신의 솔직한 의사를 전달할 수 없을 때 갈등이라는
역기능적 현상을 초래한다(임향빈, 2014b: 172).

부부간 불화나 갈등이 해결되지 않은 채 누적되거나 부부가 해결책을 계속 찾아내지 못하게 되면, 극단적으로는 별거나 이혼과 같은 가족해체 상태에까지 이르게 될 수도 있다. 이에 부부간에 발생하는 갈등을 효과적으로 대처할 수 있는 갈등 대처 방식을 개발하는 것은 원만한 부부 관계를 유지하기 위해서 무엇보다도 필수적인 일이며 중요한 일이 되고 있다. 부부 갈등 대처 방식은 부정적인 방식과 긍정적인 방식으로 나누어 볼 수 있는데, 긍정적인 대처 방식은 상호 건설적, 협력, 이성적 대처 방식으로 갈등 상황에서 어느 한 사람도 자신의 입장만 내세우지 않고 부부가 서로 상대방의 의견을 경청하고 존중하며 해결책을 찾으려고 협력하여 갈등이 극복될 수 있다. 반면 부정적인 대처 방식은 회피, 저항, 부인, 철회, 공격 등이 속하며 갈등 상황에서 회피하거나 자신의 입장만 주장하고 상대방을 비난하며 공격적인 행동을 나타냄으로써 갈등이 증폭될 수도 있다(안창현, 김진이, 2008).

부부의 갈등과 이혼을 미리 방지하기 위하여 주의하여야 할 부분에 대하여 Gottman(2007) 박사는 다음과 같이 이야기하고 있다. 이혼으로 가는 네 가지 지름길인 비난, 방어, 경멸, 담쌓기를 이해함으로써 부부의 관계가 망가지지 않도록 해야 한다.

첫째, 비난은 상대의 결점을 지적함으로써 상대의 성격을 전면적으로 공격하는 불평의 방식이다. 비난의 해독은 불평을 말하는 것이다. 불평이란 우리의 기분을 말하고 상황을 중립적으로 묘사하는 것이다.

둘째, 방어란 우리가 비난받았다고 느낄 때 되받아치고 싶어지는 말투이다. 공격을 인지하면 공격자를 방어하기 위해 무기를 들어 올리게 된다. 방어의 해독은 일을 그르친 데에 대해 자신의 역할을 솔직하게 인정하는 것이다.

셋째, 경멸은 이혼의 가장 큰 예측인자이다. 경멸이란 우월감에 극도로 도취해 상대에게 비난을 퍼붓는 행위이다. 경멸의 해독제는 서로에게 서로를 위해 매일 작게나마 노고와 가치를 인정하고 존중해 주는 것이다. 호감과 존중은 밖으로 표출할 때 가정이 감사의 문화를 창조하는데 성큼 다가가게 한다.

넷째, 담쌓기는 이혼으로 가는 네 가지 지름길의 마지막이다. 우리는 배우자가 말하는 것이 마음에 안 들 때 돌담처럼 어떤 반응도 보이지 않는다. 담쌓기는 스스로 자기 진정을 하기 위해 외부에서 들어오는 모든 자극들(배우자의 음성 따위)을 제거하려고 하는 행동이다. 담쌓기에서 벗어나는 방법은 배우자의 말에 고개를 끄덕이거나 눈을 바라보기만 해도 상대의 말을 듣고 있다는 신호를 보내줄 수 있다. 이런 몸짓은 상대방에게 동의하지 않더라도 상대방의 말을 끝까지 듣기를 원한다는 것을 배우자에게 확신시켜준다(최성애, 조벽 역, 2008: 85-88).

부부 갈등은 서로에 대한 욕구 불만에서 표출되며, 그 요인으로는 의사소통, 성(性), 경제문제, 고부갈등, 원가족 갈등 등 다양하다. 그 중 부부 관계에서 어려움을 주는 요인 중 성(性)이 차지하는 부분이 크다. 결혼 생활에 있어서 부부의 성은 단지 성 욕구를 해소하는 것만이 아니라 스킨십(skinship)을 통한 피부의 상호 접촉에 의한 애정의 교류 및 친밀감이 형성되기 때문이다. 그러나 성 욕구 충족이 원만하지 않았을 때 나타나는 어려움은 화와 분노를 유발하며, 결혼 생활의 유지가 어려운 상황에 이르기도 한다.

또한 부부는 각자의 독자성을 손상하지 않으면서 부부로서의 일체감을 느낄 수 있어야 하며, 동시에 명확한 경계를 만들어야 한다. 이와 함께 각자의 원가족과 배우자의 관계에서는 적절한 균형을 유지하는 것이 중요하다. 각자의 원가족은 결혼하여 독립한 자녀에 대해서 독립성을 존중하며, 적절한 거리를 유지하도록 재설정하여야 한다. 이 시기에 나타나는 갈등은 이전에 해결되지 않은 미해결 과제들이 결혼 생활에까지 영향을 미치게 된다. 즉, 상대를 배려하지 않고 자신의 요구를 주장하기에 나타나게 되는 것으로 배우자가 기대하는 욕구를 수용하는 방법을 모를 뿐 아니라, 서로 간에 적절한 경계를 설정하기 어려우며, 이는 원가족에서 해결하지 못한 미숙함이 항상성에 의해 반복하고 있는 것이다.

[사례 1]

배려와 인정욕구의 결핍으로 갈등이 표출된 부부

◆ 홍길동(가명), 이슬픔(가명) 부부

본 연구에서는 부부의 사례를 통하여 부부 갈등의 심각성을 제시하고 임상적 과정에서 중재한 내용을 예증하고자 하였다. 특히 인용된 내용에서 살펴보고자 했던 부부 갈등의 원인, 갈등 상황, 파장, 그리고 자녀의 복리와 건강한 이혼을 위하여 중재한 내용이다.

본 사례는 협의이혼을 하기 위해 2021년 5월 ○○법원에 방문한 내담자 사례이며 상담 내용 중 일부를 발췌한 것이다. 이 사례에서 부부는 인정욕구 결여와 배려 부족 등으로 갈등이 깊어져 있으며, 서로의 마음에 상처를 주고 그러한 모습이 여과 없이 나타나고 있다. 전경에 치우치면 배경을 소홀히 하듯이 부부의 갈등으로 인하여 자녀들이 겪게 되는 마음의 상처는 살펴보지 못하고 있는 것 같다.

사례에서 중요시되는 비밀보장을 위해 가명을 사용했으며, 실제 거주 지역 대신 필자의 임의로 거주지를 기재하였으며, 내담자의 신원이 노출되지 않도록 주의를 기하였다. 그러나 제시된 문제는 정확성을 기하려 했다.

◯ 가계도

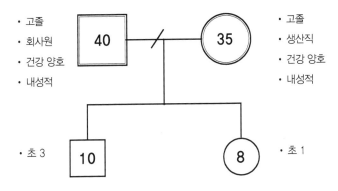

- 고졸
- 회사원
- 건강 양호
- 내성적

40

35

- 고졸
- 생산직
- 건강 양호
- 내성적

- 초 3

10

8

- 초 1

◯ 내담자의 주 호소 문제

◆ 남편

아내와 성격 차이로 갈등이 심하여 별거한 지 6개월이 지났다. 아내는 경제관념이 없으며, 외모 가꾸는 데 관심이 많고, 자기중심성이 강하였다. 별거 전에 아내는 주말이 되면 친구 만나러 나가서, 술 먹고 새벽 4시~5시에 들어온다. 술 먹고 집에 들어오면 울면서 주사를 부린다. 또한 아내는 술 먹으러 나갈 때 작은아이를 데리고 나가게 되는데 아이 교육에 안 좋은 영향을 미치고 있다. 믿음과 신뢰가 점차 사라지고 참다못하여 6개월 전에 별거를 시작하게 되었다. 처음에는 이혼해 달라고 하여 1년 정도 떨어져 지내며 생각해보기로 하였으나 아내는 별거 후 수시로 이혼해 달라고 전화 또는 카톡으로 문자를 보내고 있다. 이제는 지쳤으며, 서로의 삶을 위해 헤어지는 것이 바람직한 것 같다.

◆ 아내

아내는 결혼 생활을 시댁에서 시작하였다. 시댁에서 8년을 살았으며, 1년 6개월간 분가하여 살았다. 그 뒤 별거하였고, 6개월 되었다. 남편과 함께 살 때는 아이들에게는 아빠의 존재가 없었다. 아이들 양육은 관심이 없고 외박을 자주 하였다. 아이들이 어렸을 때 먹이고 씻기고 기저귀 가는 것을 도와준 적이 없었다. 경제적으로 어려웠으며, 남편과 크게 싸운 적이 있는데 애들 보는 앞에서 남편은 폭력을 썼다. 성격이 안 맞고 이혼하기로 협의하였으며, 집을 나왔다. 남편과 아이들은 시댁으로 들어가고, 살고 있던 월세방 보증금으로 지금 방을 얻어 살고 있다. 남편과 성관계는 별거 전에도 1년이 넘었으며, 갈등이 심하였다.

○ 상담 요약

〈전략〉

상담사: 어렵게 법원에 오셨는데 법원에 올 수밖에 없는 이유를 지난번 상담 때에는 시간이 없어서 짧게 들을 수밖에 없었는데 이번에는 3시간이 주어져서 지난번보다 좀 더 길게 상담을 할 수 있게 되었어요. 법원에 올 수밖에 없는 이유를 조금 더 구체적으로 이야기해 주시면 좋겠어요. 자 어느 분이 먼저 이야기해주시려는지요.

아내: 같이 살 때는 아이들한테는 아빠라는 존재가 없었어요. 그냥 아빠도 찾지도 않고… 항상 외박을 자주 했으니까… 아이들이 어렸을 때는 씻기는 거, 밥 먹이는 거, 똥 기저귀 가는 거, 그런 것도 제대로 해준 적도 없고… 10년 살면서 생활비는 뭐 받아본 적은 없어요. 경제적으로 제일 많이 싸우기도 했고… 한 번 크게 싸운 적이 있기는 했었는데 그때 폭력적인 모습을 봐서… 거의 뭐 그렇게… 그때 그 폭력적인 모습이 애들 앞에서 또 보여준 적이 있어서 성격도 너무 안 맞고.

상담사: 성격도 안 맞고…. 6개월 전에 별거를 시작하잖아요. 그러면 별거할 때 상황은 좀 어땠어요. 어떻게 해서 집을 나오게 되었는지 그 이야기를 좀 해주시면.

아내: 이혼하기로 서로 합의 하에 제가 집을 나오기는 했어요… 월세를 얻어서 살고 있는데 나오기 전에 처음에는 8년 정도는 시댁에서 살았었어요. 시댁에서 살고 2년은 분가를 했어요. 이제 월세로 제가 나올 때는 그 월세를 보증금을 반 이상 깎아 먹은 상태였고요. 지금 그 보증금으로 월세를 얻어서 살고 있어요.

상담사: 그러면 10년 동안 살면서 생활비를 받아본 적이 없다고 했는데 생활은 어떻게 했어요.

아내: 뭐, 생활비 얼마 얼마 이렇게 주는 게 아니고 그냥 필요할 때… 그때그때 받아서.

상담사: 아, 그때그때 필요할 때마다 받았다…. 아내분이 같이 살 때 집안일에 소홀하고 외박을 자주 하고 그런 생활에 지치게 되고 그러면서 믿음과 신뢰가 약해지고 그러다 보니 헤어지는 게 좋겠다고 해서 별거를 하게 되고 월세방을 얻어서 6개월 정도 살고 있다고 이야기를 했어요. 자, 남편분 입장에서도 법원에 올 수밖에 없는 이유가 있었을 거예요. 남편분 입장에서만 이야기를 해주시면.

남편: 제일 큰 것은 경제관념이 없어요. 생활비를 안 주었다는데 뭐 그거는 아니죠. 필요할 때 항상 줬고 카드를 항상 내 카드를 주었죠. 주말은 술 마시러 친구들 만나기 위해 무조건 나가야 하고… 술을 먹더라도 일찍 들어와야 하는데 귀가가 보통 새벽 4-5시….

상담사: 그러면 주말에 친구 만나러 나간다는 것은 남편분이에요. 아내

분이에요.

남편: 아내요.

상담사: 아, 아내분… 주말에 술 마시러 친구들 만나러 나가고 귀가는 새벽 4~5시에 한다.

남편: 저 같은 경우 술 마시면 웬만하면 자는데 아내는 술만 먹으면 울고, 애들 깨우고 그러니까 자다가 울고 그러니까… 애들이 저는 술 먹으라고 하는데 엄마는 술 먹지 말라고 해요. 애들이 집에 둘만 있으면 큰애는 크니까 놔두고 작은애는 데리고 나가서 술집에 같이 있어요. 일단 형편에 맞게 살아야 하는데 제가 뭐 무능력하다고 그러면 할 말이 없지만 남의 가정을 많이 빗대죠. 그래서 제가 하는 말이 돈 많은 사람하고 결혼해 그랬어요. 홈쇼핑을 보면 뭐 사야 할 게 있으면, 카톡이나 전화로 들들들 볶고 5년여 동안 변하지 않아요. 지금 차도 저 모르게 어머니한테 돈 빌려서 사고, 차를 샀는데 돈을 주지도 않고, 차 보험도 자기가 들어야 하는데 보험도 저한테 들어달라고 하고.

아내: (말을 가로채며) 보험은 자기가 들어준다고 했으니까.

남편: 내가 내 이야기하잖아.

아내: (언성을 높이며) 자기가 1년 들어준다고 했잖아.

남편: (언성을 높이며) 내가 이야기하잖아.

상담사: 여기서는 한 사람이 이야기하면 한 사람은 경청을 하시고, 또 다른 분이 이야기할 때 경청하시고 그래야 진행이 되지, 이야기하는데 중간에 끼어들면 말싸움이 시작이 돼요. 그런 것을

피하기 위해서 어떤 이야기라도 내가 듣기 부담스럽더라도 배우자가 어떤 생각을 갖고 있나 들어보는 것도 좋지 않을까 생각이 돼요. 이제 차도 그렇고 보험도 그렇고.

남편: 집에 공과금이나 물세 같은 거, 일 이만 원밖에 안 하는 것도 두세 달이 밀려도 신경도 안 쓰고 무조건 내가 내야 하는 거예요. 공과금을 다… 자기 돈은 절대 안 써요. 공과금에… 홈쇼핑에 너무 많이 신경을 써가지고 저는 이사 갈 때 처음 보았는데 청바지가 한 100벌은 되겠더라고요. 그런 것 때문에 경제관념이 없는 거고… 이제 더 해 주고 싶어도 그런 게 보이니까 해 주고 싶지 않게 돼요.

상담사: 믿음과 신뢰가 점차 약화되고… 그래서 참다 참다 헤어지는 것이 좋겠다 생각하고 6개월 전에 별거를 시작했네요… 아마 두 분도 처음 결혼할 때는 이상적 가정을 만들려고 혼신의 노력을 했을 거예요. 살다 보니까 내 의지대로 되지 않고 주변 상황이 변하면서 사소한 갈등이 시작되면서 그것이 점차 커져서 이제 감당할 수준이 넘어서 여기까지 오지 않았나 그렇게 생각합니다.

〈중략〉

부부는 오랜 기간 갈등에 처하였으며, 서로에 대한 원망과 불신으로 가득 차 있으며 배우자와의 관계에서는 희망이 없으며 포기한 상태에 처하여 있는 것 같다. 남편은 가장의 책임을 다하기 위하여 밖에 일에 치우치다 보니 가정에 소홀히 하였으며 아내의 요구를 들어주지 못하였다. 아내는 집안일을 소홀히 하고 잦은 홈쇼핑이나 친구들과 술자리를 갖게 되는 것은 남편과의 갈등에서 오는 스트레스와 억압된 마음을 표출하기 위하여 자신이 알고 있는 방법으로 대처하고 있는 것 같다. 대다수 젊은 부부의 갈등 원인을 살펴보면 원만한 성생활이 이루어지지 않아 갈등으로 나타나게 된다. 성관계는 성 욕구 해소 이외에 스킨십을 통해 친밀감을 형성하기 때문이다. 따라서 부부의 성관계에 대하여 살펴보기로 하였다.

상담사: 법원에 협의이혼 하러 오는 부부들은 성격 차이가 커서 갈등이 생기고 믿음과 신뢰가 사라져서 함께 지내는 것이 의미가 없어져서 헤어지는 것이 낫겠다고 생각하여 온다고 해요. 성격 차이라고 하는데 좀 더 깊이 들어가면 성 문제로 연결되어 있어요. 두 사람은 별거 전에… 6개월 전에 별거했다고 하니까 6개월 전에는 성관계는 원만했나요.

아내: 원만했어요.

상담사: 그러면 원만했다고 하였는데 성관계하고 난 후 그 이전의 기간은 얼마나 되었어요.

남편: 기억이 안 나요.

상담사: 얼마나.

아내: 1년 넘은 거 같은데요.

상담사: 그러면 결혼 초에는 어땠어요.

남편: 좋았어요.

상담사: 그러면 내가 생각할 때 성적으로 정상적인 사람이다. 나는 성적으로 강하다. 중간이다. 약하다. 어느 부분에 속해요.

남편: 초반에요. 아니면 지금요.

상담사: 지금도 그렇고 초반에도 그렇고, 내가 성적으로 정상이다. 그렇지 않으면 나는 좀 약하다. 나는 굉장히 강하다.

아내: 표준, 그냥 보통.

상담사: 정상이다.

아내: 예, 예.

상담사: 남편분은?

남편: 정상요.

상담사: 남편분도 정상이다… 평균적으로 정상 범주에 들어오나, 벗어나는가 살펴보기 위해서 물어본 거예요. 10대, 20대, 30대, 40대, 점차 올라갈수록 성관계 횟수가 줄어들 수밖에 없어요. 그러나 성 욕구는 남자나 여자나 나이를 먹어도 있을 수밖에 없어요… 건강한 사람은 누구나 성에서 자유로울 수 없어요. 따라서 부부 관계에서 성관계 빈도가 높은가 낮은가에 따라 부부의 친밀도를 알 수 있는 거예요. 성 욕구가 해소되지 않으면 일상생활에서 스트레스가 쌓일 수밖에 없어요… 두 분은 별거 이전에 1년 동안 성관계를 안 했다고 하였는데 일반적인 부부들

과 비교할 때 관계에 어려움이 따를 수밖에 없어요… 두 분이 처음 결혼했을 때 성관계는 왕성하다고 하였어요. 그러면 언제부터 성관계를 자주 하지 않게 되나요.

남편: 생각 안 해보았는데요.

상담사: 아내분은

아내: 글쎄요.

상담사: 일반적으로 결혼 초에는 빈도가 높다가 아이가 태어나면서부터 성관계가 줄어든다고 해요. 두 분도 그런가요.

남편: 예, 애가 태어나면서부터요.

상담사: 아이가 태어났을 때 방이 몇 개였어요.

남편: 하나요.

상담사: 방 하나… 보통 물어보면 두 개나 세 개라고 해요. 거실이 있고 부엌이 있고….

남편: 부모님과 함께 살아서요.

아내: 시댁이었으니까.

상담사: 그러면 처음 아이가 태어났을 때 아이가 잠자는 위치는 어디예요.

아내: 제 옆에요.

상담사: 침대가 있고.

아내: 예, 침대에서 아이랑 저랑 남편이랑 자다가 남편이 바닥에서 자고요.

상담사: 남편은 바닥에서 자고….

아내: 예….

상담사: 아이가 아내 옆에서 잤다….

아내: 예….

상담사: 성 욕구가 올라오면 어떻게 해요.

남편: 침대에 올라가는데 아내가 밀어내요…. 그것도 한두 번이지 자
         존심이 상해요.

아내: 그러면 어떻게 해요. 아이 보느라 지치고 힘든데… 아이가 수
         시로 잠이 깨고 낮과 밤이 바뀌고, 시부모님도 계시고 눈치도
         보이고 그렇잖아요. 방에 방음도 잘 안되고, 소리가 들릴까 봐
         조심하게 되고요….

〈중략〉

 부부는 헤어지고자 하는 마음이 강하였으며, 헤어지더라도 건강하
게 헤어져야 한다. 감정의 골이 깊게 남아 헤어지게 되면 그 영향이 자
녀에게 미치기 때문에 건강한 이혼과 자녀의 복리를 위하여 조력하고
자 하였다.

상담사: 앞으로는 어떻게 하실 생각인가요.

아내: 이혼하는 것은 변함이 없어요. 지금은 별거하면서 느낀 거지만
         마음이 너무 편해요.

상담사: 이혼은 변함이 없고 별거하면서 마음이 편해서 이 상태가 좋다.

이런 이야기네요. 남편분은

남편: 아이들을 위해서라면 이혼을 안 하는 게 맞지만 아내의 의견을 존중해서 이혼을 하겠습니다.

상담사: 이혼을 하더라도 아이들을 위해서라도 건강한 이혼을 하여야 해요. 아이들이 지금 예민한 시기예요. 그리고 가정은 일차 학습장소예요. 아이들을 위해서 몇 가지 말씀드리겠습니다. 가능하면 하루에 한 끼 이상은 같이 밥을 먹도록 하세요. 밥을 먹으면서 관심을 갖고 지지, 격려, 공감, 칭찬을 해 주라는 것이에요. 그러면서 아이의 인정욕구를 충족시켜주라는 것이에요. 그러면 아이는 더 잘하려고 노력을 해요. 밥을 먹으면서 관심도 갖고 칭찬도 해 주고 때에 따라서는 스킨십도 해 주고 그러면 아이는 점점 더 잘하려고 노력하게 돼요. 아이들 입장에서는 부모로부터 인정욕구를 충족하는 것이 아이들의 바람직한 인성을 형성하는데 큰 자원이 돼요. 아이들에게 지속적인 관심과 칭찬을 해 주면 아이들이 바르게 성장하는 데 도움이 될 거예요. 아이들이 바르게 성장하고, 공부 잘하기를 바라죠.

아내: 예, 그렇죠.

남편: 예….

상담사: 아이들이 바르게 성장하기를 원한다면 부모가 먼저 아이들의 롤 모델(role model)이 되어야 해요. 아이들하고 있을 때는 이떠한 일이 있더라도 부부싸움 하는 모습을 보이지 말아요. 가식이라도 선의의 거짓말이 있어요. 아이들 앞에서는 웃는 모습을

보이고 좋은 이야기만 하세요. 아이들도 부모의 상황을 알고 있어요. 심리적, 정서적으로 불안하지만 부모가 웃는 모습을 보게 되면 아이도 편해져요. 그리고 아이들 앞에서는 배우자의 부정적인 이야기는 절대로 하면 안 돼요. 부정적인 이야기를 하게 되면 아이들에게 망가지라고 하는 거예요. 아이들의 자아존중감도 낮아지고요. 아이들 입장에서는 하나밖에 없는 아빠와 엄마거든요. 그런데 한쪽 부모에 대해 안 좋은 이야기를 계속 듣다 보면 이미지가 고착화되거든요. 화석화된다는 거예요. 나중에 바꾸기도 힘들어요. 바꾸기 위해서는 시간도 많이 걸리고… 아이가 바르게 성장하기를 원한다면 칭찬을 자주 해 주고 인정욕구를 충족시켜주고 집안 분위기를 공부할 수 있는 분위기를 조성해 주면 좋을 거예요.

〈하략〉

· · ·

이혼은 부부 당사자에게 생애 트라우마 사건이며 가족 구성원 자녀에게 사회경제적 변화를 초래하고, 심리발달에 부정적 영향을 미치는 위험 요소이다. 이는 사회 기초 단위인 가족해체를 의미하며 나아가 사회 안정을 위협할 수 있는 사안으로 국가가 제도적으로 개입하는 공적 영역이기도 하다(박상윤, 2022).

부부의 사례를 통해서 그들의 심리적, 정서적, 정신적 어려움, 갈등의 원인 등을 살펴보고 자녀의 복리와 건강한 이혼을 위한 상담의 중요성과 상담 과정에서 중재한 내용을 살펴보고자 했다.

사례의 부부는 결혼 초에 이상적인 가정을 만들기 위해 혼신의 노력을 하였다. 시간이 지나면서 자신의 의지와 관계없이 주변 상황이 흘러가면서 갈등이 생기기 시작하였다. 이를 해소하고자 자신이 아는 방법으로 해결하려고 노력했지만 갈등의 골은 점차 커지게 되었다. 부부는 원만하지 못한 성적인 어려움과 욕구 불만이 서로에 대한 배려의 부족과 갈등으로 표출되어 마음의 상처를 주고받게 되었으며, 이에 따라 믿음과 신뢰가 사라졌다. 부부는 더 이상 엮이고 싶지 않을 정도로 마음의 상처가 깊은 상태였다.

따라서 필자는 자녀의 복리와 부부의 삶의 질 향상을 위하여 건강한 이혼을 위한 조력을 하였다. 이들 부부는 갈등 초기에 관계 개선을 위하여 전문가의 조력을 받아 정서 통장을 쌓으며, 갈등 상황을 지혜롭게 대처하였더라면 어려운 상황을 미연에 방지할 수 있었을 것이다.

3장

부부의
성

갈등에 처한 젊은 부부가 있었는데 아내는 밥을 차려주지 않았다. 며칠이 지나도록 밥을 차려주지 않자 남편은 혼자 차려 먹기 시작하였다. 이러한 상황이 지속되자 밖에 나가 사 먹기 시작하였다. 이 이야기를 되돌아보면 남편이 밥을 혼자 차려 먹는 것은 자위 행위로 볼 수 있으며, 외식을 하는 것은 외도를 의미한다. 모든 부부가 이러한 사례와 같다는 것은 아니지만 성性의 역할은 결혼 생활을 유지하는데 중요한 요소 중의 하나이다. 성관계는 성 욕구 해소 이외에 부부간의 친밀도를 높이고 건강한 부부 관계를 유지하는데 필요하기 때문이다.

1. 성의 이해

성*은 인간의 가장 기본적인 행동 범주 중의 하나이며, 인간의 성은 단순한 생식과 종족 보존의 기능만을 가진 것이 아니라 남녀의 관계에 있어서 서로를 맺어주고, 그 관계를 유지시켜 주는 데 중요한 역할을 한다. 이와 더불어 성은 인간이 추구하는 즐거움과 쾌락의 원천이 되며 남녀 관계, 나아가서는 인간 관계를 활기차고 풍요롭게 한다. 이렇게 중요한 성은 가장 많은 오해와 편견, 남용의 대상이 되기도 한다. 성과 사랑이 밀접한 관련성을 지니고 있다는 것에는 논란의 여지가 있을 수 없다. 따라서 사랑에 대한 것을 다루면서 성의 생리학이나 심리적 근원에 대해 논의하는 것은 자연스러운 현상일 것이다. 인간이 가지고 있는 이 두 근원에 대한 관심은 삶과 관련된 깊은 관심거리이며, 불가분의 틀 속에 상호 의존적인 내용을 포괄하고 있기 때문이다.

신용주, 김혜수에 의하면 결혼 생활에서 부부간의 성생활은 극히 자연스러운 일이며, 부부는 성적 적응을 통해서 재생산의 성공률을 증가시키고, 성적 욕구를 만족시킨다. 원만한 성적 적응을 위해서는 부부가 서로 동등한 위치에서 서로에 대한 신체적, 심리적, 인격적, 생활 문화적인 이해가 수반되어야 한다. 부부의 성적 적응 정도는 결혼 만족도뿐만 아니라, 부부간의 친밀감을 형성하는 데에 상당히 중요하다. 그러나 부부간의 갈등이나 성에 대한 무지, 비현실적인 성적 기대감, 피로와 스트레스, 신체적 질병 등은 성적 부적응을 유발하는 요인으로 작용할 수 있다(신용주, 김혜수, 2021: 63-64). 결혼 생활에서 두 사람 사이의 가장 복잡한 양상은 성적 결함이다. 성교를 위해서는 남성이 발기가 되어야 하는데 이는 의식적 통제 아래 조정되는 것이 아니다. 성적 충동이 강하게 작용하지만, 이러한 충동은 또한 정서적 상태에 대해서도 지극히 민감하다(이근후 외 역, 1999: 343).

오늘날 제기되고 있는 많은 성 문제의 근본 원인이 바로 성에 관한 욕구 표현과 성 지식, 성 수행 불안 등에 관한 성 관련 의사소통의 부족에 있다고 하여도 지나치지 않을 것이다. 아무리 부부라고 해도 구체적인 표현이나 대화를 하지 않고는 상대방의 생각을 다 알 수 없다. 만족스러운 성생활을 유지하는 부부들은 평소에도 상대의 입장을 이해하려는 노력을 게을리하지 않으며, 서로가 흥미와 관심을 공유하려 한다. 그러나 우리 사회는 의사소통의 내용이 성과 관련될 때 수치심이나 죄의식을 느끼어 언급을 피하는 경우가 많다(송양근, 2006).

성행위란 성과 관련된 직접적인 행동을 말하며, 성생활 중에는 다양한 성행위가 존재한다. 성교 전에는 흥분을 증가시키기 위해 키스를 하거나, 손이나 입으로 성감대를 자극하기도 하고 성교 중에는 남성상위나, 여성상위, 후면위, 입면위 그리고 측면위와 같이 다양한 체위가 있으며, 구강성교나 항문성교와 같이 다양한 성교 방법도 포함된다. 또한 자위도 성행위에 포함된다(이윤미, 이영호, 2012).

성숙한 성적인 사랑은 성애적 요구를 확장해 특정한 사람과의 관계로 나아간다. 이 관계 속에서 과거로부터 비롯되는 무의식적인 관계와 미래에 대한 의식적인 기대를 한 쌍으로 만들어 활성화하고 자아 이상을 활성화해 이들과 결합한다. 성숙한 성적인 사랑은 성적 감정과 가치를 포함한 영역 내에서 일어난다는 것을 암시해준다.

결혼 초의 부부는 관계가 원만하고 서로를 배려하며, 이해하고 포용한다. 스킨십과 성적 욕구도 증가하게 된다. 그러나 모든 부부가 다 관계가 좋은 것만은 아니다. 이들은 자기 의사와 무관하게 주변 상황이 흘러가면서 갈등에 처하여 어려운 상황을 맞이하기도 한다. 필자의 상담 경험에 의하면 다수의 부부 갈등의 원인은 첫아이의 임신 또는 출산 이후라고 한다. 이들은 임신 기간 중 태아의 안전을 위하여 성관계를 피하게 되며, 아이가 태어나면 부부 사이에 아이를 재우거나 아내 옆에 재우게 된다. 신생아 또는 영아는 깊은 잠을 자지 못하고 수시로 깬다. 아내는 수유와 보살핌 등으로 깊은 잠이 들지 못하게 되고 이로 인하여 수면 부족으로 피곤하고 성적 욕구도 낮아지게 된다.

그러나 남편은 아내와 달리 그 연령대에 맞게 성적 욕구를 해소하고자 한다. 남편은 성관계하고자 다가가게 되면, 아내는 몸과 마음이 지쳐 있는 상태에서 남편을 밀어내게 된다. 또한 아내 역시 성 욕구가 올라와 남편에게 다가가면 준비가 되지 않은 남편은 아내를 밀어내게 된다. 밀림을 당한 배우자는 자존심이 상하게 된다. 이러한 상황이 지속되면 화가 올라오고, 화가 분노로 바뀌게 되어 감정의 골이 깊어지게 된다. 이러한 과정에서 각방을 쓰게 되고, 정서는 메마르며 사소한 일에도 부딪쳐 갈등의 골은 깊어진다. 이해와 배려는 사라지고, 서로의 마음에 상처를 주게 되고 감정이 상한 상태에서 언성이 높아지거나 폭력 등이 나타나게 된다. 이러한 행동이 지속해 이어지다가 어느 사이 말이 없어지고 포기하게 되고, 무관심과 침묵으로 이어지게 되며, 결혼 생활을 더 이상 이어 나가기 어려운 상황에 이르게 된다.

결혼한 부부는 그의 결혼 생활 속에서 항상 만족스러운 성적 욕구를 충족시키지 못하게 되는 경우도 있다. 이는 배우자와의 별거, 배우자의 중병 또는 배우자의 성관계 거부 등 다양한 이유로 성관계를 하지 못할 수도 있다. 따라서 성적 욕구 해소에 길들어져 있는 사람들은 오랜 기간 금욕적인 생활을 하기에는 무리가 따른다. 이들 중 일부는 성욕구의 해소를 위하여 성적 파트너를 찾게 되는데, 단지 성 욕구 해소만을 위하여 찾는 것과 기존 배우자와의 관계의 어려움으로 인하여 새로운 사랑의 관계가 필요하여 찾게 되기도 한다.

[그림 1] 침대 위에 함께 잠을 자는 가족

[그림 2] 각방을 쓰며, 혼자 자는 남편

[그림 3] 각방을 쓰며, 아이와 잠을 자는 아내

2. 부부의 성 의사소통

결혼은 합법적으로 성관계를 할 수 있는 상대를 보장하기에 부부간 성적 배타성, 독점성을 가진다. 부부간 의무라고 생각하기에 성생활이 뜸해지면 자신의 가족 내 부부로서의 역할을 소홀히 하고 있지는 않은가에 대한 반성을 해야 한다는 기준이 무의식적으로 작동한다. 또한 사회에서 합법적으로 성관계를 가지는 친밀한 관계로 인정했기에 부부간 성생활은 당연한 권리와 의무라고 하는 것은 부부라면 당연히 성생활을 가지는 것이고 성생활을 하는 것은 우리가 부부라는 것을 인정받는 하나의 행위 양식이라는 의미를 내포하고 있다(서선영, 2006).

Miriam Stoppard(1991)는 사람들 대부분이 성적 욕구에 대해 열린 마음을 가진 사랑하는 짝의 도움으로 신비로운 성의 세계를 성공적으로 발견하게 된다. 이들은 사랑의 관계를 시작하고 실험할 마음의 준비가 되어 있고, 서로가 원하는 것이 무엇인지 그것을 말로 표현하고 서로 주고받음으로써 성만이 줄 수 있는 행복감을 맛본다(홍강의 역, 1998: 17). 성에 대해 솔직한 대화를 나눌 때 부부의 성생활이 만족스럽고 적응적인 성 기능을 유지할 수 있다. Brentton(1994)은 성에 대한 의사소통이 이루어지지 않는 것이 성 문제의 시초가 되고 있다고 지적

하면서 성생활에서 부부간 의사소통의 중요성을 강조하고 있다(이윤미, 이영호, 2012).

성은 결혼 생활의 전부는 아니지만 중요한 기본적 요소로 대다수의 부부가 결혼 생활에서 성에 대한 만족을 기대하고 있다. 그럼에도 불구하고 우리는 성에 대한 논의는 삼가왔고 죄악시하였으며 수치스러운 일로 생각해왔다. 성생활은 결혼 생활에서 굉장한 힘과 지배력을 가지고 있다. 성 문제는 불행한 결혼의 90%를 차지하고 있다. 성관계에서 발생하는 갈등 중에서 신체적인 요인은 극소수에 불과하다. 성 문제에 있어서 주된 요인은 정신적인 면과 감정적인 면에 있다. 그리고 그 두 요인에 있어서는 잘못된 지식 때문이 아니라 올바르지 못한 자세 때문에 대부분의 성 문제가 생기는 것이다. 누구나 바람직한 성생활을 통해 부부간의 애정을 키워 나가야 하나, 우리 주변에는 아직도 성생활에 불만이 많고 불감증 또한 문제 되는 경우가 많다(송양근, 2006).

자신에게 성적인 문제가 있다면 상대가 이에 무관할 수는 없을 것이다. 상대의 성적 만족이 당신의 성적인 문제 때문에 제한받든지, 처음에 당신에게 생긴 문제를 지속시키거나 악화시키게 하든지 틀림없이 영향이 있을 것이다. 그래서 부부 사이에 대화가 중요하다는 또 하나의 이유가 된다. 솔직히 열띤 토론 없이 심각한 문제는 해결될 수 없고, 사소한 문제들도 악화될 수 있다. 불행히도 대부분이 이러한 관계의 균형을 깨뜨릴까 두려워서 성적인 문제와 부조화에 대해서는 문제 삼지 말자는 무언의 약속을 한 부부들도 있다. 두 사람 모두 행복한 성관계를 경험하지 못하면 둘 사이에는 어떤 관계도 성립되지 않을 것이며, 구원의 기회조차 멀리하게 되는 것이다(홍강의 역, 1998: 200).

결혼 생활에서 성이 차지하는 비중은 크며, 성으로부터 파생되어 표출되는 상황은 다양하다. 성관계가 원만한 부부는 서로를 이해하고 배려하며, 정서적으로 안정된 상태를 유지하게 된다. 그러나 성적인 욕구를 충족하지 못하는 부부는 사소한 일에도 사사건건 배우자의 잘못을 지적하며, 갈등이 일어나고 부정적으로 대처한다. 결혼 생활에 있어 성관계의 긍정적인 면과 부정적인 면에 대해 논하면 다음과 같다. 긍정적인 면은 부부의 성은 성 욕구를 해소하는 것 이외에 스킨십을 통해 부부 체계를 돈독히 하고, 친밀감과 정서 통장을 쌓이게 하여 부부 갈등을 예방하는 긍정적 역할을 하기도 한다. 이러한 대다수 부부는 순기능적 가정을 이루게 되며, 자녀에게도 바람직한 부모로서 이미지가 형성된다. 또한 결혼에 대한 긍정적 사고를 갖게 되고 부모의 삶을 본받고 이루고자 하는 마음을 갖게 된다.

부정적인 면은 부부 생활의 기본적 욕구인 성 욕구를 해소하지 못하게 되면, 이로 인한 스트레스가 쌓이게 된다. 이러한 스트레스는 부부 갈등의 원인이 되고, 가정 내 역기능적 상황으로 나타나게 된다. 부부 당사자는 갈등으로 인한 심리적, 정서적, 정신적 어려움을 겪게 된다. 이러한 과정에서 각방을 쓰거나 별거, 외도 또는 결혼 생활 유지의 어려움으로 나타나게 된다.

또한 부부의 불만족한 성 욕구로 인하여 갈등 관계가 지속해 이어질 때 가족 구성원에게도 부정적 영향이 미치게 된다. 부모의 갈등 속에 자라는 아이들은 자아존중감이 낮아지고 피해의식이 있으며, 또래 관계에 영향을 미치게 된다. 이와 더불어 원만하지 않은 부모의 부정적 표상이 이미지에 남아 자녀가 성인이 된 이후에 결혼에 대해 부정적 요인으로 나타나기도 한다.

이처럼 부부 갈등의 원인에 대하여 성이 차지하는 부분이 많은데도 불구하고 성관계가 원만하지 않은 부부는 자신이 아는 방법대로 해결하려고 하여 갈등의 폭이 점차 커지게 된다. 성에 대한 이야기를 꺼리거나 성 욕구 불만에 대해 이야기를 해도 배우자의 자존심이 상하게 되기도 한다. 이는 성에 대한 이해의 부족과 이를 해결하고자 하는 노력이 부족하기 때문이다. 따라서 성에 대한 건강한 사고와 지식을 갖추는 것이 필요하며, 부부는 행복한 성관계를 위해서 진솔한 대화를 하여야 한다. 또한 성 관련 세미나, 자료, 성 치료 등을 통하여 성과 관련된 갈등을 함께 나누고 해결하고자 하는 노력이 필요하다. 이를 통하여 성의 어려움에서 오는 갈등을 해소하여 삶의 질을 높이고 행복한 부부 관계가 되어야 한다.

부부의 성은 당사자뿐 아니라 가족 구성원과 사회에 미치는 영향이 크기에 성에 대해 어려움이 있을 때는 부부간의 건강한 성 의사소통으로 갈등을 미연에 방지하고 부부 생활의 삶의 질을 높여야 한다. 이는 부부가 행복해야 자녀가 행복하기 때문이다.

3. 성적 반응

1) 성적 반응의 이해

성⁂적 반응은 아직은 보통 개인 내적, 대인 관계적, 문화적 맥락에서 경험하는 것으로 여겨지지만, 생물학적인 뒷받침이 필수적이다. 따라서 성적 기능은 생물학적, 사회문화적, 심리적 요인들 간의 복잡한 상호 작용이 관련되어 있다. 많은 임상적 상황에서 성적 문제의 병인에 대한 정확한 견해는 밝혀지지 않았다. 그렇더라도 성 기능 부전의 진단에는 물질의 효과에 의하거나(예: 약물 또는 치료약물), 또는 의학적 상태(예: 골반 신경 손상), 또는 심각한 관계의 고통, 동반자의 폭력, 또는 다른 스트레스 요인들 같은 비 성적인 정신 질환으로 설명 가능한 문제의 배제가 필요하다. 만약 성 기능 부전이 다른 비 성적인 정신 질환(예, 우울 장애 또는 양극성 장애, 불안 장애, 외상 후 스트레스 장애, 정신병적 장애)으로 설명이 가능하다면, 다른 정신 질환의 진단이 우선시 되어야 한다(권준수 외 역 2020: 462).

성이란 말이나 글로는 설명할 수 없는 그 어떤 것을 표현하며, 사랑을 나타내는 원초적 방법이다. 또한 성은 우리들의 관계를 활기차고 풍요롭게 하는 데 다른 어떤 부분보다 중요하며 비중도 크다. 성은 '즐거움'과 '출산'이라는 관점 외에 특정한 사람을 잘 알게 해 주는 시간이며 장소이고, 방법이며 언어이다. 성은 또한 남자와 여자를 결속시켜 주는 강한 힘이 있다. 상대를 사랑하게 되면 그 외의 어떤 누구도 줄 수 없는 절대적인 지지를 그로부터 얻게 되며, 때때로 서로는 폭풍 속의 유일한 피난처가 된다. 둘이는 서로 정서적인 후원자가 되고, 상대방으로 하여금 자신이 가치 있으며 쓸모 있고 매력적이라고 느끼게 도와준다. 사랑하는 두 사람은 서로 자신이야말로 세상의 모든 행복을 다 손에 쥔 원숙한 사람이라고 느끼게 한다. 이런 점에서 성은 매우 중요하다. 사랑하는 그만이 이 모든 것을 줄 수 있기 때문이다. 사랑의 관계를 잘 해내고 유지해 나가는 것은 두 사람 모두의 책임이다. 결국 성은 사랑하는 사람을 계속 곁에 머물게 하며, 사랑하는 관계가 지속되도록 보장하는 유일한 방법이다(홍강의 역, 1998: 16).

부부간의 성생활은 인간 삶의 자연스러운 한 부분이며, 인간으로 특징지을 수 있는 요소 중의 하나이다. 성생활은 신체건강, 정신건강 및 인격에까지 영향을 미치는 총체적 현상이며, 인간의 성 욕구는 직접적인 성교 외에 여러 형태로 표현되기 때문에 성생활에 문제가 발생하거나 변화가 오면 개인의 생활에 균형이 깨어지고 결국 부부 관계에 변화가 오게 된다. 부부간의 성 욕구 표현은 부부 관계를 유지하고 부부의 행복과 불행을 결정짓는 중요한 요인 중의 하나이고 행복한 부부생활에 있어서 절대 필요한 요소라 할 수 있다(송양근, 2006). 성생활을 할 때 본인의 만족을 위해서 원하는 성행동을 배우자에게 정확하게 주장하고, 원하지 않는 성행동에 대해서는 거절하는 것을 성적 자기 주장성이라고 한다(최명현, 2005).

생물학적으로 성적인 반응은 성적인 발정과 성적인 즐거움과 오르가슴으로 나눌 수 있다. 그러나 성적인 생각은 특정한 성기의 반응 없이도 일어날 수 있다. 그리고 성기의 반응은 제한된 또는 최소한의 성적인 발정으로도 일어날 수 있다. 성적인 발정은 일반적으로 의식하는 것, 생각하는 것, 흥미를 가지는 것 그리고 성적인 자극에 반응하는 것을 의미하며, 성기적 반응이라고 할 수 있다. 남성의 발기를 끌어내는 혈관의 충혈과 팽창 그리고 여성의 반응인 질의 애액 분비, 유방의 확대, 유두의 발기가 성기적 반응을 의미한다.

성적인 흥분은 전반적인 반응을 포괄하는데 적절한 용어로서 특정한 인지적 측면과 성적 발정에 대한 주관적인 경험, 성기적 즐거움과 오르가슴 그리고 자율신경계의 반응과 이 영향으로 인한 표정에 드러나는 표현적 측면을 포함한다. 성적인 흥분은 더욱 복잡한 생리적 현상이 나타나는 기본적인 감정이며, 성애적 욕구로 변화하게 된다. 즉, 성애적 욕구 내에서 성적인 흥분은 특정한 대상과의 정서적인 관계와 연결되게 된다.

성은 인간의 다른 어떤 본능보다도 심리적, 가정적, 사회적 요소가 관계된다. 우리는 공개적인 곳에서 성과 관련된 이야기를 자연스럽게 나누기가 어려운 사회적 분위기를 가지고 있다. 공개적인 장소에서 나누지 못하다 보니 사적으로 나누게 되며, 때로는 이러한 내용들은 음

담패설이나 음란한 사람들이 주고받는 건전하지 못한 것으로 취급받고 사회적 질시와 비난을 받게 되기도 한다. 또한 성에 관련된 말이나 행동을 금하거나 꺼리는 터부가 강하게 작용하며, 왜곡되고, 오해받고, 거부당하게 된다. 그러나 어떤 사람들은 음성적으로 성을 탐닉의 대상으로 삼기도 한다.

우리 사회는 성에 대해 왜곡되고 잘못 형성된 사고로 인하여 사회적 물의를 일으키거나 그로 인해 삶을 포기하는 안타까운 일도 일어나고 있다. 성은 본능적 욕구이며, 건강한 사람들이라면 성에서 자유로울 수 없다. 이러한 욕구를 어떻게 해소하는가에 대한 차이가 있을 뿐이다. 따라서 성의 본질과 그 기능을 바르게 이해하고 적절히 활용하면 사회적 활동과 부부 관계는 한층 더 기쁨과 즐거움을 가져오게 되며, 오래 유지될 수 있다. 이를 통하여 두 사람의 관계뿐 아니라 다음 세대와의 관계, 나아가서는 사회 전반에 걸쳐 행복한 삶을 이끌어가는 중요한 원천이 된다.

2) 성적 흥분

성적 흥분을 높이기 위하여 애무를 하게 된다. 애무는 이성 간의 일어나는 육체적 접촉으로 피부를 자극하여 성적으로 흥분시키는 것으로 남근을 질 안으로 삽입하는 것을 제외한 모든 육체적 접촉을 말한다. 모든 인간은 성적으로 흥분시키는 어떤 종류의 육체적 접촉이 필요하다. 특히 남녀 간의 교제에서 이성적 감정이 서로 뒤엉키려고 하는 강한 욕구가 일어나는 시기에 이러한 일이 성행하며 그러한 육체적 접촉은 어떤 사람에게는 후에 성적으로 강한 쾌감을 느끼는 것으로 인식된다.

애무의 방법은 사람에 따라서 많은 차이를 가지고 있는데 간단한 자극에서부터 긴 시간에 애무를 하는 등 그 기교에 있어서도 다양한 방법을 만들어서 사용하고 있다. 이러한 애무를 통하여 파트너를 만족시키는 데 활용하고 있으며, 만족도는 애무하는 사람이 가지고 있는 기교에 따라 달라진다. 또한 성행위에 활용되는 방법들이 어떠한 형태를 지니고 있든지 간에 성행위를 하는 대상자가 만족을 느끼고 행복해하며 그러한 행위로 인해서 상대방 파트너를 더욱더 사랑하고 귀하게 여긴다면 그 성행위는 지상 최고의 성행위라고 말해도 될 것이다.

Miriam Stoppard(1991)는 대부분의 남성은 여성과 함께 흥분을 느껴 두 사람 모두 삽입을 원하게 될 때까지 이 상태에서 얼마간 머물러야 한다. 30분씩 머물러야 하는 경우도 있지만 평균적으로 15분 정도 걸린다. 일단 질 안으로 삽입하고 나면 남성의 성적 쾌감은 현저하게 증가하는데, 특히 피스톤 운동을 하면 이전 단계로 되돌아갈 수 없는 상태가 되고, 곧이어 오르가슴과 사정이라는 격렬한 쾌감의 순간에 이른다. 다음에는 흥분이 급격하게 진정되면서 음경은 축 늘어지며 더 이상 발기할 수 없는 무반응기로 접어든다. 이 무반응기의 시간은 사람에 따라 다르다(홍강의 역, 1998: 42).

남성의 성적 흥분의 가장 두드러진 특징은 음경의 발기이다. 이것은 성적 자극 후 몇 초 내에 일어난다. 이것은 혈관충혈 때문에 일어나는 것이다. 즉, 발기는 음경의 해면체조직들이 혈액으로 신속하게 채워지기 때문에 생긴다. 발기한 음경의 크기와 딱딱함의 증가는 증가한 혈액의 압력에 기인한다. 다소의 일반적 오해와는 달리, 음경 속의 뼈가 있는 것이 아니며, 발기과정에 도움을 주는 음경의 근육이 있는 것도 아니다. 남성이 신체적 및 심리적으로 흥분될 수 있을지라도, 피로나 불안에 확고한 발기가 일어나지 않을 수 있다(홍대식, 2009: 84).

여성의 경우에는 초기의 성적 긴장은 서서히 증가한다. 20~25분이 걸리는 경우도 있지만 15분 정도가 보통이다. 전희에서 다양하게 자극해 주면 이 초기의 흥분기를 더 빠르게 통과할 수 있다. 이 시기가 지나면 여성의 쾌감은 질 안에 있는 음경의 피스톤 운동 횟수와 비례해서 단계적으로 증가하는데, 이때 계속해서 음핵을 직접 자극해 주면 여성은 이내 오르가슴으로 올라갈 수 있다. 오르가슴이 끝나면 서서히 그리고 점차 평상시 상태로 돌아가는데, 30분까지 걸리는 경우도 흔하다. 이 해소기 동안 가슴은 본래 크기로 돌아가며 부풀어 올랐던 음순도 다시 작아진다(홍강의 역, 1998: 43). 여성의 자위를 통한 오르가슴은 상당히 강렬하게 짧게 지속되고 질의 표면에서 경험되며 만족감이 부족하지만, 반면에 성교를 통한 오르가슴은 천천히 노달하며 급격한 절정이 없고, 오래 지속되며, 더 내적으로 느끼고 상당한 이완감과 만족감을 수반한다고 한다(이윤미, 이영호, 2012).

여성의 성적 흥분의 첫 번째 지표는 질액의 분비인데, 이것은 성적 자극 후의 10~30초에 시작된다. 이것은 혈관 충혈에 따른 삼출 과정에 의해 질의 내면에 수분이 분비되기 때문에 일어난다. 흥분 단계의 초기에 질액의 양이 작지만 질액 분비의 양이 증가함에 따라 음순과 질 입구를 적실 정도가 된다. 질액 분비의 양, 일정성 및 냄새는 여자에 따라 그리고 상황에 따라 차이가 있으며, 질 내의 음경 삽입을 용이하게끔 해 주고 삽입에 따른 불쾌감을 없애 주게끔 만든다(홍대식, 2009: 82-83).

빠른 성적 극치감을 느끼는 대부분의 여성들은 빠른 성적 극치감을 느낀 다음에도 계속해서 성적인 흥미와 흥분된 성적 욕구가 계속되는 상태를 유지한다. 그리고 계속해서 추가적인 성적 쾌감을 느낄 수 있는데 이들은 이러한 능력에 대해 긍정적으로 생각하며, 부담스러워 하지 않는다. 성적 극치감을 느끼는 여성들의 남자 파트너는 여성의 그러한 능력에 긍정적인 태도를 보이게 된다. 이와 함께 여성들의 그러한 반응이 남성에게는 자신의 성적 능력이 강하여 그러한 현상이 일어나는 것으로 생각하고 만족한다고 한다.

따라서 성적인 흥분은 감정의 범위 내에서 매우 특별한 위치를 차지하고 있다. 생물학적인 기능에 근원을 두고, 재생산에 기여하면서 인간의 심리적인 경험에서 중요한 부분에 위치한다. 외부 자극에 예민한 부위를 성감대라고 하며, 성적으로 쉽게 흥분하는 특성을 지니고 있다. 성감대에 의해 지각되어 기억하는 이미지와 무의식적 환상의 발달은 한 개인의 성적 대상 선택에 대한 특정한 의식적, 무의식적 초점이 성적인 흥분을 성애적 욕구로 변형시킨다. 성애적 욕구는 특정한 대상과 성관계를 원하는 소망을 포함한다. 성숙한 성적인 사랑은 성애적 요구를 확장해 특정한 사람과의 관계로 나아간다. 이 관계 속에서 과거로부터 비롯되는 무의식적인 관계와 미래에 대한 의식적인 기대 그리고 자아 이상을 활성화하고 성적 대상과 결합한다.

4. 성관계의 어려움

인간의 몸 안에 있는 다른 많은 신체조직과 같이 성 기능이 부드럽게 이루어지고 있다면 그 사실을 우리는 당연한 것으로 받아들이고 별다른 관심을 주지 않는 것이 일반적이다. 그러나 만일 성적인 기능이 하나 또는 다른 여러 가지 면에서 문제를 일으킨다면 그 문제는 불안의 원인이 되고 고통의 대상이 되며 좌절감을 가지게 할 뿐만 아니라 그 사람의 인간 관계를 와해시키고 전반적으로 불행한 삶을 살게 하는 기본이 된다. 역기능적 성 문제는 성 기능과 관련된 정상적인 신체적 반응에 결함이 있는 상태를 말한다. 그렇기 때문에 성 기능상의 문제는 신체적 어려움과 관련하여 문제를 생각하게 한다. 여기에서 우리는 성 기능상의 문제와 관련된 효과적인 성 치료 방법을 모색함으로써 인간의 삶을 윤택하게 하는 성행위와 관련된 방법들을 검토할 것이다.

조두영에 의하면, 보통 성 기능 장애는 크게 세 가지 종류가 있다. 그 첫째가 성 욕망 장애(disorders of sexual desire)로서 이는 성에 관심이 없거나 성을 억압(inhibition)하거나 두려워하는 사람을 두고 말한다. 여자의 질경축(vaginismus)과 남자의 근경련에 의한 사정 통증이 여기 속한다. 둘째는 흥분기 장애(excitement phase disorders)로서 남자의 발기부전(impotence)과 여자의 불감증(frigidity)이 이에 속한다. 세 번째는 오르가슴 장애(orgasmic disorders)로서 남자의 조루증 (premature ejaculation)과 사정지연(retarded ejaculation) 그리고 남녀 모두의 오르가슴 부재(anorgasmia)가 이에 속한다(조두영, 1999).

성적 자극과 흥분이 충분함에도 절정감에 도달하는 것이 지속적, 반복적으로 어렵거나 늦게 도달하거나 불가능하여 성적 고통을 일으키는 상태이다. 여성의 경우 절정감 장애는 가장 흔한 성 기능 장애로 성인 여성의 약 10% 정도로 본다. 남성의 절정감 장애는 사정에 어려움을 겪고 성적 절정감을 느끼지 못하는 경우를 말한다. 이는 지루증 (delayed ejaculation)이라고 하며 성욕이 충분하고 발기력도 왕성하지만 극치감을 못 느끼고 사정이 안 되는 경우를 말한다. 이와 반대로 조루증(premature ejaculation)은 남성의 사정 장애 중 가장 높은 빈도를 보이며 남성이 수의적 사정 조절 능력이 부족하여 스스로 원하기도 전에 절정에 도달하는 것을 말한다(박초롱, 2013). 여기에서는 성관계의 어려움을 야기하는 여러 원인 중 빈도가 높게 나타나는 증상들에 대하여 살펴보고자 한다.

1) 남성의 어려움

성 기능상의 장애를 가지고 있는 남자는 성관계에서 더 이상의 실패
감을 경험하지 않기 위해 성적인 관계를 맺을 기회를 회피하는 행동을
한다. 이러한 남자는 자기의 성적인 어려움을 대처하는 방법으로서 상
대방 성 파트너의 역기능적인 면에 자기의 기능상의 문제를 투사한다.
또한 성행위가 있을 때 그 행위 자체가 역기능적이라고 할지라도 열심
히 성행위를 함으로써 그 문제를 극복하려고 노력한다. 그러나 이러한
노력은 그의 성적인 기능과 관련된 관계를 향상하기 보다는 오히려 더
안 좋은 결과를 초래한다. 이러한 어려움에도 불구하고 역기능적 성으
로 인한 어려움을 극복하고자 다양한 방법을 모색한다.

(1) 조루증

조루증은 조기 사정을 지칭하는 용어이다. 조루증은 가장 흔한 남성
의 성 기능 장애 중의 하나이며, 환자와 그의 성행위 상대자의 성적 만
족감과 삶의 질에 영향을 준다. 그러나 지금까지 뚜렷한 병태생리학
적 원인이 밝혀지지 않았고 보편적으로 인정되는 조루증의 정의 자체
가 아직 확립되지 않았다. 그에 따라 현재까지 몇몇 치료요법들, 약물
요법, 크림 요법, 수술 요법 등이 제시되고 있지만 조루증을 치료하는

데 어려움이 있었다. 치료요법 중의 하나인 선택적 음경 배부 신경 차단술은 현재 음경과 귀두의 과민성을 감소시키며, 사정 시간을 지연시킴으로써 사정 조절 능력의 향상을 가져올 뿐 아니라 부작용은 미약한 것으로 보고되고 있다(장주현, 2013).

조루증은 남자가 자기 파트너의 성기에 삽입하려고 시도하기 전이나 동안 또는 성교가 시작된 직후에 생기는 비의도적 사정이다. 모든 남자의 15% 내지 20%가 정규적으로 조기 사정 하는 것으로 추정되고 있다. 조기 사정은 심리적 요인들(예: 성교를 서두르는 것, 성교 장면을 들킬 것에 대한 두려움, 성교에 대한 경험 부족)에 의해 생긴다고 간주하고 있다(홍대식, 2009: 98).

조루는 사정을 의지대로 조절하기 힘든 상태로서 배우자와의 성행위에서 만족을 얻지 못할 정도로 빠르게 극치감에 도달하여 사정하는 것을 의미한다. 『정신 질환의 진단 및 통계편람(DSM-5)』의 기준에 의하면 아래의 네 가지 기준에 맞는 경우를 말한다.

A. 동반자와의 성적 활동 동안 질 내에 삽입하고 개인이 원하기 전에 대략 1분 안에 사정하는 것이 반복적 또는 지속해 일어난다.

B. 기준 A의 증상이 적어도 6개월간 있어야 하며, 성적 활동을 할 때 거의 지속해 경험해야 한다. 대략 75%~100%에서 발생하여야 한다.

C. 진단기준 A에 증상이 개인에게 임상적으로 현저한 고통을 초래한다.

D. 성 기능 부전은 비 성적인 정신 질환이나 심각한 대인 관계 스트

레스 또는 다른 스트레스 요인으로 더 잘 설명되지 않으며, 물질/치료약물의 효과나 다른 의학적 상태로 인한 것이 아니다(권준수 외 역, 2020: 484).

조루증(premature ejaculation)은 자신이 원하기 이전, 질 내 삽입 이전, 삽입 중, 삽입 직후에 최소의 자극으로도 사정이 일어나는 상황이 지속해 발생하거나 재발하는 질환이다. 또한 조루는 남자가 상대방 성적 파트너의 질 속으로 들어가려고 노력할 때 또는 성관계를 시작한 후에 질 내에 삽입하지 않고 애무할 때 본인의 의도와는 달리 자연스럽게 사정되는 현상이다. 조루증은 남성의 성 기능 이상 중 가장 흔하며, 많은 남성이 조루증으로 고민하고 있다.

조루 또는 빠른 사정은 일반적으로 많은 성적 역기능 현상이다. 그럼에도 불구하고 이 사실을 분명하게 설명하는 것은 대단히 어렵다. 어떤 남자들은 시간을 재는 시계를 가지고 그들의 성행위에 시간적 길이가 정상인지 아닌지를 측정해 보는가 하면 다른 남자들은 서둘러서 삽입하는 것으로 성행위를 단축하는 행위를 즐긴다. 서둘러서 삽입하는 경우는 일반적으로 실제 성행위에 시간을 늘리지 못하고 짧은 시간 안에 사정하게 해버리는 특성이 있다는 사실을 알면서도 서둘러 성행위를 하는 이유가 짧은 시간 안의 사정이 강한 쾌감을 느끼게 하기 때문이다.

따라서 적당한 생리적 사정감을 통제할 수 있다는 것은 흥분된 상태를 얼마만큼 유지할 수 있느냐 하는 것과 관련하여 판단할 수 있다. 특히 조루나 조기 사정을 통제하는 것이 성적인 쾌감을 느끼게 하거나 성관계를 하는 시간을 늘리는 노력으로 실제의 성행위가 영향을 받지 않는다면 그 또한 조루라고 할 수 없다. 이처럼 성적 파트너인 여성이 성행위 과정이나 그 결과에 따라 느끼는 감정에 문제가 없다면, 성행위 중에 일어나는 조기 사정 현상이 두 사람 관계에 커다란 영향을 미치지 않으므로 문제있는 성관계가 아니라고 본다.

(2) 지루증

지루증(delayed ejaculation)은 성욕과 발기력은 정상적이지만 사정이 안 되는 증세이다. 성 기능 환자의 4%를 차지하는 드문 질환이다. 사정량의 감소 및 소실이 사정 불능증과 대비하여 발기기능은 보존된 상태에서 자위 행위를 통해서는 사정이 가능하지만 질 내 사정이 만족스럽지 못할 정도로 이루어지지 않는 경우로 정의한다. 즉, 성욕과 발기력이 정상이므로 다른 형태의 사정은 가능하지만 질 내 사정이 안 되는 경우이다. 지루증의 원인에 대해서는 논란이 많다. 정신적 원인이 될 만한 것으로는 우울, 불안, 스트레스, 피로, 종교적 신념, 부적절한 상대자, 부적절한 성적 자극, 성적인 감각의 집중 결여, 판에 박힌 성 행동 등이 있다. 기질적인 원인은 신경인성 질환, 말초신경 장애, 외상, 요로 생식계 질환, 자율신경계 약물 등이 원인이 될 수 있다(서울대학교병원, 2022).

사정 불능이란 성교 시에 사정이 지연되거나 사정을 못 하는 남자의 증상을 말한다. Masters와 Johnson의 조사 보고서에서는 이 증상의 남자는 드물다고 했으나(성 기능 장애의 4%) 카플란에 의하면, 이런 증상을 갖는 남자의 수가 점점 증가하고 있다고 한다. 사정 불능의 증세를 보이는 사람들은 개인차에 따라 증상의 차이가 크다. 근심과 걱정이 있는 환경에 있는 남자는 사정하기가 힘들 수 있다. 사정 장애의 원인은 거의 심리적인 것이다. 즉, 감정적 상태가 크게 심리적 압박을 받을 때, 그것을 무의식중에 방어하려고 할 때 사정 반사 능력이 억제된다(오매성, 2002).

사정 불능이 때로는 성적인 쾌감의 원천이 될 수 있는데 그것은 오래 끄는 삽입된 성행위를 가능하도록 허용하기 때문이다. 어떤 사람은 한두 시간 정도 별다른 어려움 없이 성관계를 계속하면서 발기된 남근을 유지할 수 있다고 한다. 그러나 여자 성 파트너가 자기의 질 안에 사정이 어렵다는 것을 인지하게 되면 새로운 형태의 반응이 일어나는 것이 대부분의 경우라고 하는데, 그 경우란 자신이 남자 성 파트너에게 매력적이 아니라는 것과 자기와의 성관계를 즐거움으로 경험하지 않는다는 것이다.

때때로 삽입된 성행위가 오랫동안 지속되는 경우는 육체적으로나 신체적으로 특히 여성에게 불편한 느낌을 들게 한다. 그러한 성관계가 남자로 하여금 사정을 하게 하더라도 여자가 느끼는 불편함은 어쩔 수 없는 일이다. 삽입된 성관계가 너무 오래 지속됨으로 인해 생긴 지루함이 가져온 결과이지만 이러한 경우에 여자는 남자의 성적인 요구가 괴로울 수밖에 없다. 그러나 남자의 성 파트너가 된 여자의 느낌은 남자 파트너가 원하는 성적 행위에 상응하는 반응을 보이는 것이 일반적이다.

따라서 지루증은 약물을 사용하지 않은 상태에서 성관계 시 일정 시간이 지나 오르가슴을 느끼는 듯하면서 사정이 안 되는 증상을 의미한다. 이러한 증상이 지속되면 심리적, 정서적으로 위축되며 이로 인한 당사자의 고통은 클 수밖에 없으며, 배우자 역시 성관계의 회피 등 삶의 질이 낮아질 수밖에 없다. 따라서 지루증 치료를 위하여 부부는 함께 노력해야 한다. 이와 함께 성관계 시 일정 시간이 지났음에도 사정이 안 되면 손이나 입으로 자극을 주는 등 다양한 방법을 활용하여 사정하도록 공동으로 노력하는 것이 중요하다.

(3) 발기 장애

① 발기 장애의 영향

남성 성 기능 장애의 대표적 유형인 발기부전은 높은 유병률을 가진 질환으로서 남성의 삶의 질에 지대한 영향을 미쳐 부부간의 관계는 물론이고, 개인적으로는 자존심과 생활 활력의 저하 등에 의해 사회적으로 고립에 이르게 되는 등 심리적 장애로까지 발전할 수 있다. 그러므로 비록 생명을 위협하는 질환은 아니지만 의학적, 사회적으로 관심이 집중되고 있는 질환 중의 하나이다(이문길, 2009).

발기 장애(또는 발기불능)는 성적 상호작용에 필요한 발기를 이룩하지 못하거나 유지하지 못하는 것이다. 대부분의 남성들이 이러한 경험을 일생 동안 가질 수 있다. 발기불능은 어느 연령에서나 일어날 수 있고, 많은 상이한 형태를 취할 수 있다. 대개 발기 장애를 가진 남자는 질에 삽입하기에는 너무 약한 부분적 발기상태를 갖는다. 때로는 성교가 시도될 순간에 딱딱한 발기상태가 신속하게 사라진다. 어떤 경우들에서는 정상적 발기상태를 가질 수 있지만, 다른 경우들에서는 그렇지 못하다. 남성의 발기 장애는 여자 파트너가 그것을 자신이 성적으로 바람직스럽지 않다거나 어떤 잘못을 저지르고 있다고 여길 경우, 여자 파트너의 자기존중감을 해칠 수 있다(홍대식, 2009: 97).

발기 장애는 질 내부에 삽입할 수 없을 정도로 충분히 딱딱하게 발기되지 않는 상태가 계속해서 유지되는 현상이다. 이러한 현상은 나이와 상관없이 인생 주기에 어느 때든 일어날 수 있으며 그 양상 또한 다양하다. 완벽하게 발기되지 않는 남근은 흔하지 않으며, 경우에 따라서 의학적인 장애가 결부되었을 때 완벽한 발기불능이 계속될 수도 있다. 전형적인 발기부전 현상은 발기가 되지만 그 발기가 너무 약해서 삽입을 할 수 없을 뿐만 아니라 부분적인 발기로 인해 질 내에 삽입이 불가능하다.

예를 들면 발기상의 역기능적 현상을 가지고 있는 남자가 어떤 상황에서는 정상적인 발기가 가능하지만 다른 상황에서는 발기가 불가능하다. 그 예로서 자위 행위를 할 때는 발기상의 문제가 전혀 없는 남성이 성 파트너와 함께 성적인 활동을 하는 동안에 계속해서 발기된 상태를 유지할 수 없는 경우를 들 수 있다. 또 다른 경우의 예를 든다면 혼외정사를 하는 과정에서는 전혀 발기상의 문제가 없는 사람이 그의 배우자와 삽입된 성관계를 할 때는 형식적으로 발기된 상태를 유지할 뿐 제대로 기능을 하지 못하는 상태를 지속시킨다.

발기상의 문제가 있는 사람들은 일반적으로 발기의 실패가 있기 전에 발기가 되지 않을 것이라는 사실을 스스로 인식하면서 자신의 발기 불능에 대한 나름의 이유를 만들어 스스로를 용서하는 경향이 있다. 이렇게 함으로써 성행위를 통한 성적인 만족을 얻을 기회를 잡을 수 없는 것에 대해서 억울해하거나 애석해하는 것 대신 성행위를 하게 되면 당연히 실패하게 될 것이라는 선입견을 스스로 정당화시키고 만족하려 하는 것이다.

이러한 문제가 있는 남자의 성적 파트너의 일부는 자기 자신에게 충분한 매력을 느끼게 하지 못하기 때문이라고 생각한다. 이로 인하여 발기가 되지 않고 성적 욕구가 발동하지 않아서 성을 포기하는 것으로 생각하고, 스스로를 비하하며 삶의 질이 낮아지게 된다. 그러나 이와는 다르게 성적으로 기능을 하지 못하는 남자를 원망하는 여자 파트너도 많이 있다.

② 발기 장애의 치료

발기 기능 장애란 만족스러운 성생활을 누리는데 필요한 발기가 충분하지 못하거나, 얻더라도 유지하지 못하는 상태를 의미한다. 가능한 원인으로 정신 탓, 신경 탓, 내분비 탓, 동맥 탓, 해면체 탓 및 기타 정신병이나 약물 관련 탓으로 나눌 수 있으며 자세한 병력 청취, 검사실 소견, 임상적 검사가 필수적이다. 치료로는 경구용 약물 요법과 호르몬 요법, 해면체 내 주사 요법과 요도좌제 및 진공 압축기 등을 시행할 수 있으며, 외과적 치료로는 음경 재혈관화 수술이나 음경보형물 삽입술 등을 시행할 수 있다(노준, 2009).

발기 장애는 성생활에 어려움이 있을 정도로 발기가 되지 않거나 유지되지 않는 상태이며, 이러한 상태가 지속해 이어져야 한다. 이러한 원인은 스트레스, 우울, 불안 장애, 고령, 의학적 질병 등 다양하다. 심리적 치료로는 스트레스 원인과 불안 등으로부터 마음의 안정을 유지하고, 성교 시 분위기를 조성하며 상호교감을 통하여 해소하는 것이다. 이를 위하여 배우자와 함께 심리치료를 받기를 권한다. 의학적 진단에 의한 치료는 일반적으로 알려지고 효과가 검증된 약물복용, 음경혈관수술, 음경보형물 삽입 등이 있다. 의료기술의 향상에 의한 치료 효과가 높게 나타나고 있으며, 개개인의 삶의 질 향상과 건강한 성생활을 위하여 다양한 노력이 필요하다. 그러나 사정에 취약한 사람과 관련된 신체 구조적 원인이 있다고 할지라도 비삽입 상황에서 사정이 가능하다면 이러한 경우는 신체 구조적 원인에 의해서 만들어진 사정과 관련된 역기능 현상에서 제외된다.

성은 분위기가 중요한데 이는 성의 반응이 다르게 나타나기 때문이다. 일방적이거나 원치 않는 성관계는 부부 관계의 어려움을 야기하기도 하고 갈등에 처하기도 한다. 따라서 성관계 전 무드(mood)를 갖추어야 질 높은 성관계를 추구할 수 있다. 남성의 경우 성 반응 주기는 사람에 따라 다르다. 애무로부터 시작하여 삽입 후 10분 전후가 대다수이며, 이러한 시간을 보내야 여성도 만족감을 느끼기 때문이다. 그러나 삽입 후 1분도 안 되어 사정하는 경우 조루증으로 보게 된다. 또한 삽입 후 일정 시간이 지난 후 본인의 의지와 무관하게 사정이 되지 않는 경우에는 지루증으로서 이 또한 관계의 어려움을 가져오게 된다. 이와 함께 삽입이 어려울 정도로 발기가 되지 않으면 성관계가 어려워진다. 이러한 원인은 단정 지을 수는 없으나 성 상대와의 관계 악화, 성에 대한 지식 부족, 정신 내면의 요인 또는 중추신경계, 말초신경계 조절 기능의 약화 등이 연관되어 있을 수도 있다. 따라서 조루증, 지루증, 발기 장애 등의 증상이 원만한 부부 생활을 저해할 정도로 심리적 어려움이 야기 된다면 보다 나은 성생활을 위하여 치료받아야 한다.

그러나 가끔 경험하게 되는 사정과 관련된 성적인 어려움은 성적인 장애의 신호가 아니다. 무기력과 관련된 경험을 하거나 긴장 때문에 또는 육체적 질환 때문에 성행위를 하지 못하는 것 또한 성적인 장애라고 할 수 없다. 짧은 시간에 많은 성행위를 하거나 음주 또는 다른 약물에 취한 상태에서 성행위를 했을 경우에도 그 성행위의 결과를 두고 성적 장애라고 보기는 어렵다.

2) 여성의 어려움

생리적이거나 심리적인 원인에서 오는 고통스러운 성교 이외에는 여성의 경우 특별히 성교하지 못하게 되는 성 문제는 없다. 이것이 남성과 여성 사이에서의 또 하나의 특징적인 차이점이다. 그러나 이들 성 문제는 여성이 성을 즐기는 것을 방해하며, 지속적인 성관계를 갖는 것을 기피하게 만든다. 성적인 느낌이나 기대되는 오르가슴의 경험이 없다면 여성은 결코 남성과 동등한 성의 상대가 될 수 없다(홍강의 역, 1998: 201).

여성의 경우 질벽, 음핵, 소음순의 팽창 정도가 감소하고, 질벽의 윤활액 분비가 부족하여 성교통을 유발할 수 있으나 임상적 상황에서는 이러한 객관적인 신체적 변화보다는 특히 여성 환자의 경우 주관적인 흥분 정도가 반영된다. 성적 자극과 흥분이 충분함에도 불구하고 절정감에 도달하는 것이 지속적, 반복적으로 어렵거나 늦게 도달하거나 불가능하여 성적 고통을 일으키는 상태이다. 여성의 경우 절정감 장애는 가장 흔한 성 기능 장애로 성인 여성의 약 10% 정도가 보고한다(박초롱, 2013).

여성의 질 입구나 질 내부 근육의 비 자율신경적 경련에 의한 심한 통증으로 인해서 삽입된 성관계가 불가능하거나 삽입 그 자체가 불가능할 정도로 질 내부가 수축할 경우에는 성관계가 어렵게 된다. 이러한 현상은 여성의 질 통증을 가져오는 신체 구조적 원인으로써 여성

자신의 자연스러운 보호를 위한 반응으로써 일어나는 것이다. 이 증상은 신체 구조적으로 문제를 일으키고 있는 원인이 밝혀지고 성공적으로 치료가 완료되었을 경우라 할지라도 이와 같은 상태는 계속해서 유지될 수 있으며 특별하게는 이 현상이 오랫동안 계속해서 일어날 수도 있다.

여성의 성교 상의 통증은 심리적인 원인이 생리 조직적인 원인과 비슷하게 그 원인으로써 작용하고 있다는 것으로 인식하는 것이 일반적인 생각이지만 이는 심리적인 요인에 대해서 구체적인 내용을 잘 이해하지 못한 것에서 유추된 것이라고 할 수 있다. 어떤 상황에서든지 질 내의 윤활제 분비량이 충분하지 못한 원인은 정신적으로 성과 관련된 부정적 느낌을 가지고 있는 것에 원인하고 그럼으로써 그 결과는 성관계가 진행되는 동안에 불편함을 느끼게 하는 심한 통증을 만들어낸다.

여성은 어떠한 형태로든 성적으로 기능을 하지 못하는 자기 자신을 보면서 스스로 부끄럽고, 혼란스럽고, 우울하게 생각하는데 이러한 현상은 성적인 기능을 제대로 하지 못하는 남성들의 심리와 유사한 반응이다. 여성은 자신의 건강한 성적 행위를 위한 노력하였으나 기대에 못 미쳤을 때 성관계의 회피와 합리화를 하며 자기의 성적 무능력을 대처하려고 한다.

(1) 질경련

심리적 요인들로 인해 질 근육이 심한 수축을 일으켜 질 입구가 좁아짐으로써 성교가 불가능한 경우도 있다. 질 근육은 여성이 조절할 수 없으며, 이것은 반사작용에 의한 것으로 여성의 탓으로 돌릴 수가 없다. 이런 문제를 가진 여성들은 성에 대한 반응은 보이지만 성교에 대한 공포나 과거의 고통스러웠던 기억 때문에 모든 성행위를 피하고 싶어 한다. 남편과 하는 경우라도 성교를 저주스럽고 천한 것으로 믿기 때문에 마음을 졸이게 되는 여성도 있다. 어떤 여성들은 죄의식이나 단순한 무서움 때문에 자발적으로 성행위에 참여하지 못하기도 하며, 임신하는 것이 두려워서 질 폐쇄를 가져오기도 한다. 과거에 성관계를 가졌을 때 놀랐거나 강간과 성적희롱을 경험한 것 때문에 고통받을 수도 있다. 또 성교는 시도하지만 윤활액이 부족해서 실패하기도 한다. 어떤 여성들은 첫 성교나 다른 체위 시도에 따른 실패 경험 때문에 성행위가 걱정되고, 다음 시도에 지나치게 신경을 쓰면서 질 경련을 일으키기도 한다. 그러나 이러한 원인들은 모두 치료할 수 있다(홍강의 역, 1998: 209).

질경련은 약 2% 내지 3%의 여성들이 질경련 또는 삽입하는 동안의 고통을 느낀 경험을 갖고 있다. 이것은 질의 바깥쪽 ⅓ 근처의 근육들의 불수의적 경련에 기인한다. 질경련은 성교는 물론 손가락의 삽입조차 곤란할 정도로 매우 심할 수 있다. 이 경우에 여자들은 신체적 고통을 느낄 수 있고, 남자 파트너는 부정적 영향을 받을 수 있다. 질경련은 생리적 흥분의 부족, 약물의 부작용, 성교에 대한 불안이나 죄의식 등에 기인할 수 있으며, 이 장애는 질의 확장 치료와 아울러 이완 훈련에 의해 치료되고 있다(홍대식, 2009: 98).

질통은 비 자율적으로 질 외에 경련이 일어나 통증을 유발시키는 것으로서 질 내부의 전반부의 근육이 수축해 삽입을 곤란하게 하고 삽입이 가능했을지라도 관계를 하는 동안에 견딜 수 없는 통증이 느껴져 성관계를 불가능하게 하는 증상이다. 이 질환은 성적 통증 장애로 불리어지며 이 현상은 대인 관계가 어려웠을 때 아니면 스스로 성과 관련하여 격심한 두려움이 있을 때 일어난다. 가벼운 질통이 있는 경우에는 성행위를 허용하지만 성행위가 진행되는 과정에서 여성은 약간의 불편함을 느낄 수도 있다.

많은 여성들이 질통 때문에 성적 행동에 대해서 거부감과 성적 반응을 역기능적으로 만드는데도 불구하고 대부분의 여성들은 이러한 성적인 역기능과는 상관없이 성욕을 느끼는 데는 별다른 어려움을 느끼지 않는다. 성관계가 없는 상태에서 질 내에 윤활제가 분비되는 정상적인 현상은 즐거움을 느끼게 하고 만족감을 느끼게 하지만 오르가슴을 경험하는 데는 별다른 영향을 미치지 않는다. 질통이 있는 여자들의 대부분은 일상적으로 성적인 욕구를 갖지만 성관계를 즐길 수 있는 그들의 능력이 결핍되어 있다는 사실에 대해서 자괴감을 느끼게 된다.

통증이 있는 여성의 남성 파트너는 성적인 어려움이 무슨 이유로 자기들의 관계를 비정상적으로 괴롭히고 있는지에 대해서 실망한다. 때때로 이러한 여성들의 성 파트너인 남자들은 질경련이 일어나는 사실에 대해서 아는 바가 없기 때문에 이에 대한 이해심이 결여되어 있고 그 때문에 막무가내로 질에다 남근을 삽입하려고 시도하기에 여성을 불편하게 한다. 따라서 이러한 문제를 해결하기 위해서는 상세하게 검사하여 원인을 찾은 후 치료를 받으면 그 증상에서 벗어날 수 있다.

(2) 통증을 수반하는 성관계

통증을 수반하는 성관계는 여성의 경우에 성적인 만족을 느끼지 못하게 하는 중요한 문제이다. 성관계와 관련된 성기의 통증은 마치 타는 것과 같은 강한 느낌이 들 수 있고, 때에 따라서는 강하게 쪼이는 느낌이 있는가 하면, 예리한 것으로 찌르는 것과 같은 느낌 등이 있을 수 있다.

통증을 수반하는 성교는 당사자의 성적 즐거움을 떨어트리고 성적 흥분과 오르가슴을 느끼지 못하도록 하는 방해 요인으로 작용한다. 통증에 대한 두려움은 여성을 긴장시키고 대부분의 경우 성적인 즐거움을 경감시키게 된다. 또한 여성으로 하여금 삽입한 성적 행위를 회피하도록 하며 성적 접촉의 모든 형태로부터 자신을 도사리게 하는 느낌이 들게 한다. 통증을 수반한 성적 역기능과 관련된 문제를 가지고 있는 여성의 파트너는 그 여성의 느낌에 예민한 반응을 보이거나 충분히 이해하고 수용하는 태도를 보이는가 하면, 여성의 불편함을 묵살하고 분노를 표출하거나 성관계를 강하게 요구하는 경향이 있다.

육체적, 정서적, 정신적으로 아픔이나 상처 또는 약물중독의 영향 아래 있는 신체 구조적인 것 아니면 심리적인 것과 대인 관계의 환경을 포함한 사회 심리적 문제와 관련된 문화적 요인들로 문제의 원인을 구분하는 것이 일반적이다. 특정한 사람이 가지고 있는 역기능적 원인의 이유는 찾아내기가 어렵다. 그리고 어떤 경우에는 여러 개의 다른 원인들이 혼합해서 나타나는 경우도 있으므로 통증과 관련된 성적 역기능적 현상을 단편적으로 이야기하기는 어렵다.

(3) 불감증

불감증은 성행위에서 쾌감을 느끼지 못하는 여성의 반응 결핍증. 이것은 은근히 경멸을 나타내는 의미로 사용되고 있는 용어로서, 지금은 대체로 오르가슴 불능증(anorgasmia) 또는 오르가슴 기능 장애(orgasmic dysfunction)라는 용어로 대체되고 있다. 무반응의 정도는 성애적 감정의 결여로부터 성행위에 전적으로 참여하고 또 그것을 즐기면서도 오르가슴에 이르지 못하는 무능력에 이르기까지 다양하다. 때로는 질 분비물의 부족도 여기에 포함된다(이재훈 외 역, 2002: 193).

보통 불감증인 여성은 성교할 때 남성에 의해 꼭 만족해야 하는가에 대한 의문을 갖는다. 성을 진정으로 원하지 않으면서도 성교를 받아들이는가 하면, 심지어 성교를 참고 견디어야 할 어떤 것으로 생각하기도 한다. 여성 스스로 능동적인 역할이 불가능하다고 생각하는 한 성적 쾌감은 미미하다. 이러한 여성의 성애에는 육체적인 따듯함이 없으며, 또한 정신적으로 억누르고 참는 부분이 많아지면서 육체적으로도 몹시 위축되게 마련이다. 여성이 이렇게 느끼는 데에는 많은 원인이 있다. 어렸을 때 나쁜 성 경험을 했거나, 올바르지 못한 성 지식, 아니면 성적으로 흥분해 본 경험이 없어서 몸이 어떻게 반응해야 하는지 모를 수도 있다. 그 밖에 남성이 이기적이고 성급하며 기교적이지 못할 때, 또는 성적 특성이 둔감해서일지도 모른다. 경우에 따라서는 두 사람이 모두 미성숙하고 성에 대한 잘못된 환상에 사로잡혀 있기 때문일 수도 있다. 이런 상태라면 남성은 행위를 멈추고 상대와 마음을 터놓고 문제를 토론해야 한다. 어느 여성도 진정으로 불감증일 수는 없다. 이해심 있는 남성으로부터 마음을 열게 되는 도움을 받거나 성 전문가에게 상담 치료를 받는다면 불감증은 해소될 수 있다(홍강의 역, 1998: 201).

무오르가슴증은 오르가슴에 이르지 못하는 것으로 불감증이라고도 불린다. 몇 가지 종류의 무오르가슴증이 있다. 일차 무오르가슴증에서 여자는 전혀 오르가슴을 갖지 못한다. 이차 무오르가슴증에서, 한때는 오르가슴을 가졌던 여자가 더 이상 갖지 못한다. 그리고 상황적 무오르가슴증에서, 여자는 어떤 경우들(예: 수음)에서만 오르가슴을 갖는다. 무오르가슴에 대해 여자들은 달리 반응한다. 어떤 여자들은 오르가슴을 전혀 갖지 못하더라도 성관계에 대해 만족하는 반면에, 다른 여자들은 낮은 자기존중감, 무용감 및 우울증을 경험한다(홍대식, 2009: 98-99).

불감증은 성교 시 느껴야 할 즐거움을 느끼지 못하는 경우이다. 이러한 불감증은 여성들에 의해서 나타나며, 성행위를 하면서 오르가슴에 이르지 못하거나 성애적 감정의 결여 등 다양하게 나타난다. 또한 불감증은 여자가 성행위에서 성적 자극에 대하여 반응이 없거나, 쾌감이 적거나 느끼지 못하는 증상을 의미하며, 이러한 증상은 여러 가지 요인들에 의해 발생하게 된다. 이는 갈등이나 성교에 대한 불안, 혐오, 수치 등으로 인하여 나타나는 것으로 심인성 원인이 대다수인 것으로 보인다. 이로 인하여 성관계의 회피 또는 거부 등으로 배우자를 기피하는 성향이 나타나며, 기본적 욕구인 성 욕구의 미충족으로 인하여 부부 갈등의 원인이 되기도 한다. 따라서 이를 해결하기 위해서는 전문가의 도움을 받아야 한다.

5. 노년기의 건강한 성

　인간은 잉태의 순간부터 죽을 때까지 성적으로 존재한다. 인간의 성은 성욕, 생식, 애정이라는 3가지 요소가 복합적으로 이루어진 것이고 노화로 인하여 생식기능이 끝났다고 해도 다른 기능이 상실된 것은 아니다. 즉, 성은 인간적인 애정과 사는 보람인 것이다. 노년기에 있어서도 이러한 의미에는 변함이 없기 때문에 노년기의 정신적 애정 감정도 60세를 전후하여 10대의 순수한 경지로까지 회복한다고 한다(백유미, 2009).

　성(sexuality)이란 사랑과 결혼, 가족과 같은 인간의 감정과 제도들이 뒤얽힌 기제로서, 나이가 들면서 점차 흥미와 능력이 저하될 수는 있지만 성에 대한 관심과 활동은 지속된다. 오히려 부정적인 성에 대한 통념들이 노인 성생활의 방해 요인으로 작용해왔으며, 부정적인 성 태도 및 부적절한 성 욕구와 행동은 부부의 성생활에도 많은 방해 요인으로 작용하여 왔다(조수동, 2017)

　오늘날 노인들은 시대적 격동기와 유교의 전통적 가치관 속에서 살아왔음에도 불구하고 노년기의 성생활을 중요하게 인식하고 실제 성생활을 영위하고 있는 것으로 많은 연구들에서 나타나고 있다. 특히 남성 노인들은 여성 노인들보다 성생활에 훨씬 더 많은 관심을 가지고 있거나, 성적 욕구를 느끼며 어떤 통로를 통해서라도 성행위를 하고 있는 것으로 나타났다(안숙향, 2013).

노인들의 성생활은 나이에 관계없이 건강이 허락하고, 파트너가 있으며 생명이 존재하는 한 여전히 성생활이 가능하다. 노인은 성생활에 대하여 본능적이고 자연스러운 것으로 인식하였으며, 주변과 가족의 부정적 인식과 질병 등의 제약이 존재하나, 여전히 성 욕구에 대한 사회적 인식개선과 성교육 및 다양한 해소방안을 위한 적극적인 지원이 필요한 것으로 나타났다(권영순, 변상해, 2019).

우리나라는 매우 빠른 속도로 노인 인구가 증가하는 압축적 고령화를 경험하고 있다. 급격한 노인 인구의 증가와 더불어 기대수명의 증가는 축복만이 아니라 예기치 못한 여러 가지 사회 현상들을 일으키고 있다. 노인 성범죄와 성병 감염의 증가 등 노인의 성 문제가 사회적 이슈로 등장하였고, 황혼 이혼과 황혼 재혼 등 노년기 가족 형태의 변화도 나타나고 있다. 늘어난 노년기의 행복을 위해서는 먼저 심신의 건강, 경제적 안정과 더불어 안정된 부부 관계가 밑받침되어야 한다. 이를 위해서는 노인 자신의 성과 결혼에 대한 건전한 의식과 태도, 가치관이 갖추어야 할 것이며, 사회 또한 노인의 성에 대한 정확한 현황을 파악하고 이에 적합한 정책을 수립하여야 할 것이다. 이에 본 연구는 경기도 노인의 성에 대한 의식과 가치관, 성생활의 현황을 조사하여 문제점을 파악하고 노인복지를 위한 정책적 대안을 제시하려는 목적에서 수행되었다. 이를 위해 경기도 거주 남, 여 노인 400명(남녀 각

200명, 이 중 남성 유배우자 110명, 여성 유배우자 70명)에 대한 설문조사와
20명(남성 9명, 여성 11명, 이 중 남성 유배우자 5명, 여성 유배우자 5명)에 대
한 심층 면접조사를 실시하여 그 결과를 분석하였다(안태윤, 김영혜 외,
2011: 193).

　기혼 노인 중 현재 성생활을 하고 있는 경우는 여성의 61.4%, 남성
의 70.0%로 나타났다. 연령별로는, 여성의 경우, 65~69세의 86.1%,
70대의 36.4%가 성생활을 하고 있었고, 80대 기혼자는 한 명도 없었
다. 남성은, 65~69세의 94.4%, 70대의 60.6%, 80~84세의 37.5%가
성생활을 하는 것으로 조사되었다. 이는 여성의 경우, 남편의 연령이
일반적으로 아내보다 많기 때문에 여성은 연령이 높아져 갈수록 성생
활을 하는 비율이 남성보다 낮게 나타난 것으로 보인다(안태윤, 김영혜
외, 2011: 196).

　이러한 노인의 성은 sexuality라는 관점으로 보는 것이 중요하다고
할 수 있다. sexuality의 개념은 좁은 의미로서의 성행위라고 하기보다
는 보다 넓은 의미를 가지고 있다. 성행위와 관련된 여러 가지 애정이
나 이해타산, 남자다움 혹은 여자다움 등의 과시, 고독의 해소 등 성
행위는 단순한 성적 만족이 아니라 다양한 이유나 동기에 의하여 행해
진다. 인간의 성은 성욕, 생식, 애정이라는 3요소가 복합적으로 이루
어진 것이고 노화로 인하여 생식기능이 끝났다고 해도 다른 기능이 상
실된 것은 아니다. 따라서 노년기의 성은 결코 단순한 성교행위에 머
무르지 않고 직접적인 성적 욕구의 충족과 함께 위로, 위안이라는 애
정적이며 정신적인 의미와 보다 광범위하게 인격 전체와 관련이 있는

심리적 행동을 포함하고 있어 심리적 요인을 고려하지 않고 접근한다는 것은 한계를 드러내게 된다. 즉, 노인의 성행동은 고독 해소나 죽음 등의 문제와도 밀접한 관련이 있는 것으로 보아야 한다는 것이다(오승하, 2012).

규칙적인 성생활은 노인에게 있어서 위험이 되기보다는 오히려 신체적, 정신적, 심리적, 의학적으로 좋은 영향을 줄 수 있다. 또한 육체적인 성행위가 불가능할 때가 온다고 해도 스킨십으로 성생활을 즐기는 것도 뜻있는 일임이 틀림없다. 이렇게 노인의 성이 중요함에도 불구하고 사회적으로 외면되고 있기에 우리 모두는 노인의 성생활이 노년기 삶의 중요한 활력소로 작용함을 이해하고, 노인을 성적인 존재로 인정하고 노인의 삶의 질 향상을 위한 노인의 성생활을 아름답게 인식하고 받아들일 줄 아는 사회적 인식에 대한 재고가 필요하다(홍정옥, 2015).

인간의 심리와 정서에 밀접한 영향을 주는 성은 성 욕구 해소 이외에 스킨십을 통한 친밀감 형성과 건강한 삶을 유지하는 요인이 된다. 노인의 성 욕구의 빈도는 나이가 들어감에 따라 줄어들게 되지만 그렇다고 그 욕구가 사라지는 것이 아니며, 성 욕구를 적절히 해소하지 못하면 삶의 질이 낮아지게 된다. 따라서 노인의 성 욕구는 변함이 없기에 존중되어야 하며, 건강한 성생활과 삶의 질 향상을 위하여 사회적 인식의 재고가 필요하다.

[사례 2]

성관계의 어려움으로 인한 부부 갈등 사례

◆ 김망상(가명), 나고통(가명) 부부

다음 사례는 부부 갈등이 심하여 2022년 10월 상담을 받으러 온 사례이며, 상담 내용 중 일부를 발췌한 것이다. 부부는 지인의 소개로 만났으며, 서로를 이해하고 사랑하기보다는 조건이 부합되어 맺어진 사이였다. 결혼 기간은 4년 정도이며, 부부의 성관계가 원만하지 못하였다. 남편은 성관계를 지속해 시도하였으나 아내는 여러 가지 이유로 성관계를 피하게 되었다. 이로 인한 갈등이 아내의 피부와 여드름으로 전치되어 불만을 표출하기 시작하였다. 이 사례에서는 부부 관계에서 성 욕구가 해소되지 않을 때 나타나는 부부의 갈등을 여과 없이 보여주고 있다.

사례에서 중요시되는 비밀보장을 위해 가명을 사용했으며, 실제 거주 지역 대신 필자의 임의로 거주지를 기재하였으며, 내담자의 신원이 노출되지 않도록 주의를 기하였다. 그러나 제시된 문제는 정확성을 기하려 했다.

◯ 가계도

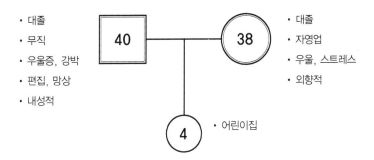

- 대졸
- 무직
- 우울증, 강박
- 편집, 망상
- 내성적

40

38

- 대졸
- 자영업
- 우울, 스트레스
- 외향적

4

- 어린이집

◯ 내담자의 주 호소 문제

◆ 남편

아내와 처음 성관계를 할 때 사정이 안 되어 어려움이 있었다. 그 뒤 성관계를 시도하였으나 만족할 정도의 성관계는 없었던 것 같다. 아내가 임신 후 한 번, 아이가 태어난 후 한 번 하였으며, 아내에게 지속해 요구하였으나 밀림을 당하였으며, 자존감이 상하고 화와 분노가 올라오게 되었다. 아내는 피부가 좋지 않고 얼굴에 여드름이 많이 나 있으며, 이것이 아이에게 유전될까 봐 걱정이다.

◆ 아내

남편이 집에 항상 있으니 가슴이 콩닥콩닥 뛰고 불안하고 불편한 생각이 든다. 남편은 부부 싸움을 할 때마다 여과 없이 거친 언어폭력을 하였으며, "아이 낳고 성관계를 한 번밖에 못 했다"고 싸울 때마다 반복하고 있다. 남편은 나의 피부가 더럽고 무섭다며 여드름이 유전인지 알았다면 너랑 결혼 안 하였을 것이다. 아이도 커서 너처럼 여드름이 날 텐데 안 좋은 유전자를 물려주게 되어 고통스러울 것이다. 나의 피부와 외모 등 안 좋은 유전자 때문에 아들을 낳을 수 없게 되어 결혼의 의미가 없다고 누차 이야기한다. 또한 남편은 섹스리스 부부로 살게 됐다고 한탄한다. 이러한 남편과 사는 것이 너무 힘들다.

○ **상담 요약**

잔여 자아를 양도받지 못한 것 때문에 갖게 된 미성숙한 자아를 소유한 사람이 배우자를 선택할 때는 미성숙한 자아를 가진 사람을 배우자로 선택하는 경향이 있다. 이들이 부부로서 결속되었을 때는 그들의 부모로부터 양도받지 못한 잔여 자아를 상대방 배우자에게 강하게 요구하기 때문에 공급해 줄 만한 잉여 자아를 가지고 있지 않은 것에서 비롯된 갈등은 참으로 심각하다(임종렬, 2001: 165).

〈전략〉

남편: 소장님, 제 우울증이 단순히 내 문제면 상관이 없는데 피부질환이라든지 유전적인 문제에 대해서 걱정하는 게, 이게 확률적으로 관련 자료를 찾아보지 말았어야 했는데, 얘 치료를 알아보면서 보면 상태가 보이니까.

상담사: 어디가 보여요.

남편: 흉터라든지 상처가 보이니까 최대한 완화시켜 주려고 보다 보니까.

상담사: 아, 아내를 그만큼 사랑하네요.

남편: 사실 하면은 나도 마음이 편해요. 사실 얘 보는 입장에서는 그래요. 얘 보는 입장에서는…. 다른 사람하고 달라 보일 수도 있으니까 해 주고 싶죠. 거기에 대해서는 돈 쓰는 거 아깝지 않고요. 저는 아무렇게나 먹고 돈 쓰는 거… 근데 거기까지는 견딜 수 있는데 어느 순간 유전이, 얘도 할아버지 때부터 유전이 되었다고 했는데… 고생을 하는 거를 보잖아요. 옆에서 피부를 신경을 쓰고 한다고 하지만 딸아이는 거의 80~90%라고 하더라고요.

상담사: 누가 그래요.

남편: 기사에 나오더라고요.

상담사: 아, 기사.

남편: 그 기사라든가 의사들 강의라든가, 같은 것을 들어보니까, 조

사한 게 있더라고요. 사례라든가 조사를 했더라고요. 몇백 명
을 상대로 해서… 관련 글을 보니까 애는 아니라고 했는데 좀
더 조사해보니까 유전적으로 가더라고요. 유전적으로… 보면
아시잖아요. 피부가 나쁘면 부모 탓이라고, 피부 좋으면 자기
탓이고 대놓고 이야기하더라고요. 애는 그러니까 타고난 것은
어쩔 수 없다고 그러니까 관리하는 수밖에 없다고, 크면서 그
런데 내 자식한테는 물려주고 싶지 않았거든요. 저는 행복하고
는 상관이 없거든요. 솔직히 모르겠어요. 제 성격이 바뀌었는
지 남들이 보기에는 자기 행복을 추구해야 되는데 내 행복을 거
기서 찾은 거 같아요. 자식에게서… 이제 보니까 그냥 평범하
게 걱정 없이 사는 거 보면 제가 트라우마라든지 어렸을 때 나
을 수 있는 치료법은 유일한 치료법은 그거였거든요. 그런데
아, 걱정거리를 하나 준 거 같아서 자식한테 이게 아니라고 생
각할 수 있잖아요. 근데 거의 확신에 차서 의사들이 이야기해
버리니까… 현재로서는 치료법도 없고.

상담사: 어떤 의사한테 들었는지 모르겠지만.

남편: 수많은 관련한 글이 있거든요.

상담사: 관련 글.

남편: 인터넷이나 기사라든가, 강의라든가.

상담사: 지금 심리상담전문가와 앉아 있는 거죠.

남편: 예.

상담사: 남편분 이야기 들었을 때, 누가 그런 이야기를 했을까…. 단정

적으로 어떤 의사가 그랬냐고 물어보니까, 기사에서 그랬어요. 그러거든요. 남편분이….

남편: 강의.

상담사: 강의요.

남편: 기사도 보고.

상담사: 그러니까 누가 그랬는지 내가 듣고 싶어요.

남편: 한 번 찾아보시겠어요.

상담사: 내가 알고 있는 상식하고, 전문지식하고는 달라요.

남편: 아, 그러니까 저도.

상담사: 달라도 너무 크게 달라요. 지금 남편분이 믿고 있는 것이, 이것이 절대적인 것이라고 생각하고 있어요.

남편: 아니길 바라는데요.

상담사: 그러니까 그것이 이럴 것이다. 그러면서 내가 정한 틀 안에서.

남편: 내가 정한 게 아니에요.

상담사: 그러니까 내가 사고를 할 때는 내가 마음의 창을 설정하고 내가 받아들여진 것만 가지고 바라보고 있어요. 이야기하고 있고 내가 들은 거 가지고… 하지만 내 안에서는 그게 정답이에요. 어떠한 사고와 이야기를 해도 내 안에서만큼은, 하지만 다른 사람들하고 이야기할 때는 때에 따라서는 내가 가진 생각이 일반화가 안 될 수 있어요.

남편: 근데 내가 말하는 것은 일반적으로 사람들이 말하는 상식에서 하는 것이고, 저도 원래 아니었거든요. 그런데 전문적으로 관

리하는 의사들이나 관련 홈페이지를 광고할 때 관련 글들이 있잖아요. 이게 왜 생기는가, 그 병에 대해서 그리고 현재 피부와 관련된 그 자료들이 많잖아요. 거기서는 100퍼센트 확신하는데 우리 같은 일반인들이 생각하는 것보다 정확하지 않을까요. 전문가들인데, 의사들이 확신을 하는데.

상담사: 내가 알기로는… 그 문제를 다루기 전에 내가 한 가지 물어볼게요. 아내분은 남편에 대한 호칭은 어떻게 해요.

아내: 오빠라고 했었어요.

상담사: 오빠라고 했었다… 과거형이네요. 자 지금은 뭐라고 해요.

아내: 잘 안 불러요.

상담사: 그래도 부를 때가 있을 거 아녜요. 그때는.

아내: 기억이 안 나요.

상담사: 기억이.

남편: 너라고 해요.

상담사: 너.

아내: 싸울 때는 너라고 해요.

상담사: 아, 싸울 때는 너라고 해요. 싸울 때… 싸움은 자주 하나요.

아내: 하도 싸워서 여기 왔는데 여기 온 사이 또 저를 커피숍으로 불러서 지금 했던 이야기를 또 하는 거예요. 수십 번 들은 이야기를, 기사에서, 인터넷에서, 의사가 자식이 고통스러울 거고, 나를 원망하고, 너랑 괜히 결혼했고, 너랑 이혼하고 싶은데 못하고… 수십 번 해놓고 또 커피숍으로 불러서 또 하고 하더라고

요. 근데 이게 어떻게 정신 분열이 안 나왔는지 이해가 안 돼요. 했던 이야기를 수십 번을 해요. 지겨워 죽겠어요. 진짜 그 것 좀 고쳐주세요. 부부 상담이고 뭐고 필요 없고요. 정신적으로 진짜 문제가 심한 것 같아요. 제가 저의 그 부모님에, 형제들에, 형제의 자식들이 저처럼 친척 중에서 11명 중에서 4명이 여드름이 났다고 말했거든요. 그랬더니 아니라고 무조건 100퍼센트라고 그딴 소리 하지 말래요.

남편: (말을 가로채며) 100퍼센트라는 게 아니라.

아내: (언성이 올라가며) 100퍼센트라고 나한테 수십 번 말했거든요. 이야기해 놓고, 진짜 20~30번 말했어요. 8~90퍼센트는… 100퍼센트, 하지만 너는 100퍼센트야.

남편: (이야기를 가로채며) 내가 말 하고 싶은 거는 이거예요. 여드름이 났을 거야, 형제들은.

상담사: 났을 거야. 이제 가설을.

남편: 아니에요.

아내: (언성을 높이며) 항상 이런 식이예요. 100퍼센트일 거야, 다 났을 거야.

남편: (언성이 올라가며) 그게 아니라 고모가.

아내: 안 난 형제도 있다고 하니까 아냐 분명히 났을 거야. 이렇게 얘기를 맨날 해요. 맨날.

남편: 부계가 알아본 바로는 모계가 강하거든요.

아내: (언성을 높이며) 인터넷으로 이상한 거 보고.

남편: (언성을 높이며) 이상한 게 아니라.

아내: 제가 점이 있거든요. 근데 그거를 막 알아보더니 이건 확실하다면서 온몸에 근육과 살들이 다 늘어지는 희귀병인 거 같다고.

남편: (말을 가로채며) 아니, 아니야.

아내: 병원에서 검사를 해보라는 거예요. 너는 지금 정상이라 안 나타나지만, 자식에 자식으로⋯ 자식 중에 온몸에 흘러내려서 근육에 흘러내려서 병신이 되는 게 있어요. 코끼리 아줌마래요. 그거 같으니까 검사를 해봐라.

남편: (말을 가로채며) 아니 근데 네 몸에 난 게 커피반점이라고 했지, 몸에 있는 게 굉장히 많아요. 그게.

아내: (말을 가로채며) 의사들이 그랬다.

남편: 제가 인터넷으로 찾아보니까 커피반점이 뭔가 찾아봤어요.

아내: (목소리가 올라가며) 맨날 이래요.

남편: 인터넷에.

아내: (격앙된 목소리로) 찾아보고 자기가 결정을 내려서.

남편: 아니, 그런 게.

아내: 점이 흘러내린대요. 저보고.

남편: 소장님, 잠깐만.

상담사: 아, 예예.

남편: 커피반점을, 커피반점이라는 것을 검색해 보세요. 병원에 가려면.

아내: 맨날 집에서(아내와 남편의 목소리가 높아지며 겹쳐진다).

남편: 커피반점이.

아내: 의사한테 가서.

남편: 검색해 보면.

아내: 이 사람도 아니라고 하고, 저 사람도 아니라고 하는데, 절대 아니라고 하는데, 오버가 심하냐고 그래요.

남편: 내가 확신을 하는 것은 아니라, 확신을 하는 것이 아니라 커피반점은 일반적인 사람은 생기지 않는다고 하더라고요. 근데 그 기사를 찾아보면 커피반점이 있으면 신경섬유증 증상 중에 하나래요. 그게, 그렇기 때문에 검사를 한번 받아보자고 하더라고요. 그게 신경섬유증일 수도 있으니까 커피반점이 찾아보면 관련 기사가 한 번 찾아보게 되더라고요. 신경섬유증일 수도 있으니까 혹시나 왜냐하면.

아내: (말을 가로채며) 자기가 생각하고 싶은 대로 생각하고 이상하게 생각하고.

남편: (말을 가로채며) 이상하게 생각하는 게 아니라.

아내: 결정을 다 해 놓고.

남편: 소장님이.

아내: 쟤가 내 친척들 본 적도 없거든요. 결혼식을 안 했거든요. 내 친척은 나를 봤잖아요. 안 난 사람들 있었다니까 거짓말하지 말라고.

남편: (목소리가 올라가며) 거짓말하지 말라고.

아내: (언성을 높이며) 여드름 다 났으니까, 다 났을 거라고, 자기가 안

봐도 안다고 그렇게 얘기를 해요. 사람 미치고 환장해요. 그걸 수십 번을 이야기해요. 4년 동안 이 피부 관련해서 커피숍으로 부르고, 잠깐 이야기 좀 하자고 하고, 밤 12시에 자려고 하면 잠깐만 얘기 좀 하자고 그러고, 새벽 5시까지 이야기하고, 다른 방으로 도망가면 쫓아다니며 얘기하고, 찜질방으로라도 도망가면 왜 자기가 말 못하게 찜질방으로 도망가냐고 하면서 쫓아다니며.

남편: (말을 가로채며) 말을 오버해 가지고, 그거 하나만 가지고.

아내: 오빠가 정말 싫어, 내가 아니라고 해도 웃기지 말라고 그러고, 아니 네가 아니라고 그런다고.

남편: 아니 얘가 오버가 얼마나 심하냐면 예전에 집에 살 때요. 내가 쟤한테 항상 하는 이야기가 있거든요. 특별히 하는 일이 없어도 얘는 나가요. 밖으로 일이든, 뭐든 내가 보기에는 집에 있는 것보다는 밖에, 얘가 원래 그렇게 컸는지 모르겠지마는 그런 게 없어요. 자유로운 게.

아내: 남편이 집에 있으니까 나가는 거야.

남편: (말을 끊으며) 얘는 말을, 말을 이렇게 하는데.

아내: (말을 끊으며) 남편은 야, 너, 잠깐만. 이리 와 봐.

남편: (말을 가로채며) 내가 이야기하잖아.

아내: (말을 끊으며) 너무 귀찮게 하니까 나가는 거예요.

남편: (말을 가로채며) 귀찮아서 나간다고 하는데.

아내: (말을 끊으며) 일도 하러 나가고, 일을 하고 있거든요.

남편: (격앙된 목소리로) 내가 이야기하잖아, 내 이야기 좀 들어봐 불편하기 전에도 많이 나갔거든요. 제가 기억력이 나쁘지 않은 이상은 거의 매일 나가요. 일이 아니더라도 어떤 식으로든지 나가요. 나가서 뭐 하는지 모르겠는데 그런데 애는 일주일에 한 번만 나간다고 그래요. 자기가 근데.

아내: (격앙된 목소리로) 내가 언제 그랬니.

남편: 그럼 언제… 매일 나갔어.

아내: 일도 해야 하고 마트도 가야하고.

남편: 매일 나갔어.

아내: (격앙된 목소리로) 매일 나가지. 안 나가, 마트 가고 애 픽업하러 가고 어린이집에 가고.

남편: (큰소리로) 너 저번에 물어보았을 때.

〈중략〉

부부는 목소리가 높아지고 부부의 소리가 겹치며 서로에 대해 비난과 질시 그리고 자기 합리화를 시키고 있었다.

아내: 남편이 한 번 시비를 걸면 싸움이 되면 일주일이 가요. 그게 한 달에 2번이면 이주일이 되는 거예요. 보름을 싸우거든요. 여기에, 실컷 싸우고 여기에 온 거예요.

남편: (말을 가로채며) 나도 궁금한 게 있는데.

아내: 내가 일주일을 싸웠어요.

남편: 이야기 좀 끊게 해 주세요. 제가 이야기 좀 할게요. 첫째는 얘가 밖에 나가는 거에 대해서 지금은 일을 하니까 매일 나가지, 그런 식으로 이야기하잖아요. 이사 오기 전에 전 집에 있을 때는 저한테 그랬거든요. 내가 무슨 일주일에 매일 나가냐고 2~3번 나갈까 말까인데 그런 식으로 이야기하더라고요.

아내: (말을 가로채며) 그렇게 말 안 했어요.

남편: 이야기하는 게 생각이 다르다는 게, 얘는 매일 안 나간다고 이야기를 해요.

아내: (말을 가로채며) 그렇게 안 했다고, 일하러도 나가고 저녁에 산책 걸으러 나가고, 나가거든요.

남편: 그러니 생각해보세요. 결혼을 했는데.

아내: 두 번 나가지 말라는 거예요. 그래서 일하러 나가는 날에는 산책 수를 줄이고.

남편: 아니, 생각해 보세요. 산책을 매일 나간다는데 하루도 빠짐없이 나가요. 매일 나가는데 일 끝나고 2시간 정도 나가요.

아내: (큰소리로) 거짓말이에요. 2시간 나간 적 없어요.

남편: (격앙된 목소리로) 2시간이야, 나간 적이 한 번도 없는 것이 아니라 내가 봤는데, 내가 바보야?

아내: 바보야, 내가 정신 놓고 다니는 줄 알아, 1시간도 안 됐어. 어제도 2시간 있었던 적이 없어.

〈중략〉

남편: 소장님께서는 내가 걱정하고 불안해하는 것은 일반적인 생각은 아니라고 생각하는 거죠.

상담사: 지금 현재 상태에서는 우울증이 심하고 거기다가 소심해요.

남편: 예. 그건 내가 다 아는데, 우울증이 있다는 거 다 아는데 저도 강박증이 있다는 거 다 아는데 제가 지금 하는 걱정 있잖아요. 유전적인 질환에 대해서 딸한테도 그게 분명 나타날 거고 그거 때문에 고생을 할 텐데 살면서… 그거에 대해서는 어떻게 생각하시는지요.

상담사: 그것은 남편분 입장에서 생각할 때는 남편분이 생각하는 게 정답이에요. 남편분 안에서.

남편: (말을 가로채며) 다른 사람들이.

상담사: 내 생각을 일반화시키면 안 돼요.

남편: 일반적이지 않다고 생각하시는 거죠.

상담사: 일반적인 게 아니니까.

남편: 제일 걱정이에요. 지금.

상담사: 기우죠. 기우.

남편: 기후라고 생각하시는 거예요.

상담사: 기우, 일어나지도 않은 일에 대해 미리 생각.

남편: 아….

상담사: 자, 내가 변하고 싶은가, 내가 변치 않고 이 삶이 좋은가, 이 삶

을 즐기겠다 하면은 변치 않는 것이고, 변하겠다 하면 변하는 거예요.

남편: 아니 제가 마음만 잡아 가지고, 나타나지 않는다면, 자식한테 유전이 안 된다면 이런 걱정을 안 할 텐데.

상담사: 그런 걱정은.

남편: (말을 가로채며) 기우라고요.

상담사: 하지 마시고 일단.

남편: 하지 말고 그때 돼서야 하라고요. 여드름이 나면 그때 걱정을 하라는 거죠.

상담사: 그때도 왜 걱정을 해요.

남편: 병이 된 걸 관리를 해줘야죠. 돈을 써야 하기에.

아내: 애가 커서 여드름이 나면 자기를 원망할 거라는 거예요.

남편: 여드름이 난건 상관이 없는데 애가 흉터가 남고 그게 화농성 여드름이 흉터가 남게 되는데 관리를 해줘야 하는데.

상담사: 화농성 여드름이든 뭐든 지금 생각할 게 아녜요.

남편: 그때 가서 생각하라는 거죠. 그때 나오면 애한테.

상담사: 당연하죠. 그리고 스트레스받지 말라는 것이, 아이를 위해서 스트레스받지 말라고 했잖아요. 그것은 두 사람의 갈등 관계가 아이에게 자연스럽게 영향이 미칠 수밖에 없어요. 정말 아이를 사랑한다고 하면은 아내분을 스트레스 안 받게 해야 하는 거예요. 가정의 정서 관리는 아내에게도 있으니까….

〈하략〉

* * *

자긍심이 낮은 사람은 불안하고 자신을 믿지 않는다. 그의 자긍심은 남들이 그를 보는 관점을 자신이 어떻게 생각하느냐에 달려있다. 그는 남들에게 강한 인상을 주고 싶을 때는 그의 낮은 자긍심을 감춘다. 자긍심이 낮은 사람은 남들에게 많은 기대를 하지만 자신이 원하는 것을 얻을 수 없을까 봐 두려워한다. 그리고 기대한 것을 얻지 못함으로 인해 실망하게 될 것을 예상하고 불신을 준비한다(임향빈, 2014b: 145-146).

자아존중감이 높은 사람은 타인과의 관계에서 상생을 추구하며, 더불어 살아간다. 타인을 지나치게 의식하지 않으며, 자신의 가치를 존중하며, 긍정적 사고를 가지고 있다. 또한 미래지향적이며, 이타심이 많아 관계 안에서 정서적 교류를 잘한다. 그러나 자아존중감이 낮은 사람은 피해의식이 많으며, 타인을 지나치게 의식하고, 자존심이 강하여 관계 속에 어려움을 야기하기도 한다. 이와 함께 부정적 사고와 함께 과거지향적인 면이 강하다.

사례의 부부는 결혼 초에 행복한 가정을 유지하기 위하여 노력하였다. 그러나 남편의 지루증으로 인한 아내의 불편함은 성관계를 피하게 되는 상황에 이르게 되었다. 부부는 아이가 태어난 후 성관계를 한

번 하였으며, 그 뒤로 아내의 거부로 성관계를 하지 못하였다. 이로 인하여 친밀감이 낮아지고 사소한 일에도 갈등으로 표출하였다. 부부 갈등이 심화될수록 믿음과 신뢰가 사라지고 서로의 단점을 부풀리어 이야기하고 있다. 남편은 아내의 여드름이 자녀에게 유전된다고 이야기하고 있으며, 아내는 남편의 행동이 정상의 범주를 넘어서고 있다고 한다.

성관계는 성 욕구 해소 이외에 스킨십을 통하여 부부의 친밀도를 높이고 정서 통장의 잔고를 쌓아가는 데 중요한 역할을 한다. 성관계가 원만한 부부일수록 행복하고 성관계가 불만족하면 불행하다고 볼 수 있다. 사례를 되돌아보면 부부 생활에 성관계가 원만하지 못하였을 때 부부 갈등으로 나타나게 되며, 부부의 미성숙한 대처로 인하여 갈등이 심화되고 여과 없는 거친 언어로 서로의 마음에 상처를 주게 되는 것을 알 수 있다. 따라서 결혼을 앞둔 예비부부나 결혼 생활을 유지하고 있는 부부에게 많은 것을 생각하게 해준다.

부부 상담을 받기 위해 상담실을 찾아온 부부는 관계의 회복을 위하여 또는 이혼하기 전에 전문가에게 갈등의 원인이 무엇인지 듣고자 찾아온다. 내담자들은 상담센터를 방문하기 전에 스스로 해결하고자 노력을 한다. 그러나 부부 갈등은 문제를 해결하고자 노력하면 할수록 한 치의 앞도 나아가지 않고 그 자리를 벗어나지 못하는 특징이 있다. 이러한 과정에서 부부는 배우자에 대한 화, 분노, 원망, 억울, 무력, 상실감, 우울 등 심리적, 정서적, 정신적 어려움을 겪기도 한다. 이러한 내담자들 중 다수는 마음의 병(심인성 질환)을 앓게 되며 스스로 해결

할 수 없는 상황에 이르게 되기도 한다. 그러나 부부의 어려움을 개선하고자 전문가의 조력을 받은 내담자는 미해결 과제나 걸림, 핵심 감정들이 해소되어 역기능적 가정에서 순기능적 가정으로 변화되어 삶의 질이 향상된다.

4장

관계 안의 스트레스

[그림 4] 스트레스

　삶의 과정에서 감당하기 어려운 스트레스나 불행한 경험을 하게 되면 이러한 것들이 쌓여 심인성 질환으로 자리 잡는다. 심인성 증상의 원인인 취약성은 트라우마 또는 어두운 그림자로써 무의식에 자리 잡고 있다가 정신역동을 일으킬 조건인 연상기억(연상상황)에 의해 의식 위로 올라오게 된다(임향빈, 2021: 60).

　심리상담 관점에서 바라보면 관계 안에 갈등이 표출되는 것은 각자 살아온 성장 과정에서 보고 듣고 배운 바대로 자신의 틀 안에서 바라보기 때문이다. 갈등이 생겼을 때 지혜롭게 대처하여 욕구를 충족하고 목적을 이루면 좋겠으나 그러지 못할 경우 갈등으로 인한 심리적, 정서적 어려움과 스트레스를 받게 된다.

　사람들은 관계 속에 더불어 살아가고자 하는데, 관계가 잘 이루어진다면 삶의 질이 높아지지만 관계가 어려워지면 스트레스로 인하여 삶의 질이 낮아지게 된다. 좋은 관계를 유지하기 위해서는 상대의 의견을 존중하고 차이를 인정하여야 한다. 이를 위해서는 경청과 차이의 인정 그리고 양보가 필요하며, 나의 주장과 같이 상대의 주장도 받아들여야 한다. 관계 속에 100%를 주장하면 상대도 100%를 주장하게 된다. 타인과 좋은 관계를 유지하기 위해서는 지혜롭게 대처하여야 하며 이를 위해서는 소탐대실小貪大失을 피하여야 한다.

1. 스트레스의 이해

스트레스(stress)는 우리가 적절하게 적응하지 못하여 생리적 긴장을 초래하고, 나아가 질병을 일으킬 수도 있는 정도의 불편함 또는 물리적, 화학적, 감정적 요소로 정의된다. 쉽게 말해서 우리는 정신적 압박감, 긴장 등이 오면 스트레스를 받는다고 말하고, 더 일반적으로는 심신에 불편함이나 불만족을 느끼는 모든 상황에서 스트레스라는 표현을 한다(신경희, 2017: 16-17). 스트레스는 생활의 변화로 말미암아 심리적, 생리적 안정이 흐트러지는 유쾌하지 못한 상태로 정의할 수 있다. 따라서 스트레스를 받게 되면 일반적으로 불안해하거나 긴장하게 된다(정옥분, 2009: 502).

또한 스트레스는 자극으로서의 스트레스와 반응으로서의 스트레스로 구분하여 볼 수 있다. 최근에는 지각 요인의 중요성을 강조하고 있으며, 역동적 상호작용으로서의 스트레스 개념을 모두 포함하여 개인은 자극에 반응할 뿐만 아니라 자극에 영향을 준다(전수경, 2009). 스트레스는 인간이 삶을 영위하면서 거쳐 가야 할 당면 과제이며, 혼자 또는 둘 이상의 관계에서도 스트레스를 받는다. 때에 따라 적당한 스트레스는 삶의 원동력이 되지만 정신적으로 감내하기 어려운 지나친 스트레스는 병의 원인이 된다. 이러한 병의 원인은 심인성 질환, 정동 장애, 신체화 증상 등으로 나타나기도 한다. 스트레스는 인정욕구와 밀접한 관련이 있다. 가정, 학교, 친구, 직장, 사회 등에서 자신에게 중요하다고 생각하는 사람에게 인정받는 것은 그 사람의 삶의 질을 높이는 요인이 되며, 이러한 경우 적당한 스트레스는 삶의 질 향상을 위한 동기부여가 된다(임향빈, 2018: 97-98).

스트레스는 인간이 삶을 영위하면서 겪게 되는 피할 수 없는 상황이다. 내부의 요인으로는 무의식에 자리 잡고 있는 과거의 미해결 과제나 어두운 그림자가 연상상황(연상기억)에 의해 의식으로 올라오면서 정신역동을 일으키게 된다. 외부의 요인으로는 위협, 공격, 원치 않는 행동의 강요 등 유발 인자로부터 자극을 받을 때 몸과 마음의 평안이 흐트러지게 된다. 이러한 상황에 처하면 신체의 면역체계, 호르몬 수준, 신진대사 등에 영향을 미친다. 이와 함께 자율신경계의 교감부가 활성화되고, 응급상황에 반응하도록 신체의 자원들이 동원된다. 따라서 건강한 삶을 유지하기 위해서는 미해결 과제나 어두운 그림자를 해소하여야 하며, 과도한 스트레스를 받지 않도록 대처하여야 한다. 즉, 적당한 스트레스는 삶의 활력을 주고 성장을 촉진 시키는 촉매제 역할을 하지만, 지나친 스트레스는 몸과 마음에 부정적 영향을 가져오며, 심인성 질환이나 질병으로 나타나기도 한다. 이러한 스트레스를 유발하는 요인은 다양하며, 이를 지혜롭게 대처하는 것이 중요하다.

2. 스트레스 영향

사람에 따라 다르지만, 스트레스 반응은 생리적, 정서적, 인지적, 행동적인 다양한 증상들을 유발한다. 일반적인 생리적 증상으로는 혈압 상승, 맥박 증가, 호흡 증가 또는 호흡 곤란, 감각 이상, 근육의 긴장, 통증 지각의 증가, 위장관계 증상, 알레르기 등을 들 수 있다. 정서적으로는 분노, 불안, 공포, 우울, 짜증, 긴장 등이 나타난다. 인지적으로는 기억력, 주의력, 집중력 등에 장애가 나타난다. 그리고 식욕의 변화, 수면의 변화, 음주, 약물복용, 우유부단함, 공격적 태도, 폭력적이거나 위험한 행동, 실수, 수행 능력 저하 같은 행동상의 변화도 나타난다. 두통, 소화기 장애, 불면증, 요통, 만성피로, 불안증, 우울증, 생리불순 등은 비교적 흔히 경험하는 스트레스의 증상이다. 현대인이 가장 두려워하는 협심증, 성장 장애, 불임, 악성종양 등도 스트레스와 밀접한 관계가 있다(신경희, 2015: 40).

학문적으로 스트레스는 긴장, 불안, 압박 같은 용어와 비교된다. 스트레스란 '어떤 일로 인해서 계속 긴장하고 불안해하면서 압박 받는다.'는 뜻이다. 더 쉽게 이해하자면, 어떤 일에서 벗어나지 못하고 계속 긴장하고 불안해한다는 의미이다. 직장 상사가 마음에 들지 않아서 보기만 해도 긴장하는 사람들은 그 직장에서 벗어날 수 없으니 계속 그로 인해서 스트레스를 받게 되고 그래서 두통, 위장병 등을 얻게 된다(홍성열, 2007).

스트레스를 심하게 받으면 우울, 불안, 공포, 신체화 증상 등 여러 가지로 나타나게 된다. 인간은 스트레스 상황에 처하면 스트레스에 대한 신체 반응으로 자율신경계의 교감부가 활성화되고, 외부 상황에 반응하도록 신체의 자원들이 움직인다. 스트레스의 원인은 다양하지만 당면한 스트레스에 어떻게 대처하느냐가 중요하다. 일반적으로 감당하기 어려운 스트레스를 받게 되면 생리적 반응과 심리적 반응 그리고 행동 반응이 나타난다. 생리적 반응으로는 불면증, 식욕부진, 심장박동, 두통, 가슴앓이, 변비, 설사 등이며, 심리적 반응은 욕구 좌절, 분노, 화, 초조, 적개심, 우울증 등 다양하며, 행동 반응으로는 충동적 행동, 긴장성 경련, 과잉 반응 등으로 나타난다.

이와 함께 외부의 압력에 의해 트라우마를 겪게 되면 신체화 증상으로 나타나기도 한다. 신체화 증상이란 심리적 갈등이 감각기관, 수의근계(인간 유기체의 팔이나 다리, 손가락, 발가락 등의 신체감각기관)를 제외한 기타 신체 부위의 증상으로 표출하는 것이다. 한국인들에게서 나타나는 화병이 그 예일 것이다. 화병은 억울한 일을 당했거나 한스러운 일을 겪으며 쌓인 화를 삭이지 못해 생긴 마음의 질병이다. 화병의 증상으로는 주로 가슴이 답답하고 숨이 막힐 듯하며, 뛰쳐나가고 싶고, 뜨거운 뭉치가 뱃속에서 치밀어 올라오는 증세와 불안, 절망, 우울, 분노가 함께 일어난다. 따라서 스트레스를 받는 지속적 상황에 처하면 신체화 증상을 수반하며, 이는 정동 장애(우울, 조울증), 화병, 두통, 공황 장애, 가슴에 팽이가 도는 것 같은 심한 통증, 어깨에 돌덩이가 내리누르는 증상 등 다양하게 나타난다.

3. 스트레스 대처 방안

스트레스는 혼자 있을 때도 받고, 주변의 관계에서도 받게 된다. 이는 마음의 안정을 흩트리려 하는 외부의 유발 인자로부터 자극이 다가 왔을 때, 어떻게 대처하는가에 따라 그 증상도 다양하게 나타난다.

권육상에 의하면 스트레스 대처 방식이란 넓게 보면 삶 자체라고 할수 있고 협의로 본다고 하더라도 헤아릴 수 없이 다양하다는 것은 쉽게 짐작할 수 있다. 그러나 스트레스의 대처 방식을 연구하는 데 있어서나 실생활에 적용하는 데 있어서도 그 개념을 분명히 하고 가능한 다양한 방식을 알아볼 필요가 있다. 스트레스에 지대한 관심을 기울이는 것도 따지고 보면 스트레스 자체에 관심이 있다고 보기보다는 그런 스트레스를 어떻게 관리하고 해결하느냐, 즉 대처하는 데 관심이 있기 때문이다(권육상, 2003: 429-430).

스트레스 대처 방식을 분류하는 기준은 매우 다양하다. 일반적으로 스트레스 대처 방식을 적극적 대처 방식과 소극적 대처 방식으로 크게 2가지로 나누어진다. 세부적으로 살펴보면 적극적 대처 방식의 하위 요인에는 문제 집중적 대처 방식, 사회적 지지 추구가 있고, 소극적 대처 방식의 하위요인에는 정서 집중적 대처 방식, 소망적 사고가 있다.

이를 자세히 살펴보자면, 문제 집중적 대처는 스트레스를 유발한다고 생각되는 개인 및 환경과 관련된 문제를 직면하고 이를 변화시켜 스트레스의 근원에 작용하려는 노력을 말하고, 사회적 지지 추구는 스트레스의 사건이나 상황을 해결하기 위해서 타인에게 도움을 요청하는 대처 방식을 말한다. 정서 집중적 대처 방식은 스트레스와 관련되거나 스트레스로부터 비롯되는 감정 상태를 통제하고자 하는 노력을 말하고, 소망적 사고는 스트레스나 그것을 유발하게 하는 상황이나 사건을 거리를 두고 바람직한 상황을 생각하거나 상상함으로 대처하는 방식을 말한다(전지혜, 2018).

스트레스가 만성화되면 정서적으로 불안과 갈등을 일으켜 몸의 병을 키우는 만큼 마음을 잘 다스려야 한다. 똑같은 스트레스를 받아도 사람마다 대처법이 다르고 몸의 반응도 달라지기 때문에 각자 자신에게 맞는 방법을 찾는 것이 중요하다. 무엇보다 평소 규칙적인 생활 습관을 갖는 것이 스트레스 관리의 시작이다. 현대인에게 부족한 비타민이나 무기질, 섬유소 등 영양소가 골고루 들어 있는 식사를 하고 음식은 천천히 먹는 습관을 갖도록 한다. 술이나 카페인, 짜거나 단 것, 인스턴트음식이나 패스트푸드 등은 줄이거나 되도록 먹지 않도록 한다. 충분한 수면은 스트레스 해소에 매우 중요하다. 잠이 부족할 경우 극도의 피로와 함께 집중력과 기억력뿐만 아니라 자제력이 저하되고 스트레스 호르몬이 증가한다. 잠은 인간에게 충전과 휴식을 주는 만큼 6~8시간 정도는 자는 것이 좋다. 스트레스를 받을 때는 야외에서 햇볕을 쬐며 걷는 것도 좋다. 운동은 몸속의 과도한 에너지를 분산시켜 스트레스 수치를 감소시키는 데 도움이 된다. 스트레스로 마음이 혼란스러울 때 이를 통제할 수 있는 효과적인 방법은 복식 호흡이나 심호흡, 근육 이완법, 명상이 있다. 마음을 비우고 집중하게 만드는 호흡은 가장 중요하다. 몇 분간 조용히 앉아서 깊이 숨을 들이마신 뒤 잠깐 호흡을 멈추고 천천히 숨을 내뱉는다. 오직 호흡에만 집중하다 보면 심장박동수와 혈압이 서서히 떨어지면서 차분해지게 된다(오한진, 2016).

인간은 태어나면서부터 경험한 모든 일들은 그냥 사라지지 않고 무의식에 쌓이게 된다. 이렇게 쌓여 있는 부정적 경험이나 긍정적 경험들은 외부 자극에 의해 의식으로 올라오게 된다. 예를 들면, 몇 년 전에 직장 상사에게 견디기 힘든 모욕과 질책과 당하였는데 애써 잊고 있었다. 그러다 TV를 틀었는데 윗사람이 아래 직원에게 심하게 야단치는 모습을 보게 되었다. 이러한 모습을 보았을 때 예전에 경험한 일들이 엊그제 경험한 것 같이 생생히 떠올리고 만다. 이를 잊고자 나름대로 노력을 하게 된다. 친구와 함께 술을 마시며 괴로움을 위로받든지, 혼자 술을 마시던지, 수다를 떤다든지 저마다 익숙한 방법으로 마음의 고통을 줄이려고 노력한다.

이처럼 삶의 과정에서 부정적 경험이 많은 사람들은 올라오는 횟수가 증가함에 따라 점차 우울해지고 이러한 일들이 해소되지 못하고 삶이 지속되면 우울증, 조울증, 조증 등 마음의 병에 이르기도 한다. 이러한 증상의 기저에는 스트레스가 자리 잡고 있다. 따라서 삶의 과정에서 어두운 그림자가 많이 드리워져 있다면 이를 해소하기 위하여 긍정적 경험과 자아존중감 향상을 위하여 노력하여야 한다.

이와 더불어 관계 속에 스트레스를 받지 않고 행복한 삶을 유지하기 위하여 는 주변이 편안해야 한다. 서로의 다름과 차이를 인정하고 이해, 배려, 공감 등을 통하여 갈등을 미연에 방지하여야 한다. 그러나 갈등이 생기면 지혜롭게 대처하여 스트레스를 받지 않도록 하여야 한다.

삶의 지혜는 경험에 의해 자각하고 통찰하며 변화를 추구하는 데서 나오는 마음의 깨우침이다. 우리는 살아가면서 학교, 친구, 직장, 자조 모임 등 관계를 맺고 있는 공동체에서 직접적 또는 간접적 경험을 하게 된다. 수많은 자료나 수업을 통해 간접 경험을 하고, 어떤 일을 맡아서 진행하거나, 여행을 통해서 직접 경험을 하게 된다. 이러한 경험들을 통해 지혜와 사고의 폭이 확장되고, 몸과 마음이 성장하며, 외적 성장과 내적 성장을 가져오는 결과를 낳는다.

끝으로 삶은 저마다의 상황에 따라 행복한 삶과 불행한 삶으로 나누어 볼 수 있으며, 불행한 사람들은 삶의 과정이 원만치 않다는 것을 알 수 있다. 이들 중 일부의 특징은 항상 부정적으로 바라보며, 타인을 비난하고, '때문에'라는 말을 많이 사용하며, 남의 탓을 많이 한다. 과거지향적이며, 서로의 단점을 바라보며, 자신의 틀 안에서 스트레스를 만들기도 하고, 받기도 한다. 그러나 이와 달리 행복한 삶을 추구하는 사람들의 성향은 매사에 긍정적으로 생각하고 바라보고 대처한다. 미래지향적이며, 주변 사람들의 장점을 북돋아 주고, 칭찬하고 인정욕구를 충족시켜준다. 또한 갈등과 스트레스 상황에 처하면 어려움을 딛고 일어서는 회복력이 빠르다. 이와 함께 행복한 사람들은 순기능적 가정과 인정욕구가 충족되는 직장 그리고 건전한 자조 모임을 가지고 있다.

여기서 의미하는 건전한 자조 모임이란 평소에 달리기를 좋아하면 마라톤 동호회, 등산을 좋아하면 등산 동호회, 축구, 탁구, 골프 등을 좋아하면 그러한 동호회 모임을 말한다. 이를 통하여 가정과 일터에서 쌓인 스트레스를 자조 모임에서 풀고, 되돌아가기에 삶의 질이 높아진다.

2부

심리상담사가 바라본 부부와 자녀 양육

자녀 양육

1장

부모

부모는 유아가 세상에 태어나서 처음으로 맺게 되는 사회적 관계이다. 유아가 세상에서 건강하고 바르게 성장하도록 보호하고 사랑으로 양육하는 존재가 바로 부모의 역할이고 그중에서 어머니는 가장 중요한 역할을 하는 존재이다(윤지영, 2020). 또한 부모는 자녀에게 있어서 최초의 사회적 환경이자 최고의 교육자이며 가장 오래 함께하는 존재이다. 부모와 자녀의 필연적인 관계에서 부모는 아이에게 의도적이든 비의도적이든 자신이 가지고 있는 성격이나 가치관, 행동 양식 등을 각인시켜 자녀의 성장에 영향을 미치게 된다(김기홍, 2009).

부모는 자녀를 낳아 기르는 양육자로서 자녀가 성장하여 사회의 일원으로 건강하게 살아갈 수 있도록 돕는 역할을 해야 하며, 부모의 양육 태도는 어떠한 태도로 자녀를 양육하느냐 하는 문제로 자녀의 성장 발달에 중요하다. 자녀가 성장 발달 과정 중에서 이루어지는 가족들 간의 상호작용은 자녀의 성격 형성, 생활 습관, 지적 발달, 사회기초학습 등을 습득하는데 직접적으로 작용한다. 그러므로 부모와 자녀의 가족 간에는 애정과 사랑이 기본으로 전제되어야 자녀가 건강하게 성장 발달할 수 있게 되는 것이다(정미혜, 2010).

부모가 자녀에게 존중과 인정, 관심과 배려, 적절한 가르침 등의 긍정적 양육 행동을 했을 때 자녀의 낙관성이 증진된다. 청소년이 부모로부터 관심과 배려를 느낀다고 지각할 때 긍정적 정서가 발달하게 되는 것으로 보인다. 그리고 부모의 애정 어리고 긍정적인 양육 행동은 자녀가 생활 속에서 즐거움, 기쁨, 사랑, 만족감을 느끼게 하여 높은 행복감을 느낀다고 고려된다. 청소년은 행복한 삶을 원하지만 때로는 외상을 경험하기도 하고 목표에 대한 좌절을 겪으며 불행감과 스트레스로 힘들어하기도 한다. 이때 부, 모의 존중과 인정, 관심과 배려, 적절한 가르침 등의 긍정적 양육 행동을 경험한다면 불행감과 스트레스를 잘 극복하고 안정감을 회복하게 되어 행복을 경험하게 된다(박은민, 백서희, 2017).

부모가 아동에게 어떠한 태도를 보이느냐에 따라 아동의 성격 발달이 변화하게 된다. 아동을 키우고, 보살피고, 아동들이 성장하여 한 사회의 일원으로서 참여하고, 개인적인 차원에서 책임감을 완수할 수 있도록 하는 데에 필요한 기술을 배울 수 있는 환경을 창출해 주는 것이 부모가 해야 할 과제일 것이다. 그러나 이렇게 아동의 바람직한 성격 발달을 위해 효과적인 부모 역할을 한다는 것은 그리 쉬운 일은 아니다. 그러면, 부모들의 어떠한 태도들이 아동에게 어떤 영향을 미칠까? 먼저 부모는 아동에게 교육적인 태도를 보여야 한다. 즉, 부모는 자신의 확고한 신념을 가지고 아동에게 어떤 때는 이것, 어떤 때는 저것이다, 라는 식의 상반되는 명령은 하지 말아야 하고, 부모로서 내 말은 듣고 타인의 말은 듣지 말라는 식의 말을 하지 말며, 주관적인 훈련은 삼가야 한다. 그리고 신경질적으로나 병적으로 대하면 아동은 문제를 일으킬 수 있으므로 지나친 결백이나 정확성을 요구하지 않아야 하고 아동의 반항적인 성질을 유발하는 명령을 하지 않아야 한다. 이는 반항아가 되거나 청소년이 된 후 일탈행동을 하기 쉽기 때문이다(권육상, 2006: 318).

부모됨의 보람과 성취감은 이 세상의 그 무엇과도 비교하기 어렵다. 그런 만큼 부모로서 자녀를 정성 들여 양육하고, 우리 사회에서 바람직한 시민으로 성장하도록 이끄는 역할은 결코 쉬운 일이 아니다. 좋은 부모가 된다는 것은 단순히 사랑하는 남녀가 만나 가정을 이루고 자녀를 낳아 건강하고 바르게 양육하는 것을 뛰어넘는 더 광범위한 역할의 범주를 포함하는 것이다. 개인적으로, 또 사회적으로 나아가 국가적 차원에서 볼 때 바람직한 부모 역할을 수행하는 것은 매우 중요하고 또 가치 있는 일이다(신용주, 김혜수, 2021: 3).

부모가 자녀에게 애정 철회 및 죄책감 유발 등 심리적인 수단을 이용하여 조정하려 할 때 자녀는 부정적인 기제를 내면화하게 된다. 이러한 기제는 자녀가 대인 관계를 형성할 때 타인의 반응에 민감하게 만들고 상처받기 쉽게 되어 실패나 비난이 예상되는 상황을 회피하는 특징을 초래할 수 있다(강선희, 정남운, 2002). 부모 개개인에 따라 개인적 특성이 모두 다르다. 그러나 양육 역할을 잘 수행하는 부모의 경우에는 자녀의 정서적, 인지적, 사회적 기술 등이 높게 나타나지만, 그렇지 못한 경우에는 자녀에게 부정적인 결과로 나타나게 된다(김경애, 2020).

아이에게 행동상의 문제나 정신과 관련된 문제가 발생하면 부모의 병원적 실체를 탐색하는 것이 원칙이다. 그 이유는 병원적 실체라고 하는 부모의 병리적인 언행이 아이의 정체감 형성에 지대한 영향을 미치고 나아가서는 부모 자녀 간의 관계적 모순을 불러일으키는 원인이 된다고 믿기 때문이다. 부모는 부모 자신들의 언행 속에 그들이 기르고 있는 아이를 병들게 하는 이상한 독소가 숨겨져 있다는 것을 알지 못한다. 그렇기 때문에 그들 부모는 자신들도 알지 못하는 사이에 아이를 병들게 하는 치명적인 언행을 아무렇지 않게 해 버린다(임종렬, 2000: 284).

부모(양육자)가 함께 거주하는 가정은 가족 구성원의 삶의 중심이고, 안전한 울타리이자 쉼터이며, 행복을 추구하는 공간이다. 아이는 그가 속한 가정에서 양육자에 의하여 양육되고 성장한다. 아이에게 이러한 가정은 1차 학습장소이며 부모는 자녀의 사고와 행동에 영향을 미치게 된다. 자녀의 언어 및 행동은 그 집안의 분위기를 유추할 수 있으며, 가족 구성원 개개인의 문제는 그 가족이 가지고 있는 병리 현상을 표출하는 것이다. 따라서 부모가 건강해야 자녀가 건강하게 자라난다. 특히 가정의 정서 관리자인 모母(양육자)의 역할은 자기 표상에 결정적 영향을 미치게 된다. 가족 구성원으로서 자녀는 부모와 희로애락喜怒哀樂을 함께하며 성장한다. 때에 따라서는 칭찬도 받고 야단도 맞으며 즐겁고 슬픈 일도 함께 겪으며, 이러한 일들이 통합되어 가면(persona), 그림자(shadow), 참나(self)가 형성되고 무의식(unconsciousness)에 자리 잡게 된다.

　자녀의 관점에서 부모는 부모가 돌아가셔도 삶의 흔적이 무의식에 자리 잡아 영원히 지워지지 않는 기억으로 남게 된다. 무의식에 자리 잡은 부모의 표상은 자녀의 삶에 영향을 미치게 된다. 부모와의 긍정적 경험이 많으면 긍정적 영향을 미치어 삶의 질이 높아지고, 부정적 경험이 많으면 부정적 영향을 미치어 삶의 질이 낮게 된다.

　따라서 부모(양육자)가 자녀에게 미치는 영향이 크기에 부모는 자녀의 애착형성과 발달 단계에 맞는 인정욕구를 충족시켜주어야 한다. 이를 통하여 자녀는 부모로부터 받은 사랑의 에너지로 삶의 원동력이 되고 자산이 되어 부모가 바라고 자녀가 원하는 일들을 성취하며 자기답게 살아가는 사회구성원의 일원으로 자리 잡게 될 것이다.

1. 양육자

1) 양육자의 이해

아이들이 잘 자라야 어머니의 마음이 편하고, 반대로 어머니의 마음이 편해야 아이들이 잘 자란다. 아이들이 잘 자란다는 것은 아이들이 자라는 환경이 원만하다는 것을 뜻한다. 환경은 집이나 도시나 학교나 그 밖의 물리적인 주변 환경을 말하는 것이 아니고 내가 거래하는 사람 특히 내가 거래하는 그 사람의 마음을 말한다. 아이를 기르는 어머니의 마음은 아이들에게 절대적인 환경으로 작용한다. 그렇기 때문에 아이들을 기르는 어머니의 마음이 안정되고 삶의 즐거움을 느낄 수 있는 여유와 자신감이 있어야 한다. 어머니의 마음이 그렇게 되었을 때 아이들도 어머니의 마음과 같이 안정되고 즐거운 삶을 살기 위해 신나는 성장을 거듭할 수 있다(임종렬, 2002: 107-108).

어린이의 욕동, 욕구, 반응들은 대부분 다른 사람들과의 관계에서 존재한다. 생의 처음에는 이러한 것들은 주로 어머니에게 향해있다. 이는 인간뿐만 아니라 고등 포유동물에게도 공통적인 생물학적인 동기이자 반응이다. 대부분의 신생아에 있어서 어머니와의 관계는 최초의 관계이면서 가장 중요한 관계로써, 전 생애를 통하여 건강한 인간관계를 맺을 수 있도록 해 주는 것이 바로 어린 시절의 훌륭한 어머니라고 할 수 있다(이근후 외 역, 1992: 46). '자식을 보면 그 부모를 알 수 있다.', '아이 앞에서 찬물도 못 마신다.'라는 옛말에서도 부모의 양육태도와 행동, 부모의 역할이 자녀에게 얼마나 많은 영향을 미치고 중요한지 알 수 있는 대목이다. 양육이란 부모와 아이가 서로 눈을 맞춰가는 과정이다(윤지영, 2020).

인간은 태어나면서부터 본인의 의사와 관계없이 양육자에 의해 양육되면서 다양한 경험을 쌓게 된다. 건강한 양육자에 의하여 양육된 아이는 안정된 공간에서 원하는 사랑을 받으며, 양육자와의 애착형성을 통하여 건강하게 양육된다. 그러나 마음의 병(심인성 질환)을 앓고 있는 양육자에 의해 양육된 아이는 불안정한 환경과 원치 않은 상황에 처하게 되며, 건강하게 자라지 못한다. 양육자가 가지고 있는 병리 증상은 아이에게 훈습 되어 세대를 거치면서 전수하게 되는데, 이를 후천적 유전이라고 한다. 즉, 경계선 성향의 양육자가 아이를 기르면, 경계선 성향의 아이를 양육하게 된다.

대다수 양육자의 양육 방식은 부모 교육을 받고 자녀 양육을 시키는 것이 아니라 양육자의 양육 방식이 무의식 속에 자리 잡고 있다가 자녀가 태어나면 그 양식방식이 자녀에게로 내려가게 된다. 또한 양육자(어머니)의 양육자(외할머니)는 그 윗대 양육자로부터 양육 방식이 내려오게 된다.

"세 살 버릇 여든까지 간다."라는 우리나라 속담이 있다. 이는 습관의 중요성을 나타내는 의미로써 같은 행동을 지속해 반복하게 되면 습관이 되고, 습관이 굳어지면 성격, 성향, 가치관으로 자리 잡는다는 것을 의미한다. 이러한 성격은 양육자의 언어와 비언어적 행동에 의해서 형성되고 표출된다. 따라서 이 시기의 양육자의 일거수일투족 一擧手一投足이 아이에게 미치는 영향이 크기에 양육자의 품행이 중요하다.

2) 양육자의 영향

애정과 통제는 자녀 양육의 핵심이며 자녀의 바람직한 성장을 위해 양육에서 조화를 이루어야 하는 요소이다. 즉, 양육에는 애정에 기반한 적절한 통제가 필요하다. 양육 행동에 애정과 통제가 과도하거나 역으로 모자랄 때 방임과 통제, 과보호의 역기능적 양육이 발생하고 이는 자녀의 성장에 악영향을 미친다. 적절한 수준의 애정과 통제를 위해서는 어머니의 합리적인 이성, 건강한 심리와 정서가 필요하다. 합리적인 이성은 통제를 바람직한 수준에 머물게 해 주고, 건강한 심리와 정서는 애정이 굴절되는 것을 방지한다. 즉, 어머니의 불안과 자기애적 욕구는 어머니 자신에게만 에너지를 향하게 하여 자녀를 방치하거나, 애정을 빌미로 자녀에게 과도한 통제를 행사하게 한다. 그러므로 어머니의 성숙과 건강한 심리, 정서는 바람직한 양육의 초석임을 알 수 있다(조성희, 2011).

부모의 양육 태도는 자녀가 사회화를 하는 과정에 가장 직접적으로 영향을 주는 중요한 요인이다. 또한 자녀의 심리적 특성에 중요한 영향을 미쳐 정서적, 성격적 측면에서의 성장 발달과 밀접한 연관이 있다고 볼 수 있다. 부모의 양육 태도 중 심리적 통제는 부모가 자녀의 사고와 감정, 부모에 대한 애착 등에 영향을 주고 조정하려는 훈육 행동을 말한다(왕소희, 배희분, 2021).

아동 양육의 기본태도는 쉬운 일은 아니지만 단순한 것이다. 기본적으로 중요한 핵심은 아동과 부모(또는 아동 주변에 있는 사람) 사이의 좋은 감정이다. 적절한 자녀 양육은 기술의 문제가 아니며, 엄격함이나 수용의 문제가 아니며, '때려야 하는지 또는 때리지 말아야 하는지', 그런 문제가 아니다. 중요한 점은 무엇보다도 좋은 감정이 오고 가도록 하는 것이다. 어떻게 하면 이렇게 할 수 있을까? 이 질문에 대한 대답 역시 자신의 아이에게 좋은 감정을 가짐으로써 그렇게 할 수 있다는 것이다. 아이는 이 세상에 무력한 상태로 태어난다. 아이는 부모와 주변의 사람들이 자신에게 느끼고 행동하는 방식 그대로 그들에게 반응한다. 만약 아이가 그들의 사랑을 느끼고 그의 인격과 존재가 존중받고 있음을 느끼고 그의 욕구와 감정을 이해하려는 그들의 노력을 느낀다면, 아이는 바로 그러한 감정으로 반응할 것이며, 그 주변에 있는 사람들과 동일시할 것이며, 이에 따라 주변 사람들을 닮게 될 것이다(이근후 외 역, 1999: 359).

이와 함께 유아의 인지, 성역할, 사회성 발달 등에 아버지의 양육 참여는 중요한 영향을 미치며, 과거와는 달리 적극적이고 능동적인 아버지의 양육 참여의 중요성이 부각되면서 과거에 어머니가 주로 양육하던 방식에서 탈피하여 부모가 함께 양육하고 아버지의 적극적이고 능동적인 양육 참여가 유아에게 긍정적인 영향을 미친다고 볼 수 있다(윤지영, 2020).

양육 과정에서 아이가 원하는 사랑을 충분히 공급해 주지 않았던 양육자는 특별한 동기가 없는 한 아이가 바라는 인정욕구를 충족시켜주지 못하게 된다. 이러한 고착된 심리 현상은 심리상담의 치유적 개입 없이는 해결되지 않는 병리적 특성으로 자기 표상의 세계에 영원히 남게 된다. 따라서 성장 과정에서 부정적 경험 또는 트라우마(trauma)를 겪은 사람은 그 경험이 의식과 상관없이 수시로 올라와 삶의 질을 낮게 한다. 이러한 상황에 처하였을 때 자아존중감이 높은 사람은 지혜롭게 대처하지만 자아존중감이 낮은 사람은 그러하지 못하다. 즉, 미해결 과제, 트라우마, 걸림 등은 삶의 질을 낮게 만드는 요인이 된다.

병리 증상을 가진 자녀의 심리상담은 에너지의 원천이라고 할 수 있는 양육자와 함께 상담하여야 한다. 양육자의 변화와 치유 없이는 자녀의 병리 증상은 개선되지 않는다. 이를 위해서는 양육자가 자녀의 증상이 치유되기를 원하는가를 사정하여야 한다. 자녀의 병리 증상이 나아지는 것을 바라지 않는 양육자도 있기 때문이다. 이들은 자녀의 심인성 질환으로 인하여 얻게 되는 이차 이득을 포기하기 어렵기 때문이다. 이차 이득은 병리 증상을 이용해서 퇴행적이고 자기애적인 만족을 얻고자 하는 시도와 관련되어 있다. 예를 들면 중증인 심인성 질환을 앓고 있는 자녀가 있다면 양육자는 그 자녀를 돌보아야 한다. 이로 인하여 경제활동이나 원가족 내 애경사, 대소사에 참여하지 않아도 되고 가정일을 소홀히 하여도 가족들로부터 이해와 격려, 지지를 받게 된다.

자녀의 긍정적 변화와 치유를 위한 심리상담은 증상을 가지고 있는 자녀보다도 그를 양육한 양육자의 긍정적 변화를 위한 치유적 개입이 필요하다. 이는 양육자의 변화 없이는 자녀의 변화와 치유가 어렵기 때문이다. 양육자의 마음이 차갑고 추운 날씨와 같다면 자녀는 추위에 떨어야 하며, 양육자가 삼복더위와 같이 무덥다면 자녀는 무더위에 시달려야 한다. 양육자의 날씨가 수시로 덥고 춥기를 반복하고 예측이 어렵다면 자녀는 양육자의 날씨에 따라 고통스럽게 양육될 수밖에 없다.

아이는 양육자로부터 에너지를 제공받는데 그 에너지에 대한 선택권이 없으며, 제공하는 양육자에 의하여 그 질이 결정된다. 양육자가 양질의 에너지를 아이에게 제공해 준다면 그 에너지를 통하여 바람직한 인격체로 성장할 것이다. 아이는 성인이 된 후 그와 관계를 맺고 있는 대상들과 긍정적인 에너지를 주고받음으로써 삶의 질이 높아질 것이다.

양육자의 무의식 속에 내재된 부정적 에너지를 긍정적으로 대체하고 이를 가능하게 하는 이상적 투사를 통한 함입을 유도하여야 한다. 현실 적응에 필요한 에너지의 부족은 자아의 퇴행을 가져오며, 인정욕구 결여로 인한 우울, 조울, 분노 등 병리 증상을 유발하기도 한다. 치유적 접근은 양육자에 의해서 제공된 부정적 에너지를 상담사의 조력에 의하여 긍정적인 에너지로 변화시키는 것이다. 긍정적 에너지 제공의 의미와 방법을 모르는 양육자에게 긍정적 에너지를 만들어 제공하는 방법을 제시하고 이를 활성화하도록 조력하여야 한다.

2. 부모와 성격

포도나무의 씨를 뿌리면 포도나무의 싹이 돋아나는 것과 같이 생각이라는 씨를 뿌리면 행동이라는 싹이 돋아난다. 포도나무의 싹이 자라면 포도의 잎이 피어나고 그 피어난 포도나무 잎이, 우리에게 그 나무가 포도나무라는 것을 알게 한다. 사람도 역시 같은 행동을 반복하면 습관이 되고 이러한 습관이 고착되면 그 사람 특유의 습관의 나무가 된다. 포도나무가 성장하여 꽃을 피우는 것과 같이 습관의 나무가 성장하여 그 사람의 성격의 꽃을 피운다. 포도나무의 꽃이 지고 그 자리에 포도가 열리듯이, 습관이라고 하는 성격의 나무에 핀 꽃이 지고 열매를 맺으면 그 열매가 바로 그 사람의 운명이라는 것이다(임향빈, 2021: 15).

아이는 태어날 때 유전적으로 성격이라고 하는 것을 가지고 태어나는 것도 아니고 부모의 성격과 같은 부모를 닮은 성격을 가지고 태어나는 것도 아니다. 과격하고 난폭하고, 냉정하고 자기만을 위한 이기주의적인 성격을 가지고 태어나는 것도 아니다. 그뿐 아니라 부지런하고 말 잘 듣고 착하고 영리하고 무엇이든지 알아서 잘하는 성격 또한 가지고 태어나는 것이 아니다. 이러한 모든 것은 하루 이틀 아이가 성장하면서 아이가 알지 못하는 외부의 세계 즉, 어머니와의 접촉을 통해서 활성화되는 자율성이라는 심리 기제의 기능에 의해서 하나씩 둘씩 쌓인 경험을 통해서 갖게 된 것이다. 그러니까 어린 시절의 경험을 성격의 모태라고 할 수 있다. 출생 초기에 아이가 경험하는 경험 그것이 바로 아이의 성격을 만들어내는 근본이 된다(임종렬, 2002: 171). 성격이 형성되어가는 과정은 아래의 이야기에서 살펴볼 수 있다.

철수(가명)가 일행하고 식당에 갔는데 풋고추가 나왔다. 풋고추를 된장에 찍어 먹으려고 하는데 다른 사람들은 쌈장이나 고추장에 찍어 먹으려고 한다. 철수는 그 모습을 보고, 풋고추는 된장에 찍어 먹는 것이라고 하였다. 일행들은 기분이 안 좋아졌는데, 이번에는 된장에 찍어 먹어야 한다고 강요한다. 강요를 원치 않은 사람들은 "너나 잘하세요." 또는 "너와 함께 안 먹어." 하면서 자리에서 일어나게 되었다. 이야기의 내용을 되돌려보면, 철수가 풋고추를 된장에다 찍어 먹게 된 것은 하루아침에 형성된 것이 아니다. 어린 시절부터 풋고추가 나오게 되면 양육자는 항상 된장에 찍어 먹었으며, 철수는 그것을 따라 하게 되었다. 철수는 성장 과정에서 쌈장이나 고추장은 본 일이 없다. 이러한 일들이 지속해 반복되어 습관이 되고, 습관이 고착화되어 성격, 성향, 가치관으로 자리 잡는다. 즉, 양육자의 양육 방식이 미치는 영향은 아이들의 사고와 행동 등 생활 전반에 미치게 된다. 이러한 영향은 아이가 성인이 되어 현재 만나고 관계하는 사람들에게 상황에 따라 긍정적 또는 부정적으로 표출하게 된다(임향빈, 2021: 16-17).

1) 성격의 이해

성격 형성(character formation)은 자아 발달의 측면들과 다를 바 없는 발달 과정으로서, 타협 형성을 통해 사고, 감정 그리고 행동의 안정적인 유형을 공고화하며, 욕동 충동들과 그것들을 억제하고 완화하며 만족시키는 다양한 힘들 사이의 심리 내적 투쟁을 해결하는 방법을 배워가는 과정이다. 자아가 본능적 요구를 인정하고, 저항하고, 수정하는 방식은 아동의 환경에 의해 영향을 받는다. 환경(처음에는 부모)은 특정한 좌절을 주며, 이 좌절에 대해 특정한 반응 양식을 제지하고 다른 양식을 촉진함으로써, 본능적 욕구와 좌절에 대한 두려움 사이의 갈등을 다루는 방법을 제시해준다(이재훈 외 역, 2002: 224).

동물에 비해 복잡한 유아는 복잡한 산업사회에서 악전고투하고 있는, 피곤하고 신경증적인 부모의 자녀로서, 그의 부모나 가족 가까이에 있는 다른 사람과 상호작용하면서 출생부터 6~7세까지의 기간 동안, 성격이 형성되는 효과가 강한 이 시기 동안, 어떤 방식으로든지 조건화된다. 이러한 경험들은 0~6세 사이에 그들에게 가장 중요했던 사람들에 대한 감정적 반응 양식을 형성시킨다. 이러한 양식은 일단 형성되면, 눈에 보이지 않는다 하더라도, 개인의 나머지 생애 동안 그 핵심적 부분이 지속된다(이근후 외 역, 1999: 40).

Rogers는 건전한 성격을 가진 사람들은 위선적인 행동을 하지 않고 항상 자기 자신을 있는 그대로 나타내며, 생각하고 느낀 대로 행동하고, 자신의 행동 결과에 대해 그 어떠한 책임도 질 줄 안다고 하였다. 그뿐만 아니라 건전한 성격을 가진 사람들은 사회나 부모로부터 받게 되는 기대감이나 억압에 대해 구속받지 아니하며 또한 반항적이지도 않다. 오로지 자기 자신에 의해서 결정할 따름이다. 자기 수용과 자기 지도가 가능할 때 사물을 보다 객관적으로 볼 수 있으며, 다른 사람을 보다 잘 수용할 수도 있게 되는 것이다(권육상, 2003: 33). 아동들은 조그만 일에도 행동이 다르게 나타나는 것이 보통이다. 여기에서 습관이 형성되고 성격이 발달하게 되는데 아동의 훈련원이 부모라는 법은 없다. 친척이 될 수도 있고 부모의 친구가 될 수도 있고, 이웃이 될 수도 있으며, 아동 훈련 전문인이 될 수도 있는 것이다(권육상, 2006: 319).

　인간이 표출하는 행동상의 모든 것은 성격특성과 관련된 것이다. 행동이 행동 자체에 의해 행동을 표출할 수 없는 것처럼 성격 또한 성격 자체만으로써 성격특성을 표출할 수 없다. 성격은 행동에 의해서만 표출 가능하고 행동은 성격의 지시에 의해 표출되는 성격특성을 외부로 전달하는 매개체로써의 기능을 할 뿐이다. 그러므로 행동은 성격이 만들어낸 현상학적 표상이고, 성격은 대상관계에 의해 조성되는 과거의 경험이 집대성된 것이라고 할 수 있다. 이러한 맥락에서 성격을 보았을 때 성격은 전성기적 생활사의 축적물로써의 의미를 가질 뿐이다. 다시 말해서 성격은 인간이 태어날 때 가지고 태어난 유전적인 것이라기보다는 생활 경험을 토대로 해서 이루어진 자기 이미지와 대상 이미지가 하나의 단위로 결속된 수많은 단위들이 모여 형성된 것이다(임종렬, 2001: 161).

정상적인 욕구의 왜곡은 어린이에게 영향을 미쳐서 일생 동안 지속되는 타인에 대한 태도와 감정 양식을 형성하게 된다. 이러한 결과 아동이 다루어지고 조건화되는 방식에 따라 개인의 초자아가 형성된다. 아동기에 정서적으로 중요했던 인물들의 인상이 일생 동안 마음속에 남게 된다. 즉, 자기를 사랑하고 이해했던 사람들, 또한 의도적은 아니었다 할지라도 심하게 학대했던 사람들의 인상이 남게 된다. 그리고 이런 인상을 타인에게 투사시킨다. 다시 말해서 가족 구성원에게 형성되었던 정서 양식을 다른 사람들에게 투사시킨다. 그러므로 어린 시절 대인 관계에서 겪었던 어려움은 전 일생 동안 타인들과의 관계에서도 계속된다. 정신분석은 초기 외상이 정상 욕구에 미치는 왜곡된 효과를 교정하는 방식이다. 각각의 개인은 깊이 자리 잡은 동기 양식을 지니고 있으며, 이것은 일관성 있는 것으로써 타인과 구별된다. 이렇게 밑바탕에 내재된 기본양식을 성격의 핵심이라고 부를 수 있다(이근후 외 역, 1992: 48).

아동기의 잘못된 환경은 본능적 힘을 강화시킴으로써 약한 자아는 후기에 나타날 정신병리 즉, 핵심적 정신병리 없이는 본능적 힘을 조절할 수 없게 된다. 6세 이전의 배척, 박탈, 과잉보호, 유혹, 죄의식, 수치감을 유도하는 정신적 취급이나 신체적 위험 및 학대 또는 이러한 점들의 혼합 그리고 또 다른 태만이나 과실에 의한 잘못된 양육 방식이 신경증적 감정 세력의 상호작용 양식을 만들고 이러한 양식은 일생 동안 지속되는데 어린이의 약한 자아는 이러한 양식을 이해하지 못하고, 말로 표현하지 못한다(이근후 외 역, 1999: 28-29).

'하나가 잘되면 만사가 잘된다.'는 속담과 같이 예전에 신경증적으로 손상되었거나 억압되었던 활동을 수행하는 것보다 더욱 강력한 치료적 인자는 없다. 어떠한 통찰, 어떠한 정서적 배출, 어떠한 회상도 개인이 실패했던 실제 생활환경에서 성취하는 것만큼 믿음직할 수는 없다. 그래서 자아는 정신건강의 기본조건이요, 선행조건인 자신감을 되찾는다. 모든 성공은 새로운 시도를 부추기고, 열등감, 분개와 그 후유증인 공포, 죄책감, 결과적인 억제를 줄인다. 생산적인 일, 사랑, 자기주장, 또한 경쟁에서 성공적인 시도는 악순환을 양성으로 변화시킬 것이다. 그러한 시도가 반복될 때, 그러한 시도는 습관적으로 되고 결국 완전한 성격 변화를 일으키게 된다(Alexander & French, 1946: 40).

아이는 성장하면서 양육자를 통하여 경험하게 되는 수많은 느낌이 각기 하나의 표상을 만든다. 이러한 표상들이 한 인간의 정서를 총괄하는 무의식 세계를 구성한다. 인간은 불완전한 존재이며, 유아기와 아동기의 의존 기간이 영장류 중 가장 긴 동물이기에 인간은 아동기에 그만큼 더 많은 보살핌이 필요하다. 그러나 피할 수 없는 부모의 불완전성과 사회적, 환경적 이유들로 인하여 아이는 의존 욕구와 본능적 욕구들의 좌절을 경험하게 된다. 그 결과 마음속에는 욕구와 좌절 사이의 갈등이 일어나고, 마음의 평화가 깨어지고 불안이 생겨난다. 아이는 두려움으로부터 자신을 보호하고 부분적으로라도 욕구의 충족을 얻을 방법을 습득하게 되는데 이 방법이 방어기제이며, 개인의 성격 특성으로 나타나게 된다.

또한 아이는 양육자의 양육 방식에 의해 원하든, 원하지 않든 다양한 경험을 하며 성장하게 된다. 그 경험이 즐거운 경험이든, 부정적 경험이든 현재의 나로 성장하게 하는 자양분이며, 이를 바탕으로 성격, 성향, 가치관이 형성된다. 어린 시절 성장 과정에서 양육자와의 애착 형성이 잘되어 건강하게 성장하였다면 그 사랑의 에너지로 인하여 바람직한 사회구성원의 일원으로 살아가게 될 것이다. 성장 과정에서 어떠한 경험을 하는가에 따라서 삶의 질이 달라질 수가 있다.

2) 경계선 성격의 장애

APA(미국정신의학회)에 의하면 성격 장애는 증상의 유사성에 따라서 3가지 군으로 분류된다. A군에는 편집성 성격 장애, 조현성 성격 장애, 조현형 성격 장애가 있다. 이들은 괴상하고 편벽된 특성을 보인다. B군에는 반사회성 성격 장애, 경계성 성격 장애, 연극성 성격 장애, 자기애성 성격 장애가 있다. 이들은 극적이고 감정적이며 변덕스러운 특성을 보인다. C군에는 회피성 성격 장애, 의존성 성격 장애, 강박성 성격 장애가 있다(권준수 외 역, 2020: 704). 이러한 성격 장애 중 B군에 속해있는 경계선 성격 장애에 대하여 나누고자 한다.

경계선 성격 장애를 지니고 있는 개인은 실제적이거나 상상에 의한 유기를 피하기 위하여 필사적으로 노력하며, 극적인 이상화와 평가절하가 반복되는 불안정하면서도 강렬한 대인 관계를 형성한다는 것을 알 수 있다. 즉 처음 한두 번 만나고는 상대방이 자신을 돌봐줄 사람이라고 이상화하지만, 상대방이 충분히 돌봐주지 않는다는 느낌이 들면 상대방을 평가절하하는 방향으로 쉽게 태도를 바꿔버린다. 또한 지속적이고 현저하게 불안정한 자아상이나 자아 자각이 특징으로 나타나는 자아 정체감의 혼란을 보이며, 도박을 하거나 무책임하게 돈을 낭비하고, 폭식, 약물남용, 안전하지 못한 성생활에의 몰입, 무모한 운전 등 잠재적으로 자신에게 손상을 줄 수 있는 충동성을 나타낸다. 그리고 자살 시도, 자살 시늉, 자살 위협, 또는 자해행위를 반복하며, 만성적인 공허함에 시달리거나 기분에 따라 반응하기 때문에 불안정한 상태가 나타나며, 부적절하고 심하게 화를 자주 내고 자신의 분노를 조절하기 어렵다는 것을 알 수 있다(김연, 2014).

경계성 성격 장애의 주요한 특징은 대인 관계, 자아상 및 정동의 불안전성과 현저한 충동성이 성인기 초기에 시작되며 광범위한 형태로 여러 상황에서 나타난다는 것이다. 진단을 뒷받침하는 부수적 특징으로 경계성 성격 장애 환자들은 목표가 실현되려는 시점에 자신을 망가뜨리는 행동을 한다(예, 졸업 직전에 중퇴하고 치료가 얼마나 잘 진행되는지에 대해서 의논한 후에 심하게 퇴행하고, 관계를 지속 시킬 수 있는 상황에서 갑자기 헤어짐). 몇몇 환자는 스트레스를 받으면 정신증과 유사한 증상(예, 환각, 신체 이미지 왜곡, 관계사고, 입면기 현상)을 보이기도 한다. 이들은 대인 관계보다는 이행기적 대상(예, 애완견이나 물건)에서 안정감을 얻는다. 자살로 비교적 젊은 나이에 사망하기도 하는데 우울 장애나 물질 사용 장애가 발생한 경우에 더욱 그렇다. 자해 행동이나 자살 시도 실패의 결과로 신체적 장애를 갖게 된다. 반복적인 직업 상실, 학업 중단, 헤어짐과 이혼이 흔하다. 신체적, 성적 학대, 방임, 적대적 갈등, 조실부모가 경계성 성격 장애 환자의 과거력에서 흔하게 나타난다. 우울장애와 양극성 장애, 물질 사용 장애, 섭식 장애(특히 신경성 폭식증), 외상 후 스트레스 장애, 주의력 결핍 과잉행동 장애가 흔하게 병발된다. 경계성 성격 장애는 다른 성격 장애들과 흔하게 병발한다(권준수 외 역, 2020: 724-725).

영유아기의 박탈 경험은 유기 불안을 자극한다. 대상으로부터 격리 개별화 되어 독립된 개체로써 성장하지 못하고 자율성을 포기하는 이유가 되는 박탈감과 이에 대한 저항이 버림을 받을지도 모른다는 무의식적 불안과 연계된다. 따라서 가깝고 친숙한 사람이면 누구에게나 칭얼거리고 매달리고 귀찮게 의존하는 것으로써 정신적인 불안을 감소하고 안정을 취하려 하는 경계선 성격을 가진 인간이 되는 것이다. 경계선 성격을 가진 사람의 부부 관계나 부모 자녀 관계에서 표출되는 의존적인 태도는 참고 견딜 수 있는 경지를 벗어난다. 경계선 성격을 가진 사람이 원하는 인간 관계는 그것이 비단 무의식적인 것이라고 할지라도 대부분의 관계가 상호 혐오적이며 파괴적인 성향을 갖는다. 그들의 피곤한 인간 관계는 결과적으로 알코올 중독, 습관성 도박, 빈번한 부부 싸움, 도벽, 배우자나 자녀의 가출 유도 등과 같은 무책임한 행동, 즉 자기와 주변의 가까운 사람을 괴롭히는 행동으로 일관한다(임종렬, 김순천, 2001: 17).

경계선 성격 소유자가 자녀를 양육하면 경계선 성격 소유자를 만들어내게 되며, 정신적, 심리적으로 건강한 사람이 자녀를 양육하면 사회에서 바라는 바람직한 인성을 갖춘 사람으로 성장하게 된다. 사람의 성격은 후천적 학습요인에 의하여 형성되므로 본인이 자신의 성격에 문제가 있다고 판단하여 개선하려는 의지만 있다면 원하는 데로 성격은 고칠 수가 있는 것이다. 그러나 스스로는 바꾸기가 어렵다. 이는 항상성 원리에 의하여 변화하고 싶지 않은 성향으로 알면서도 행하고 모르면서도 행하기 때문이다. 즉, 같은 행동 패턴이 반복적으로 나타나는 것은 그 행동에 길이 들어서이며 편하기 때문이다. 따라서 전문가의 조력을 통하여 관계 속의 어려움을 야기시키는 요인들을 치유하여 자신이 원하는 삶을 살아가야 한다.

3) 부모의 틀

부모는 자녀가 바르게 성장하여 사회의 구성원으로서 부모보다 더 나은 삶을 이어가기를 바란다. 건강한 부모는 자녀의 관점에서 자녀에게 필요한 애착형성과 인정욕구를 충족시켜주며, 상황에 맞는 훈육을 통하여 적절한 통제를 하게 된다. 이와 더불어 자녀 앞에서는 부모의 다정한 모습을 보이며, 갈등 모습을 보이지 않고 상대 배우자의 부정적 이야기를 하지 않는다. 이러한 환경에서 성장한 자녀는 자아존중감이 높으며, 올바른 인성 형성과 타인을 배려하는 이타심, 긍정적 사고를 갖게 된다. 또한 가정이 화목하고 정서 통장이 쌓이어 갈등이 생기더라도 상대적으로 회복 속도가 빠르다.

건강치 못한 부모는 자신이 습득한 방법으로 자신의 관점에서 자녀에게 필요한 애착형성과 인정욕구를 충족시켜주며, 훈육과 통제를 하게 되고, 관심보다는 간섭을 하게 된다. 자기중심성이 강하다 보니 자녀가 부모의 틀에 벗어난 행동을 하게 되면 회유와 협박, 체벌 등을 통해 틀 안으로 들어오게 한다. 자녀 앞에서 부모의 갈등 모습을 수시로 보이며, 상대 배우자의 부정적 이야기를 수시로 하게 된다. 이런 상황에 처한 자녀는 자아존중감이 낮고, 피해의식이 있으며, 또래 관계에 부정적 영향을 미치게 된다. 이러한 가족 구성원은 갈등이 생기게 되면 쉽게 봉합되지 않고 서로의 마음에 상처를 주게 되며, 미해결 과제로 남기도 한다.

따라서 자녀가 바르게 성장하기를 원한다면 상황에 맞는 인정욕구와 애착형성 그리고 지지와 격려, 칭찬, 관심을 지속해 보여 주어야 한다. 자녀의 바른 성장을 원치 않는다면 자녀 앞에서 부부 갈등 모습 보여주고, 배우자의 부정적 이야기를 지속한다. 칭찬보다는 비난을, 관심보다는 간섭을, 자율보다는 통제 등 이러한 상황에 지속해 노출된 자녀는 올바른 인성 형성이 결여된다. 또한 부모에 대한 이미지가 화석화되고 부정적 사고와 함께 삶의 질이 낮게 될 것이다.

우리는 인생의 여정에서 누구와 함께 하는가에 따라 이상과 희망을 펼치며, 꽃길을 걸을 수도 있고, 칠흑 같은 어두움 속에서 절망과 고통을 겪으며, 좌절하고 힘든 삶을 이어갈 수도 있다. 특히 생후부터 60개월 이전의 양육자와의 만남은 자녀의 삶이 어떠한 길을 걷게 될 것인지 이정표 역할을 하게 되며, 자녀의 성격 형성에 지대한 영향을 미치게 된다.

[사례 3]

정체성 혼란을 겪은 딸과 아버지 사례

◆ 아버지 이험담(가명), 큰딸 이속상(가명)

　본 사례에서는 가족 상담의 사례를 통하여 부부 갈등의 심각성이 자녀에게 미치는 영향을 제시하고 임상적 과정에서 중재한 내용을 예증하고자 하였다. 특히 인용된 내용에서 살펴보고자 했던 것은 부※의 말에 의해 상처받은 자녀의 고통과 이를 중재한 내용이다.

　본 사례는 가족 상담을 하기 위해 2022년 7월에 방문한 내담자 사례이며 상담 내용 중 일부를 발췌한 것이다. 이 사례에서 아버지는 의처증, 알코올 의존증, 큰딸에 대한 유전자 검사 이야기로 가족 구성원들이 힘들어하고 있다. 어머니는 부부 갈등 후 수시로 집을 나가게 되며 친척 집에 머물게 된다. 또한 남편에 대한 불만을 큰딸에게 이야기하게 되며, 최근 들어서는 가출 후 큰딸 집에 머물고 있다. 큰딸은 결혼 2년차이며, 어린 시절부터 아버지가 술을 마시면 어머니에게 큰딸의 유전자 검사를 해보겠다는 이야기를 여러 번 들었으며, 이로 인하여 자아정체성 혼란과 청소년 시기에 가출하여 쉼터에서 지내는 등 어려운 시기를 보내게 되었다.

　사례에서 중요시되는 비밀보장을 위해 가명을 사용했으며, 실제 거
주 지역 대신 필자의 임의로 거주지를 기재하였으며, 내담자의 신원이
노출되지 않도록 주의를 기하였다. 그러나 제시된 문제는 정확성을 기
하려 했다.

◯ 가계도

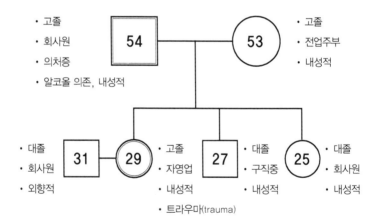

◯ 내담자의 주 호소 문제

◆ 아버지

알코올 의존증과 의처증이 있다. 부부 갈등 후 아내의 가출로 인하여 힘들어하고 있다. 아내가 다시 돌아오게 되면 술을 끊고 아내가 원하는 대로 교회에 나가겠다. 가족 구성원들과 행복한 삶을 살고 싶다.

◆ 큰딸

어린 시절부터 아버지의 의처증으로 인하여 부부 갈등 후 어머니는 자주 가출을 하였다. 아버지는 어머니에게 유전자 검사를 해야겠다고 자주 이야기하였다. 정체성 혼란과 심리적, 정서적, 정신적 고통을 받았으며 이로 인하여 청소년 시기에 가출하여 힘들게 지냈다. 아버지가 앞으로 유전자 이야기를 하지 않았으면 좋겠다.

본 사례에서는 아버지와 큰딸의 중재 내용을 중심으로 서술하였기에 편의상 아버지는 아버지, 큰딸은 자녀로 기재하였다.

〈전략〉

자녀: 중학교에 들어가면서 사춘기가 오니까 학교에 앉아 있으면 내
가 왜 학교에서 이렇게 시간을 보내지, 공부를 하기는 해야 되
는데 그래서 그 과정에서 학교를 어떻게 보면 부적응이죠. 학
교를 왜 다녀야 하는지 모르고 학교생활도 즐겁지 않고 집에서
는 맨날 동생들 뒤치다꺼리해야 되고 엄마, 아빠는 맨 날 싸우
고 돈 이야기 하고… 저는 그랬어요. 그러다가 15살 무렵에 집
을 나오게 됐죠. 그때부터 방황이 있게 되었어요. 그 전에 계기
가 있었거든요. 그렇게 방황을 하기 전에 엄마, 아빠한테 먼저
이야기를 꺼냈었거든요. 검정고시 봐서 대학을 일찍 가고 싶다
고 그 얘기를 꺼냈을 만큼은 정말 엄청난 고민과 생각을 그거
를 한 1년 정도 한 거 같아요. 하다가 그거를 이야기했을 때 00
구로 학교를 옮겼다는 게 그 사건 그때였던 거 같아요. 근데 안
된다고 했어요. 그러니까 저는 지금은 결혼은 했지만 지금 생
각해보면 지혜로운 부모였으면 우리 힘든 부분을 같이 얘기해
보자, 네가 뭐가 그렇게 힘드니 얘기를 나눴으면 좋았을 거 같
은데… 생각이, 옛날 사람들은 고지식하지 않나… 아빠가 목에
칼이 들어와도 안 된다. 단칼에 잘랐던 거죠. 그래서 인위적으
로 전학을 시킨 거예요. 저는 학교를 가기 싫은데 제 이야기는
다 무시하고 안 된다는 이유만으로 다 그렇게 된 거예요. 그래
서 아까 아빠가 1교시만 하고 나와라 어쩌고저쩌고 이러시는데

그래서 다 이쪽에서 만든 거예요. 그 가운데서 계속 방황을 했죠. 방황하다가 그런 기관에서도 살고 거기서 공부를 마무리해야 되겠다는 생각을 가지고 대학도 가려고 그랬는데 이런 기술을 일찍 배우게 돼서 이제 이쪽으로 가야겠다고 생각해서 대학에 진학은 접어두고 그래서 지금 다시 공부를 하고 있어요. 이쪽 관련해서 외국에서 공부하려고 하고 있어요. 저는 옛날 거 사실 올라오기는 하지만 저는 사실은 결혼하고 나서 제 삶이 남편이랑도 많은 변화가 있었고 굉장히 뭔가 변화가 많아서 사실 엄마 아빠가 술 문제 둘이 막 싸우고 이런 거 아니면 어린 시절에 아픔들 그렇게 드러내서 막 치유하면 좋지만 저는 제 안에서 치유를 했거든요. 어린 시절보다 지금 힘든 거는 이런 거죠. 계속 술 먹고 엄마는 엄마대로 저한테 너네 아빠가 어쩌고저쩌고, 아빠는 술 마시면 했던 이야기 그 레퍼토리 있죠. 저는 애기 때부터 그 레퍼토리를 듣고 살았어요. 사실은 이런 과정에서 며칠 전에도 그 레퍼토리를 이야기했어요. 그리고 항상 같은 레퍼토리… 그래서 이제 엄마가 저한테 힘들다고 하고 저도 그게 힘들었고, 저는 이제 아빠의 술 알코올 문제 빼면 아빠가 그렇게 나쁜 아빠구나, 그렇게 생각하지 않았어요. 항상 어린 시절에도 술 마시니까 이런 문제들이 일어났거든요. 술 안 마시고 이런 상태에서 변화되었으면 좋겠어요. 저는 여기서 아빠한테 물어보고 싶은 게 저는 유전자 검사가 결국에는 원래 뜻으로 하면 엄마가 다른 남자랑 그렇게 돼서 제가 태어났다고 아빠

는 그렇게 생각을 해요. 했기 때문에 유전자 검사를 하자고 그
때 어렸을 때도 얘기했고, 결혼하기 2년 전에도 그 문제 때문
에 되게 크게 그랬었거든요. 그래서 제가 결혼을 하기 전에 자
살까지는 생각하지 않았지만 그때 결혼하기 전에 저도 사업을
했고 많이 힘들었거든요. 그런데 아빠가 또 유전자 검사 그 문
제 가지고 엄마랑 또 다투는 거예요. 그러면 불똥은 결국 저한
테 튀는 거잖아요. 한이 많이 돼요. 그게 저는 너무 힘들었는
데 그거에 대해서 아빠가 명확하게 지금까지 답을 해 주지도 않
고, 나는 이 자리에서 아빠한테 물어보고 싶어, 그렇게 어린 시
절에도 집을 나와서 살 만큼 그런 문제를 가지고 아빠가 나한테
그렇게 했는지.

아버지: 아빠가 이런 이야기 해도 되는지 모르겠는데.

상담사: 예, 편안하게 이야기하세요.

아버지: 그러면 아빠가 이야기를 할게.

자녀: 응

아버지: 엄마를 어디서 만난고 하니 대구 친척 거시기 거기서 만났어,
엄마를 만났는데 대구에서 우리 누구여, 친척 아는 애들 있잖
아, 그쪽에서 만났거든 그렇게 만나다 보니까 몰라 내, 얘가 큰
딸이잖아요. 큰딸을 보고는 솔직히 의심을 많이 가졌어요. 내
새끼가 긴가 아닌가. 마누라가 좋았고 좋았어요. 그런데 시간
이 흐르다보니까 이제 한잔 마시니까 거시기가 좀 있잖아요.
그리고 이렇게 생각을 하다 보니까 내 새끼가 아닌 것 같은데

이런 생각이 솔직히 들어갔었어요. 그러다 보니까 그때부터 지금까지 이제 사업이 망가지니까 더 많아지는 거고 그래서 그 이야기를 한번 한 거고요. 상황은 이제 그렇게 된 겁니다. 그런데 지금 살면서 이렇게 보고 느끼는 것은 모르겠어요. 제가 우리 딸한테 미안합니다. 미안하다는 이야기를 부모 입장에서는 못 하잖아요. 못하겠더라고 어떻든 할 얘기가 아니고, 그래서 못 했던 건데 이제 엄마하고 문제 때문에 그런 건데 혹시나 긴가 아닌가.

자녀: 아빠, 그래도.

아버지: 알아도… 알잖아 그러면 더 마음이 아플 거고 그래서 말을 못했던 거예요.

자녀: 근데 아빠, 엄마는 그걸 계속 의심을 가지고 어렸을 때부터 그렇게 아빠가 술만 마시면 새끼가 아니니 기니 네가 뭐.

아버지: 아니 그게 상황이 그때는.

자녀: 그때는 그랬을지.

상담사: 지금 큰딸 이야기를 들어보면 아빠가 수시로 유전자에 대한 이야기를 했고.

아버지: 수시로는 아니고.

자녀: 수시로까지는 아니고.

상담사: 딸 마음에 크게 상처 받을 정도로.

아버지: 근데 딸.

상담사: 제가 이야기를 조금 더 하고요.

아버지: 예.

상담사: 그런 상황이에요. 지금도 그것이 계속 마음에 맺혀있어요. 그렇기 때문에 여기서는 어찌 됐든지 풀어야 될 거 같아요. 자, 아버님이 보실 때 지금 유전자 검사는 하셨나요.

아버지: 안 했어요.

자녀: 2년 전에 결혼하기 전에 하려고 했었어요. 근데.

상담사: 아, 하려고 했었다.

자녀: 근데 한다고 했었어요. 엄마가 하자고 했었고 근데 아빠 입장에서는 아니어도 그렇고, 기여도 그런 상황이잖아요. 그러니까 안 한다고 한 거예요.

아버지: 맞아요.

상담사: 그러면 딸 입장에서는 어떻게 하면 좋을 거 같죠.

자녀: 저는 근대 굳이 해도 그만, 안 해도 그만인데 그런 거 가지고 술을 마시고 그러면 계속 엄마를 의심해요. 그냥 이런 부분이 아니고 엄마가 어디를 가도 계속 의심을 하니까, 집 나간 거도 술을 마시면 이모네 집이면 이모 바꿔 취한 목소리로.

아버지: 아, 의심해서.

자녀: 아니 아빠 삶이 지금까지 의심이었어, 모른 척을 해.

상담사: 그럼 여기서 한 가지 짚고 넘어가야 하는데, 아마 여기서 풀지 않으면 앞으로도 두고두고 이야기할 거예요. 한번 생각하기 시작하면 계속 이야기할 거예요.

자녀: 아빠가 그것을 해소시켜 주었으면 좋았을 거예요. 2년 전에.

상담사: 그래서 오늘 여기에 오지 않았으면 상담을 받지 않았을 거고 2년 전에 해소시켜주었으면 좋았을 것인데 그것은 2년 전 이야기고 큰딸 입장에서는 2년 전 이야기가 엊그제 겪은 것처럼 생생하게 떠오르게 될 것이고 역동이 올라올 거예요. 여기서 아버지가 생각을 해야 될 부분이 딸이 이렇게 가슴에 응어리가 질 정도로… 내 아버지한테 나의 존재를 의심받는구나 하는 것은 자존감이 떨어지는 거예요. 아이를 망치는 일이에요.

자녀: 근데 아빠는 그런 얘기를 제가 그렇게 얘기해줘서 감사한데 그렇게 아빠가 단 한 번이라도 이야기했었으면 아마 그게 해소되었을 텐데, 단 한 번도 인정해 준 적이 없었던 거 같아요. 지금 생각해보니 그렇게.

아버지: 근데 아까도 그렇지만 상담에서 말씀하시는데 이런 거 있잖아, 알아도, 알아도.

자녀: 근데 아빠도 내가 봐 봐.

아버지: 아빠도 나름대로 무언가 남아 있었던 거고, 얘기를 하고 싶은데 맨정신으로는 못하고.

자녀: 그래 그게 문제야.

아버지: 이런 이야기도 밖에서 못하듯이 아무에게도 못한단 말이에요. 그러다 보니까 한 잔 먹으면 하는 게 엄마한테 하는 거예요. 그래서 나온 건데, 그게 참 이야기….

상담사: 이 시간 이후로 유전자 이야기를 다시 하게 되면 딸의 가슴에 대못이 박힌 게 점차 벌어질 수밖에 없어요. 큰 못들이 박힐 수

밖에 없어요. 아프다 못해 이제 찢어질 정도예요. 어쩌면 그 이상의 고통을 받고 있었어요. 유전자 검사를 할 거 같으면 해버리고 안 할 거 같으면 이 시간 이후로 다 묻어 버리세요.

자녀: 엄마한테도 다시는 언급하지 않는다고 해요.

상담사: 이 이야기 자체를.

아버지: 예, 예.

상담사: 유전자라는 그 이야기 자체를… 유전자라는 것은 많은 의미가 포함되어 있어요. 단순 유전자 검사가 아니에요.

자녀: 아빠가 그렇게 말했던 게.

상담사: 모든 것을 부정한다는 거예요. 유전자 검사라는 자체가 내가 이루어 놓은 것들을 내가 함께 살던 딸을, 내가 사랑하는 아내에게 관계를 끊자는 거예요. 결국은.

아버지: (말을 가로채며) 근데 마음의 뜻은.

상담사: 딸이 초등학교 때부터 몇 번 들었다고 하면 굉장히 마음의 상처가 컸을 거예요. 이 시간 이후로는 다시는 유전자에 관련된 것은 일체 이야기 안 하겠다. 혼자 속으로 상상한다는 것 자체도 놔 버려야 돼요. 언제 적 이야기인데요. 그때 일이 지금처럼 생생히 살아 움직인다면 주변 사람들이 견디기 힘이 들어요. 함께 대화를 나눌 수가 없어요. 애초부터 부정하고 들어가니까… 그것은 이제 아내와의 문제이고 지금 더 큰 문제는 딸이 가슴속에 큰 상처가 자리 잡고 있어요. 상처받은 어린아이가 자라면서 군데군데 상처나 나서 마음을 아파하고 있어요. 이제는

딸에게 미안하다고 그 이야기는 다시는 안 꺼내겠다고, 내 생각을 완전히 지워버리겠다고 이야기해 주세요.

아버지: 속상(가명)아 미안하다(울음을 터트린다).

자녀: 아빠는 하고 싶은 이야기는 없는 거야, 근데 아빠가 지금까지 그랬잖아.

아버지: 아니, 지금까지(울면서).

자녀: 안 할 거야.

아버지: 어, 안 할 거야.

자녀: 엄마한테도 안 할 거야.

아버지: 응, 안 할 거야(흐느낀다), 술도 안 먹을 거고….

자녀: 내가 그냥 생각할 때 다른 가족들도 그러지만 이렇게 안 하잖아, 아빠는 평생 그 안에 잡혀서 차라리 혹시라도 아니어도 아빠를 안 보고 살지는 않을 거잖아.

아버지: (흐느끼며) 그래서 안 하는 거여, 이제는 안 하려고 그러는 거여, 내가 술을 안 먹으면… 이제는 다시는 안 꺼내요. 진짜로 안 꺼낼 건데, 이번 이후로 진짜 안 할게, 안 한다. 그리고 하고 싶은 생각도 없고.

자녀: 엄마 의심 안 했으면 좋겠어, 그러면 엄마가 나한테 또 오잖아, 아빠가 그랬다 어쩐다 이러니까 엄마한테 하면 직접적으로 나한테 다이렉트로 안 해도 또 이렇게 된단 말이야 그러니까 나는 아빠가 여기 상담까지 왔는데 안 한다고 하면 그거는 묻어 두는 건데 아빠가 힘들 거 같다니까.

아버지: (흐느끼며) 아냐 아빠 안 힘들어, 하나도 안 힘들어.

자녀: 힘드니까 술 먹고 엄마한테 그러는 거 아니야.

아버지: 아빠가 이제 술 안 먹는다고 하잖아, 술 입에 안 댈 거예요. 딸하고 교회 다니면서 엄마하고 그렇게 재미있게 살 거예요. 그리고 아빠가 맨정신으로 그런 적 한 번도 없잖냐, 이제는 안 할게, 엄마한테도 안 하고.

자녀: 제발 했던 이야기 또 하고, 또 하고 안 했으면 좋겠어.

아버지: (울면서) 무슨 이야기인 줄 알겠어…

상담사: 자, 우선 딸이 아빠가 이렇게 이야기하는데 지금 당장 받아들이기는 힘들 거예요. 그동안 어렸을 때부터 가슴속에 맺힌 부분이 많아서 그럴 거예요. 부모의 갈등 속에서 딸이 이렇게 성장하였다는 것은 고마워해야 할 거예요.

아버지: 그럼요.

상담사: 딸이 상담을 하겠다고 같이 왔다는 것은 큰 의미가 있는 부분이에요. 그만큼 가족을 사랑하기 때문에 그렇다는 거예요. 그래도 지금 당장은 아빠가 잘못했다고 이야기하고 다시는 안 하겠다고 이야기했는데, 지금은 그냥 그대로만 안 그러겠다고 하니까 거기까지만 받아들이면 될 거 같아요. 그리고 다음 상담에서 또 내 속에 있는 이야기를 "나 이래서 가슴이 아파"하고 털어놓으세요. 그때 가서 또 이야기를 하면 되고… 그래도 여기온 보람이 있는 것은 딸의 입장에서는 가슴 속에 맺혀있던 부분이 터지기 시작하는 거예요. 가슴속에 간직하고 있던 부분들

이… 그런데 딸하고 아버지하고 많이 닮았어요.

자녀: 예, 많이 닮았다고들 해요. 그래도 참 몰라요. 본인만 모르는 거예요. 본인만 몰라요.

아버지: 그게 아니라.

〈하략〉

• • •

아버지의 무책임한 말과 행동, 어머니의 미숙한 대처로 자녀의 마음에 상처를 주고 정체성 혼란을 가져오게 된 역기능적 가족 사례이다. 인간은 생후부터 현재까지 경험한 모든 일들은 무의식에 가라앉아 있다가 연상상황(연상기억)에 의하여 의식 위로 올라오게 된다. 부모의 표상은 긍정적이든 부정적이든 자녀에게 영원히 자리 잡게 되며, 삶의 과정에 직, 간접적으로 영향을 미칠 수밖에 없다. 따라서 아버지의 무책임한 말과 행동으로 인하여 상처받은 큰딸의 마음의 상처를 헤아리고 중재하였다. 아버지의 사과로 인하여 큰딸은 마음의 상처에 위로받았으며 어두운 그림자에서 벗어나 자기답게 살아가기를 바란다.

2장

부모효능감과
자기효능감

1. 부모효능감

1) 부모효능감의 정의

부모효능감이란 자녀를 바람직하게 양육하기 위해 필요한 부모 역할 수행 능력에 대한 부모 자신의 신념을 의미하는 것으로, 부모 역할에 대한 적응을 돕고 자녀 양육과 관련된 문제나 어려움을 잘 관리해 나가고자 하는 동기를 제공하는 것이라 할 수 있다(안성원, 2014). 부모효능감은 자녀 및 부모의 발달 단계에 따라 부모가 적절하게 자녀의 양육, 교육 및 훈육을 담당할 때, 바람직한 부모-자녀 관계를 형성하고 또 건전하게 유지하면서 부모 역할을 성공적으로 수행할 수 있다는 확신이라 정의할 수 있다(신용주, 김혜수, 2003).

Dorsey & Klein(1999)에 의하면 부모효능감이란 유아의 바람직한 발달과 관련된 행동을 수행하는 능력에 대한 부모 자신의 믿음이라고 정의하였다. 이들의 연구를 통해 부모효능감이 높은 부모는 유아의 발달에 긍정적인 영향을 미치는 양육 행동을 많이 보여주며, 동시에 유아의 사회적, 심리적 적응에 긍정적인 영향을 미친다고 보고하였다.

이러한 측면에서 부모효능감은 유아의 심리적 안녕에 결정적인 영향을 미치는 요소라고 하였다. 즉, 부모효능감이란 유아를 양육하는 데 있어서 부모로서 자녀를 양육하는 능력에 대한 지각이라고 할 수 있다(김선영, 2009).

부모효능감은 특정 영역의 세부적 자기효능감 중 하나로 일반적인 자기효능감보다 더 행동을 잘 예측한다고 할 수 있다. 부모로서 자녀를 잘 양육하고 훈육하며 자녀의 발달적 결과에 대해 부모 자신이 어느 정도로 영향을 줄 수 있는가에 대한 자신감 또는 기대를 말한다. 학자들에 따라 다소 다르게 정의되고 있으나, 공통적인 점을 중심으로 부모효능감을 정의해 보면 부모가 자녀를 양육하면서 부모로서의 자신의 능력에 대한 믿음과 성공적인 부모 역할에 대한 지속적 관심이라 할 수 있다(이지훈, 2012).

이와 같이 부모효능감에 대한 정의는 학자들마다 차이는 있으나 공통적인 것은 자녀의 바른 양육에 대한 마음이다. 따라서 부모효능감이란 자녀의 바른 양육을 위한 부모의 역할에 대한 신념으로서, 자녀의 발달 단계에 알맞은 육아 및 훈육을 위한 바람직한 부모와 자녀 관계의 형성과 부모 역할에 대한 믿음이다.

2) 부모효능감의 이해

부모효능감은 자녀를 양육함에 있어 부모 스스로가 목적 달성과 문제해결을 할 수 있다고 평가하는 자기 능력에 대한 지각(perception)이라 할 수 있다. 그러므로 자기효능감의 경우와 마찬가지로 부모효능감이 높은 부모는 자녀를 양육함에 있어 어떠한 어려운 역경에 놓이더라도 인내심을 가지고 끊임없이 노력하며, 자발적으로 어려움을 극복할 수 있다는 신념을 지니고 진취적으로 문제 상황에 임하는 특성을 보인다. 부모로서의 자기효능감을 가진 성인은 자녀를 양육함에 있어서 자신이 아동의 발달에 중요한 역할을 담당한다는 사실과 자신의 자녀 양육 방식이나 역량에 대해 확신을 지니고 행동한다(신용주, 김혜수, 2003).

Bandura(1982)에 의하면 자기효능감은 삶에 영향을 미치는 사건에 대해 자신이 원하는 수준만큼의 성과를 낼 수 있는 능력이 있다고 믿는 개인의 신념으로, 지각된 자기효능감은 자신의 행위능력(agentive capabilities), 즉 자신이 일정 수준의 성취를 할 수 있다는 것에 대한 신념이다. 따라서 자기효능감은 자신의 능력 수준에 대한 긍정인 동시에 그 신념의 강도를 의미한다. 이러한 자기효능감 개념을 부모 역할에 적용한 것이 바로 부모효능감이다(최빛내, 정현숙, 2021).

부모효능감의 결정요인은 부모효능감, 부모불안감, 부모 능력이다. 부모효능감이란 부모 역할을 잘 할 수 있다고 느끼는 유능감 또는 부모-자녀 관계에서 직면하는 부모로서의 문제해결 기술과 능력에 대한 기대를 의미한다. 부모불안감이란 부모로서의 불안감과 좌절감이란 자녀를 키우면서 자신이 수행한 부모 역할에 대해 안정감을 느끼지 못할 때 느끼는 감정과 부모 역할을 잘 하려고 노력하였으나 실패했을 때 느끼는 감정을 의미한다. 부모 능력이란 부모로서 자녀를 양육하는 데 필요한 부모의 능력을 말한다. 부모 자신이 자녀의 학습지도, 생활지도 등 자녀의 목표를 설정하고 이끌어주는 능력을 의미한다(이지훈, 2012).

부모효능감(parental efficacy)은 Bandura(1977)의 자기효능감(self efficacy) 개념에서 나온 것으로, 자기효능감이란 자신이 바라는 결과를 얻어내기 위하여 요구되는 행동을 성공적으로 수행할 수 있다고 믿는 신념을 뜻한다. 인간의 행동은 외적 자극에 의해 수동적으로 일어나는 것이 아니라 어떤 결과를 생산해내기 위해 필요한 행동을 성공적으로 할 수 있으리라는 자기 능력에 대한 확신인 효능기대와 같은 인지적 과정을 매개로 일어난다는 점을 강조하면서 효능기대를 행동의 변화를 매개하는 중요한 기제로 가정하였다. 즉, 자기효능감이 강할수록 과제에 대해 끈기 있게 씨름하며 문제 상황을 극복하기 위해 적극적으로 대처하고, 자기효능감이 약할수록 문제 상황을 극복하기 위한 노력을 덜 하고 쉽게 포기할 수 있다(안성원, 2014).

부모효능감이 높은 부모는 자녀의 올바른 성장을 위한 긍정적 사고와 부모의 경험을 바탕으로 자녀 양육을 하게 된다. 자녀의 양육과 훈육을 하는 과정에서 어려운 상황에 처하더라도 극복하고자 노력한다.

또한 문제를 해결하는 과정에서 강압적인 방법보다는 긍정적인 상호
작용을 통하여 자녀의 정서적, 심리적 발달에 긍정적인 영향을 미치게
된다. 이와 함께 칭찬, 지지, 격려 등을 통하여 인정욕구를 충족하여
준다. 자녀에게 예상치 못한 어려움이 생기면 긍정적인 태도와 유연성
으로 문제해결을 위한 노력과 일관적인 행동을 하게 된다.

3) 부모효능감의 영향

부모효능감이란 부모 역할 수행의 차원에서 볼 때 자녀를 잘 양육하
고 훈육하여, 자녀와 문제가 생겨도 잘 해결할 수 있다는 부모로서 자
신의 능력에 대한 지각을 말하는 것이며, 자녀의 발달적 결과에 대해
부모 자신이 어느 정도로 영향을 줄 수 있는가에 대한 기대로 볼 수 있
다. 또한 부모효능감을 사회적 지원의 차원으로 볼 때, 부모의 행동에
직접적인 영향을 미치는 사회적 지원과 심리적 스트레스가 부모효능
감에 영향을 준다고 볼 수 있다. 오늘날 부모효능감이 더욱 강조되는
이유는 자녀 양육 태도의 잠재적 요인으로 부모효능감이 작용할 수 있
기 때문이며, 이는 엄격하고 권위적인 과거 부모의 모습에서 민주적이
고 자녀의 자율성을 존중해 주는 현대의 부모상으로의 전환을 의미한
다(박성환, 2013).

이순화, 천성문에 의하면 자녀와의 관계나 양육 과정에서 발생하는 다양한 어려움에 대해 부모 스스로 잘 해결해 나갈 수 있다는 긍정적인 기대감과 자신감을 가짐으로써 건강한 부모-자녀 관계를 형성하며 어려움을 더 잘 극복하게 만드는 것이다(정계숙, 견주연, 2014). 반면 그렇지 못한 경우 자녀의 문제나 당면한 상황을 더욱 심각하게 받아들임으로써 자녀를 비난하거나 실망스럽게 인지하여 문제해결이 더욱 어려워진다(Weinfield, Ogawa, & Egaland, 2002). 이는 낮은 부모효능감이 자녀 발달 및 관계 형성에 부정적 영향을 미칠 수 있음을 시사한다. 이처럼 부모효능감은 부모 역할 수행에 대한 만족도뿐 아니라 청소년 자녀의 발달 및 적응을 예측하는 중요한 요인이 된다(이순화, 천성문, 2020).

부모효능감이 높은 부모는 효능감이 낮은 부모에 비해 자녀를 바르게 키우고자 하는 욕구가 상대적으로 크다. 이들은 자녀와의 관계나 양육 관계에서 긍정적으로 바라보며, 자신의 삶의 경험에 의하여 그 틀 안에서 자녀를 양육하고자 한다. 부모는 자신을 되돌아보며, 자기의 삶보다 더 나은 삶을 살아가기를 원하기에, 때로는 삶의 방향을 제시하며, 일탈을 예방하고자 한다.

삶의 만족도가 높은 부모일수록 자녀를 대하는 태도가 유연해지고, 긍정적이며, 자녀와의 의사소통이 원만하다. 자녀의 육아 방식은 자신을 키워준 양육자에 의하여 전수되며, 이를 후천적 유전이라고 한다. 자녀를 양육하고 있는 양육자(어머니)의 양육자(외할머니)가 어떠한 성격과 성향이었는가에 따라 양육자의 성격, 성향에 미치는 영향이 크기 때문이다.

부모효능감이 높은 부모는 자녀와의 관계에서 발생하는 어려움에 대하여 긍정적으로 해결할 가능성이 높다. 이들은 자녀와의 애착형성이 잘되어 있으며, 발달 단계에 맞는 적절한 육아와 훈육을 통하여 바람직한 자녀를 양육하게 된다. 또한 자녀는 부모로부터 시기에 맞는 적절한 긍정적 에너지 공급을 받으며 성장한다. 이를 통하여 자녀는 그가 살아가는 미래의 사회에 대한 긍정적 사고를 가지게 되며, 자기답게 삶을 영위하고 바람직한 사회구성원이 될 것이다. 이와 더불어 자기효능감과 자아존중감이 높은 사람으로 성장하게 될 것이다.

2. 자기효능감

1) 자기효능감의 정의

Bandura가 처음 제시한 자기효능감은 다양한 맥락과 환경하에서 인간의 행동과 태도 및 동기부여 등을 설명할 수 있다고 주장한 이후 많은 주목을 받아왔다. Bandura는 인간 행동의 변화를 설명하고 예측하기 위하여 기존의 행동주의적 경향을 고수하면서도 인지적 관점에서 인간은 결과를 극대화하기 위한 환경정보를 탐색, 수집하고 처리하는 능동적 존재로 인식하고, 특정의 자신감(specific self confidence)을 자기효능감이라고 정의하였다(Bandura, 1977). 이러한 자기효능감은 개인의 행동 패턴과 과제수행은 물론이고 정서에도 영향을 미친다(차경수, 2021 재인용). 따라서 자기효능감이란 당면 과제 또는 처리해야 할 사안들에 대해 상황에 맞게 대처 해나가는 자신의 능력에 대한 신념이다.

2) 자기효능감의 이해

Bandura(1982)는 자기효능의 역할을 점점 더 강조해왔는데, 자기효능이란 어떤 행동을 성공적으로 수행할 수 있다는 신념이다. 자기효능에 관한 지각은 개인이 추구하거나, 피하려고 선택하는 활동에 영향을 미쳐서, 그가 누구인지 그가 무엇이 될 것인지를 결정하게 된다. 자기효능은 또한, 사고 양식과 정서에도 영향을 미치는데, 자신감이 부족한 사람은 종종 자신의 결점들을 곰곰이 생각하고, 과제가 실제보다 어렵다고 판단하게 된다. 너무나 자주 그러한 사람들은 자신의 결점들에 주의를 집중하게 되며, 당면 과제에 충분한 주의를 기울이지 못한다. 이런 경우 집중이 제대로 되지 않으므로 실패의 가능성이 커지는 것이다(권육상, 2006: 204).

자기효능감은 일반적으로 아동기에 증가한다. 특정 관계에서 성공 또는 실패한 경험에 비추어, 아동은 이제 특정 영역에서 자신이 얼마나 잘할 수 있는지를 예견할 수 있다. 예를 들면, 롤러블레이드를 처음 타보고 제법 잘 해낸 아동은 앞으로 연습하면 더욱더 잘할 수 있다고 믿는다(정옥분, 2009: 376).

자기효능감이 높은 사람은 실패를 겪은 후에도 효능감을 빠르게 회복하고, 반면에 효율성이 낮고 기대치가 부정적인 사람일수록 실패를 능력 부족으로 판단하는 경향이 있어서 과제수행에 있어서 절망감과 두려움으로 인하여 끝까지 수행하지 못하고 그만두거나 아니면 회피하려는 경향이 있다는 것이다. 따라서 자기효능감에 따라 개인의 과제 수행 결과가 도출되는 것이지, 개인이 가진 고유한 능력만으로 결과가 결정되는 것은 아니라는 것을 알 수 있다(우지선, 2021).

자기효능감은 어떠한 행동에 대하여 원하는 결과를 끌어내고자 하는 자기 능력에 대한 신념으로서 어떠한 행동을 추구하거나 피하려는 선택에도 영향을 미치게 된다. 높은 자기효능감은 수행하는 일에 대한 과정이나 결과에 대해 긍정적 사고를 가지게 된다. 그러나 낮은 자기효능감은 당면 과제에 대한 부담감과 회피하고자 하는 마음이 크다. 또한 자신의 능력을 낮게 평가하며, 원하는 결과를 끌어내지 못하고 실패할 것이라는 부정적 사고와 함께 학습된 무력감을 가지게 된다.

3) 자기효능감의 영향

자기효능감은 학습자가 위협적이고 도전적인 과제에 부딪혔을 때 스트레스를 받고 우울해하는가와 같은 정서적 측면에도 영향을 미친다. 정서적 반응은 사고의 본질과 과정을 변화시킴으로써 학습자의 행동이나 불안 수준에 영향을 미칠 수 있다. 결국 자기효능감은 인지적, 정서적, 행동적 측면을 모두 포함하는 복합적인 개념이다. 그래서 높은 자기효능감은 자신에게 유리한 환경을 만들고 환경에 대처할 수 있

게 하며, 효능감에 대한 판단을 통해 과제 선택 및 해결 과정에서 학습
자의 인지적이고 동기적, 정서적 행동을 결정하는 데 긍정적인 영향을
미친다고 볼 수 있다(이유미, 2019).

　Bandura에 의하면 자기효능감은 수준(level)이나 강도(strength), 그
리고 일반화 정도(generality)에 따라 다양하다. 첫째, 자기효능감은 그
수준에 따라 다양하다. 어떠한 학습자는 단순한 과제를 수행하는 것만
확신하는 반면, 자기효능감의 수준이 높은 학습자는 원하는 결과를 산
출하기 위해 어려운 과제를 하더라도 도전적으로 선택하고, 이 과제를
성취하기 위한 일련의 행동들을 조직하고 수행할 수 있다는 확신을 지
닌다. 둘째, 자기효능감은 강도에 따라 달라진다. 낮은 자기효능감을
지닌 학습자는 과거 실패 경험의 영향으로 과제 수행 능력뿐만 아니라
자신감도 쉽게 감퇴하는 반면, 높은 자기효능감을 지닌 학습자는 어려
운 과제에 부딪히더라도 자신감과 인내심을 가지고 이를 수행한다. 셋
째, 자기효능감의 일반화 정도가 높은 학습자는 다양한 분야에 걸쳐
광범위하게 자기효능감을 지니지만, 일반화 정도가 낮은 학습자는 특
정한 과제나 한정된 활동에 대한 자기효능감을 지니고 있다.

　자기효능감은 학습자 개인의 행동에 강력한 동기의 원천으로 작용
하며, 개개인이 지니는 자기효능감의 수준, 강도, 그리고 일반화 정도
에 따라 개인이 원하는 목표를 달성하거나 과제를 수행하는 행동이 다
양하게 나타난다는 점에서 의의를 지니게 된다(신용주, 김혜수, 2003).

　Bandura(1993)에 의하면 자기효능감은 인지적, 동기적, 정서적, 과
제선택 과정의 네 가지 과정을 통해서 인간의 감정 및 동기, 행동을 결

정하는 데 중요한 영향력을 행사한다고 하였다. 자기효능감은 인지적 과정에서 새로운 행동을 습득하여 실천하는 데에 중요한 역할을 하고, 동기적 과정에서는 어려움을 극복하거나 실패 후에 대처하는 과정에 큰 영향을 미친다. 정서적 과정에서는 위협적인 상황이나 스트레스가 극한 상황에서 사고의 본질과 과정을 변화시켜 불안 수준에 영향을 미치게 된다. 과제 선택 과정에서는 유리한 환경을 조성하여 환경에 대처할 수 있게 하여 환경의 선택에 영향을 미치게 되는 것이다. 그러므로 자기효능감은 지금까지 제시한 다양한 동기 변인에서 가장 많은 관심을 받아오고 있고, 그 이유 중 하나는 자기효능감이라는 개념이 다양한 해석과 적용을 가능하게 하고 따라서 조작적 정의를 내릴 수 있기 때문으로 해석되기 때문이다(우지선, 2021).

자기효능감은 양육 과정에서 양육자의 성격, 성향, 가치관이 미치는 영향이 크다. 생후부터 60개월까지의 성장 과정에서 양육자로부터 어떠한 양육 과정을 경험하였는지에 따라 높은 자기효능감이나 낮은 자기효능감을 형성하게 된다. 이 시기에 양육자와의 관계에서 긍정적 경험을 많이 하고 애착형성과 인정욕구가 충족되었다면 아이는 높은 자기효능감을 갖게 될 것이다. 그러나 양육자로부터 냉정하고 거칠게 취급당하고, 애착형성 결여와 인정욕구 미충족인 상태로 유아기를 보냈다면 이러한 아이는 낮은 자기효능감을 형성하게 될 것이다.

인간은 생후부터 현재까지 경험한 모든 일들은 무의식에 가라앉아 있다가 연상기억(연상상황)에 의하여 의식으로 올라오게 된다. 다시 말하면 한 번 경험한 일들은 회전판 원리와 같이 반드시 재활성화된다.

따라서 성장 과정에서 부정적 경험을 많이 하였다면, 앞으로의 삶에서는 긍정적 경험과 성취감을 통하여 자기효능감과 자아존중감을 높이고, 자신의 삶을 스스로 주도하고 이끌어가야 한다.

자아존중감은 자기 자신을 소중하게 생각하며 긍정적, 낙관적, 미래지향적인 사고를 갖게 한다. 자아존중감이 높은 사람은 당면 과제나 다가오는 일 또는 상황에 대해 긍정적으로 대처하며, 원하는 대로 이루어지지 않았더라도 좌절하지 않으며 어려운 상황에서 회복력이 빠르다. 타인과 비교하지 않고, 피해의식이 상대적으로 적으며, 삶의 만족도가 높다. 이러한 자아존중감의 형성은 어린 시절 성장 과정에서 양육자의 양육 방식으로부터 훈습을 거쳐 배양된다. 따라서 자아존중감이 높은 사람은 자연스럽게 자기효능감 역시 높아지게 될 것이다.

3장

아이의
감정 양식

감정 양식이란 감정과 양식의 합성어로써 감정은 어떤 현상이나 일에 대하여 일어나는 마음이나 느끼는 기분을 의미하며, 양식이란 일정한 모양이나 형식, 틀이 오랜 시간 거치면서 형성된 방식을 의미한다. 아이의 감정 양식은 양육자의 사랑과 애착, 미움과 학대, 따듯함과 냉정함 등의 다양한 양육 방식에 아이가 보고, 듣고, 느끼며 훈습 되어 형성되는 것이다. 아이는 양육자에 의해서 일방적으로 주어지는 행동을 받아들일 뿐 선택의 여지가 없다.

과거는 개인의 생활 속에서 매 순간마다 무의식에서 생생하게 지속되고 있다. 현실적 시간과 시간에 대한 무의식적 의미가 합쳐져서 현재의 시간이 지각된다. 그리고 모든 현재의 순간은 분리될 수 없는 과거, 현재, 미래의 결성체이다(박영숙, 이근후 공역, 1993: 15). 부모는 자녀의 성장과 발달에 가장 직접적이고 중요한 역할을 한다고 할 수 있다. 자녀는 부모와의 관계를 통해 최초의 대인 관계를 경험하기에 부모의 가치관, 태도, 행동은 자녀에게 밀접한 영향을 미친다. 주 양육자인 어머니의 영향력은 자녀의 연령이 어릴수록 더욱 중요하다(김지숙, 서미아, 2021).

인간은 관계 속에서 태어나고 성장하며, 다양한 경험을 한다. 아기의 최초의 경험은 시멘트를 막 발라놓은 것처럼 예민하다. 시멘트가 마르면 자국이 나지 않지만 처음 바를 때 누르면 영원히 자국이 남는다. 사람과의 관계 역시 마찬가지로 처음 만나는 사람과 원만한 의사소통으로 관계 형성이 잘되면 서로의 만남으로 인하여 성장하지만, 관계 형성의 어려움이 있다면 서로의 마음의 상처를 남겨 그 후유증은 상대에 따라 오래 남게 된다(임향빈, 2014: 247b).

1. 아이의 감정 양식 이해

Saul(1972)은 우리 세대의 위대한 발견은 핵에너지가 아니라 온갖 잔인성과 개인적 고통을 동반하는 감정 장애와 이와 관련된 사회문제가 부적절한 양육으로 인한 정서 발달 장애에 의해 야기된다는 발견이다. 그리고 투쟁과 도피(적개심과 도피주의)를 끊임없이 일으키는 것도 이러한 감정발달의 왜곡이다. 반대로 아동기 때 사랑과 이해, 존경으로 양육되었던 정서적으로 성숙한 성인은 선한 의지의 인간으로서 그리고 훌륭하고 강하고, 안정되고, 충족을 느끼는 배우자, 부모, 시민으로서 그의 건설적 힘을 발휘하고 균형 있는 생활을 즐기게 된다(이근후 외 역, 1992: 9).

부모는 대기권의 일기와 같이 감정적 혹은 정신적 기후를 마련한다. 부모의 태도에 따라 가정의 기후가 따뜻하기도 춥기도 하며, 부드럽기도 하고 거칠기도 하며, 협조적이기도 하다. 어떤 환경은 아이들의 성장을 촉구하고 어떤 환경은 아이들의 성장을 방해한다. 부모는 온화하면서도 엄한 태도로 아이들의 성장에 도움이 되는 진실한 애정을 보이고 그래서 아이들의 각본이 건설적으로 마련될 기회를 준다. 그런가 하면 아이들을 깎아내리고, 거칠게 다룸으로써 파괴적이고 비생산적인 각본을 만들도록 장려한다(임종렬, 2000: 149).

초기 아동기 경험이 인격 형성의 기초가 되며, 나아가서 인격장애의 핵심적 요소가 된다는 점은 심리학, 정신의학 분야에서 널리 인정되고 있는 바이다. 따라서 인격 장애로부터 비롯되는 정신장애를 다루는 정신 치료 영역에서 초기 아동기 경험은 인격과 인격장애의 이해뿐만 아니라 치료에 있어서 해답의 열쇠가 된다고 볼 수 있다(이근후 외 역, 1999: 11). 우리의 0~6세 양식은 우리의 운명이며, 어떤 사람에게는 고결한 정신의 기초가 되며, 다른 사람에게는 여러 가지 정신병리의 기초가 된다. 정신 신체적 문제, 신경증, 정신증, 도착증, 약물중독 그리고 개인적인 적개심으로 표현되거나 공공연한 범죄로 표현되거나 정치적인 것으로 합리화되거나 어떤 가치 있는 이유가 붙여지는 범죄로 표현되어 나타나게 된다(이근후 외 역, 1999: 40).

아이는 생후부터 5세 사이의 성격이 형성되는 효과가 강한 이 시기 동안에 그의 부모, 가족, 가까이에 있는 다른 사람과 상호작용하면서 어떤 방식으로든지 조건화된다. 이 시기에 아이에게 가장 중요했던 사람들에 대한 감정적 반응 양식을 형성시킨다. 이러한 양식은 일단 형성되면 눈에 보이지 않는다 하더라도, 개인의 나머지 생애 동안 그 핵심적 부분이 지속된다. 아이의 양식을 형성하는 세부적 과정이 무엇이든지 간에 그 과정은 비교적 단순하며, 조건화, 학습으로 표현될 수 있다. 따라서 중요한 것은 건강한 이미지의 형성이다. 아이는 양육자의 양육 방식에 의해서 어떤 방식으로든 적응하며, 무의식적으로 동일한 양식을 항상 유지한다. 만약 양육자가 항상 사랑을 주었다면, 아이는 욕구 충족에 학습되며, 이에 조건화되며, 그가 형성하는 양식은 이러한 경험이 기초가 된다.

2. 아이의 감정 양식 영향

1) 아이의 감정 양식 영향

모든 사람은 자기의 세상을 가지고 태어나 자기의 세상 안에서 자기의 인생을 산다. 어머니가 마련해 준 생활무대, 그 무대에서 익혀가는 생활방식, 그곳에서 만나는 사람들과의 인간 관계를 통해 자기의 세상을 만들고 그렇게 만들어진 세상 안에서 살아가야 하는 존재가 어머니가 낳아 기르고 있는 아이라는 존재이다(임종렬, 2002: 21). 자녀가 태어나서 가장 먼저 만나게 되는 대상은 어머니이며, 이때부터 형성하게 되는 어머니와의 애착은 이후 형성하게 되는 인격의 기초를 이루게 된다. 특히 어머니의 사회화 과정, 양육 방식 그리고 수유나 배변 훈련 등의 신체적 보살핌이 어떻게 이루어지는지와 같은 생애 초기 경험은 자녀의 성격 형성에 결정적인 영향을 미친다(신용주, 김혜수, 2021: 139).

건강한 몸을 유지하기 위해 유익한 음식이 필요하듯, 건강한 정신을 위해서는 따뜻한 사랑이 필요하다. 양육자의 사랑이 부족하거나 인정욕구가 충족되지 않을 때 자녀는 부족한 양육자의 사랑을 받기 위해 노력한다. 그러나 양육자로부터 인정욕구의 충족이 불가능할 때 화와 분노가 올라오며, 거친 행동으로 표출하기도 한다.

인간은 부정적인 기능을 강조하는 양육자로 인하여 인간다운 계획을 수립하지 못하고, 보다 바람직한 행동을 실천하지 못하게 된다. 또한 긍정적인 심리적 성장에 저해 요인이 되며, 역기능적 심리 현상을 유발하게 된다. 이러한 일들은 인색한 양육자로 인하여 고통을 겪는 심리적 갈등이라고 할 수 있다(임향빈, 2021: 157).

육아 방식의 잘못이 아동의 인간 관계나 타인에 대한 감정을 엉망으로 만들고 혼란되게 하며, 지속적인 잘못은 오랫동안 유지되고 때로는 영원한 후유증을 남긴다는 점이 분명하다. 유전적 소인이 어떠하든 간에, 정서적으로 심하게 잘못 다루어졌다면, 모든 아이들은 정서적으로 심각한 장애, 정신병리까지도 겪게 된다(이근후 외 역, 1992: 71).

대다수의 남자와 여자는 문제가 되는 아동기 양식을 가지고 있으며, 이들이 함께 만났을 때 결혼 생활이나 부모 역할 수행에서 문제가 발생한다는 사실은 놀랄 바가 아니다. 결혼의 병리와 문제는 필연적으로 그들의 자녀에게 영향을 미치는데, 이러한 현상은 아동기 병리적 양식이 그의 일생 동안 지속되고, 이에 따라 다음 세대에게 전달된다는 사실을 확인해 준다. 이러한 병리적 양식이 신경증, 정신증, 중독증, 도착증, 범죄, 전쟁 그리고 세계 도처 인간들 사이의 적대감과 잔혹성의 일상적 표명을 만들어내기 때문에 가장 중요한 과업은 인류의 이와 같은 병리적 아동기의 전달을 어떤 방식으로든 저지해야 한다는 것이다(이근후 외 역, 1999: 41).

아이에게 부모는 이 세상에 하나밖에 없는 유일무이한 존재이다. 하늘같이 높고, 소중하고, 어떠한 어려움에 처하더라도 보호해 주는 안전하고 든든한 울타리 역할을 한다. 또한 심리적, 정서적, 정신적 중심의 원천이다. 이러한 마음을 갖고 성장하는 아이는 자아존중감이 높게 형성된다. 그러나 부모의 갈등이나 이혼 속에 자란 아이는 상대적으로 자아존중감이 낮아지고 피해의식이 있으며, 또래 관계에 영향을 미치게 된다. 부모의 갈등의 폭이 깊을수록 자녀 또한 마음의 상처를 깊게 받는다. 아이는 부모의 갈등 상황을 여과 없이 받아들이며, 어떻게 처신하여야 하는지 혼란을 겪을 수밖에 없다.

성숙하지 못한 부모나 원가족 구성원들은 아이가 있는 가운데 부모의 험담을 하게 되며, 이러한 상황에 지속해 놓이게 된 아이는 점차 그들의 말을 믿기 시작하며, 부모의 이미지가 화석화되기 시작한다. 특히 한 부모 가정에서 자라는 아이의 경우 함께 거주하는 양육자가 비양육자의 부정적 이야기를 지속하게 된다면 이러한 환경에 처한 아이는 자아존중감이 낮아지게 된다. 아이가 바르게 양육되기를 원한다면 아이 앞에서는 부부 갈등이나 배우자의 부정적 이야기는 피하여야 한다.

2) 부모의 이혼 또는 갈등의 영향

부모의 이혼은 일상에서 아이의 의사와 관계없이 어느 날 갑자기 한쪽 부모가 사라지는 것이다. 아이는 이러한 상황을 받아들일 준비가되어 있지 않으며 심리적 혼돈을 겪게 된다. 또한 부모의 갈등이나 이혼 속에 자라는 아이는 자신이 처한 환경에서 나름대로 살아남기 위하여 양육자의 눈치를 보며, 말 잘 듣는 척을 하며 살아간다. 이러한 모습은 아이가 힘이 생길 때까지 지속된다. 아이는 청소년기 이후 독립할 정도로 힘이 생기기 시작하면 억압되었던 욕구가 표출되면서 가정 내 쌓였던 마음의 먼지를 털어버리기 시작한다. 이러한 상황에 이르게 되면 때로는 감당하기 어려울 정도로 고통이 수반되며, 가족 구성원 모두 원치 않은 어두운 그림자에 휩싸이게 된다.

항상성은 살아있는 모든 생물이 최적 조건에서 벗어나는 변화를 최소화하고 안정된 상태를 유지하려는 것을 의미한다. 인간도 항상성 원리에 따라 삶의 과정에서 체감한 익숙한 것을 행하게 되며, 같은 행동 패턴을 반복하게 된다. 그것이 옳지 않은 것을 알면서도 행하거나 모르면서 행하게 된다. 이러한 행동은 양육자가 어떠한 방법으로 아이를 양육하였는가에 따라 달리 나타나게 된다. 아이가 원하는 만큼의 사랑을 주었는지, 양육자가 주고 싶은 대로 사랑을 주었는지에 따라 생각한 것 이상의 모습으로 다가오게 된다. 즉, 생후부터 60개월 동안 아이가 원하는 만큼 양육자로부터 사랑을 받았다면, 그 사랑의 에너지는 평생 쓰고도 남는 자원이 될 것이고, 외부 환경에 의한 아이의 심성에 영향을 미치지 못하게 된다. 결과적으로 아이는 자아존중감이 높아지고, 사물을 긍정적으로 바라보고, 사회의 구성원으로서 바람직한 역할을 수행하며, 삶의 질을 높일 수 있게 될 것이다.

3. 아이의 건강한 양육

가정은 인생의 요람이며, 삶의 근본적인 터전이다. 가정은 우리에게 안식과 평안함을 제공하고 외부의 위협으로부터 우리를 보호하며, 좌절된 가족을 위로하고 용기를 북돋아 준다. 이와 같이 사람은 가정을 기반으로 하여 성장하고 활동하며 생존한다(임향빈, 2002).

어머니로부터 받는 것에는 두 가지가 있다. 하나는 물질로 받는 것이고 다른 하나는 정신으로 받는 것이다. 물질로 받는 것은 몸으로 가고 정신으로 받는 것은 마음으로 간다. 물질을 많이 받으면 몸이 살찌고 정신을 많이 받으면 마음이 살찌는 것이 일반적이다. 그러나 어머니와 아이의 관계에서는 전혀 그렇지 않은 경우가 많다. 풍부하게 물질을 공급하더라도 그 물질 속에 따뜻한 마음과 정성이 들어 있지 않다면 그 물질은 공급하나 마나이다. 왜냐하면 따뜻한 마음과 정성이 들어있지 않은 물질은 아무리 풍부하게 공급한다고 하더라도 그 물질을 받아야 할 아이가 받는 것을 거부할 것이기 때문이다. 아이는 좋고 풍부한 물질보다는 따뜻한 마음을 받는 것을 더 중요하게 여긴다. 하잘것없는 물건이라도 따뜻한 마음과 정성이 곁들어 있는 것이면 그것으로 만족해한다. 마음이 물질을 능가한다는 것이다. 마음이 불편하면

병을 자주 앓고 인생을 포기한 나머지 빨리 세상을 떠나기도 한다(임종렬, 2002: 44-45).

자녀의 건강한 양육을 위해서는 올바른 부모 교육이 필요하다. 부모 교육이란 양육자를 대상으로 효과적인 부모 역할을 할 수 있도록 전문 지식과 교육을 배양하여 자녀의 발달 및 성장을 도모하고 바람직한 사회구성원의 일원이 되게 하는 것이다. 양육자에 의해서 정서적으로 소외와 학대를 받고, 인정욕구가 충족되지 않은 채 아동기를 보낸 아이는 우울, 조울, 반사회적, 경계선 성격 등 다양한 병리 증상의 인자를 갖고 그 시기를 보내게 된다. 청소년기 이후 어느 시기에 외부 자극이라는 조건이 형성되면 잠재하고 있던 병리 증상이 활성화되어 자신을 포함한 그가 관계하는 모든 사람에게 부정적 영향을 미치게 되고 삶의 질이 낮게 된다.

트라우마 또는 미해결 과제가 많은 유아기를 보냈다면 아이의 인생과 원가족 그리고 사회에 미치는 부정적 영향은 상상 이상으로 나타나게 된다. 즉, 한 사람의 문제는 그 사람만의 문제가 아니고 그가 살고 있는 가족의 문제를 표출하는 것이다. 가정에 쌓인 마음의 먼지를 사회에 나와서 털어버리기에 사회가 오염되고 나라가 오염되는 것이다. 사회의 최소단위인 가정이 안정되면, 사회가 안정되고, 나라가 안정될 것이다.

아이는 태어나는 순간부터 앞으로 살아갈 세상에 대해 적응하고자 지속해 노력하는 과정을 거치게 된다. 이 과정에서 어떤 양육자를 만나는가에 의하여 향후 아이의 성격, 성향, 가치관 등 인생 전반에 미치는 영향을 크게 될 것이다. 양육자는 어머니가 되지만 어머니가 양육하기 어려운 상황이라면 그 대안으로 다른 양육자를 선택하여야 하는데 이때 양육자의 선정에 신중을 기하여야 한다. 아이는 양육자의 육아 방식에 따를 수밖에 없기 때문이다. 양육자는 아이의 건강한 양육을 위하여 따뜻한 보살핌과 애정의 손길 그리고 자율성으로 육아를 하여야 한다. 이렇게 성장한 아이는 그가 바라는 사회의 구성원으로 자리 잡게 될 것이고, 자신의 삶을 펼쳐 나아갈 것이다.

아이를 양육하고자 하는 양육자는 기본적 인성과 소양을 갖추어야 하며, 안정감과 따뜻한 정으로 사랑을 나누어 줄 수 있어야 한다. 아이의 인정욕구를 충족시켜주어야 하며, 자율성을 부여하여야 한다. 상황에 맞는 적절한 훈육을 통하여 옳고, 그름의 차이와 올바른 생활이 이루어지도록 지도하여야 한다. 또한 아이가 원하는 것이 무엇인지, 아이의 욕구를 어떻게 하여줄 것인지, 아이의 관점과 눈높이에서 바라보아야 한다.

여기에서 양육자는 어머니를 말하며, 어머니가 양육하지 못하는 경우에는 아버지, 할아버지, 할머니, 아이 돌보미 등 아이의 주 양육자를 의미한다. 이와 함께 아이들을 지도하고 생활하는 관계자들의 역할도 중요하다. 아이들과 함께하는 것은 의무와 책임을 넘어서 건강한 가정과 건강한 사회 그리고 건강한 나라의 형성에 이바지한다는 마음가짐이 있어야 한다. 또한 아이들이 바르게 성장하기 위해서는 양육자와 아이들을 지도하는 교육 관계자들의 건강한 사랑과 헌신이 더 요구된다.

4장

육아와
훈육

1. 육아

1) 육아의 이해

육아에 대한 내용을 참고하면 '아이 기르기'의 의미를 같이 쓸 수 있다고 설명하고 있다. 즉, '아이를 보살펴서 자라게 하다.' 또는 '아이를 잘 자라도록 기르고 보살피다.'의 의미를 가지는 '양육'은 주로 '보살핌'의 의미가 강하게 나타난다. 그러나 '육아'는 양육의 하위개념으로써 '보육'과 그 위치를 같이하며, 두 가지의 단어도 각기 약간의 차이를 둔다. 보육은 '돌보아' 또는 '보호하고'의 의미를 담는 것에 반해, 육아는 '기름'이라는 의미로만 설명되고 있다. 따라서 '육아'는 통상적으로 '아이를 기른다.'라고 정의됨을 알 수 있다(김초롱, 2020).

영아기 및 유년기에는 자신의 목적을 달성하거나 타인의 주장을 인정하는 등 그처럼 사려 깊은 행동을 할 능력이 없다. 이 시기에 어머니는 어린이에게 알맞은 방법으로 행동해야 한다. 어머니는 어린이가 어디에 거처해야 하며, 또 언제 먹고 자고 씻어야 하는가를 보살피며 그렇게 매사를 돌봐주면서 어린이가 어떤 일은 해서 좋고 또 어떤 일은 해서 나쁘다고 가르쳐주어야 한다. 말하자면 어머니는 그 어린이의 자아自我요, 양심이다. 어린이는 점차 스스로 그러한 기교를 배우게 되며, 그렇게 함으로써 능숙한 부모는 그들의 역할을 그 어린이에게 물려주게 되는 것이다. 이것은 더디고 미묘하며 그리고 계속된 과정으로써 아기가 걸음마와 따로 먹는 법을 처음으로 배우게 될 때부터 그가 성숙단계에 이를 때까지 계속된다. 그러나 어린이의 자아와 양심은 그의 최초의 인간 관계가 지속적이고 만족스러운 것이 될 때 비로소 충분히 발달하게 된다(송운규 역, 1998: 67-68).

아이는 태어나면서 양육자에게 의존하지만 다양한 능력을 갖추고 있다. 생후 초기에는 수유하는 시간 이외에는 거의 잠을 자면서 보내게 된다. 아이가 잠만 자기에 아무것도 모른다고 생각할 수가 있다. 그러나 아이는 이 시기를 새로운 환경에 적응하기 위해 준비하는 과정으로 보내게 된다. 아이는 본능적으로 움직이기에 외부의 자극에 민감해 있다. 외부로부터 다가오는 따듯하고 자상한 느낌이나 거칠고 냉정한 분위기, 좋은 것과 나쁜 것에 대한 경험은 무의식 속에 저장한다. 이러한 느낌들이 모여서 성격의 밑바탕이 되고 아이가 앞으로 살아가야 할 세상에 대해 대처하는 방법을 잠재적으로 모색하게 된다. 이러한 느낌이 양육자로부터 받는다는 것을 생각해 볼 때, 양육자의 육아 역할은 아이에게 미치는 영향은 크고 중요할 수밖에 없다.

이러한 일들이 아이의 무의식 속에서 지속해 진행되고 있다는 사실을 모르는 양육자는 마음대로 해도 된다는 생각으로 아이를 함부로 대하는 경우가 있다. 이러한 행동이 지속해 이어져 습관이 되면 양육자는 아이를 함부로 대하게 되며, 그 행동을 평생 지속한다. 그러나 아이를 자상하고 따뜻한 마음으로 대하는 양육자의 손에 양육된 아이는 귀하게 자랄 것이다.

아이가 성장하면서 발달 단계에 따라 손과 발을 사용하게 되고 할 수 있을 만큼 스스로 하기를 원한다. 이때 양육자는 아이가 할 수 있는 것은 할 수 있도록 자율성을 주어야 하고, 허용적인 양육자로서 역할을 하여야 한다. 그러나 아이의 자율성을 제한하고 아이가 하여야 할 일들을 양육자가 대신 해준다면, 아이는 그 시기에 발달해야 하는 능력이 저하될 수밖에 없으며, 이는 성장 과정에서 거쳐야 하는 과정을 거치지 못함으로 인하여 심리적, 정서적으로 또는 정신적 어려움을 수반할 수밖에 없다.

2) 육아의 영향

Bowlby는 인성학적(혹은 동물 행동적) 접근을 취했고, 인간 영아와 다른 모든 고등 포유류는 생존하기 위해서 어머니와의 관계가 필요하다는 설득력 있는 주장을 폈다. 어머니와 근접해 있는지, 떨어져 있는지에 관련된 불안을 중심으로 영아의 행동을 연구했다. 이러한 연구를 통해 그는 종속과 상실의 문제가 성격 발달과 병리를 결정하는 중심

요인으로 작용한다는 사실을 발견했다. 그는 부모로부터의 격리와 부모의 상실이 가장 큰 문제가 된다는 사실을 입증했다(임종렬, 2001: 68).

아이는 세상을 혼자 살아갈 힘이 없으며, 삶의 모든 부분을 양육자에게 의지한다. 양육자의 기분이나 감정, 일거수일투족이 힘이 없는 아이에게 그대로 전해지고 훈습화가 된다. 양육자가 기분이 좋으면 아이도 기분이 좋아지고, 양육자가 화가 나서 거친 행동을 하게 되면 그 또한 받아들일 수밖에 없다. 아이가 성장하면서 양육자의 모든 행동은 아이의 의식과 무의식 등에 영향을 미치게 된다. 양육자는 스스로 만든 자신의 틀에 의해서 아이를 바라보며, 그 범주를 벗어나고자 하면 회유와 협박에 통하여 틀 안으로 들어오게 하고 벗어나지 못하게 한다. 그러나 아이는 발달 단계에 따라 몸과 마음이 성장하면서 양육자가 정해준 틀 밖의 세상과 모습을 보고 싶어 하며, 틀 밖으로 나가려고 한다.

성숙한 양육자의 경우 아이가 무엇을 원하는지 살펴보며 헤아린다. 자상하고 따듯한 마음과 사랑이 가득한 눈길로 아이를 바라보고, 아이의 입장을 고려하여 행동을 취하게 된다. 그러나 미성숙한 양육자는 아이의 욕구에는 관심이 없으며, 자신의 생각대로 행동한다. 또한 양육 방식에 따라 미치는 영향을 모르기 때문에 육아 과정에서 어려움을 겪을 수밖에 없다. 이러한 어려움으로 인하여 '무자식 상팔자'라는 이야기를 하면서 자신의 운명을 한탄하게 된다.

이러한 과정에서 아이는 애착형성 결여와 인정욕구 미충족으로 인하여 화와 분노가 쌓이게 되고 자신의 감정을 표출한다. 아이는 자신의 욕구를 충족하기 위하여 매달림과 떼를 쓰고, 울고, 화를 내는 등의 행동을 하게 된다. 아이가 항상 짜증을 잘 내고, 기분 나쁜 표정과 행동을 예사로 한다면 그러한 아이를 좋아할 양육자는 없을 것이다. 자녀는 부모의 거울이라고 하듯이 아이가 이러한 행동을 하게 된다면, 그러한 행동을 하는 양육자와 함께 자란 아이이기 때문이다. 양육자가 아이를 기르면서 사랑을 많이 주었는지, 미움을 많이 주었는지에 따라 아이의 성격, 성향, 가치관에 크게 영향을 미치게 된다.

양육자의 양육 방식은 부모 교육에 의해서라기보다 그를 길러준 양육자의 양육 방식이 무의식 속에 잠재하고 있다가 아이가 태어나면 양육자의 양육 방식에 의하여 아이를 양육하게 된다. 즉, 어머니(양육자)의 어머니인 외할머니의 양육 방식이 어머니(양육자)에게 전수되어 양육하게 되며, 이를 후천적 유전이라고 한다. 이러한 양육 방식이 대를 이어 내려오게 되며, 양육 방식에 문제가 있다면 그 문제까지도 함께 내려오게 된다. 다시 말하면 '콩 심은 데 콩 나고, 팥 심은 데 팥이 난다.'라고 하듯이 경계선 성격의 소유자가 자녀를 양육하면 경계선 성향의 자녀를 길러내는 것이다.

아이의 양육은 양육자 자신을 위하여 기르는 것이기에 양육자가 기르는 그 아이는 귀엽고, 사랑스러워야 한다. 그렇게 되려면 양육자가 먼저 모범을 보여야 한다. 양육자의 사랑과 따뜻한 손길 속에 소중하게 자란 아이는 애착형성과 인정욕구의 충족으로 바람직한 아이로 성장할 것이며, 이러한 성장 과정을 지켜보는 양육자도 아이를 기른 보람과 자긍심을 갖게 될 것이다.

2. 훈육

1) 훈육의 이해

예로부터 훈육은 교육 현장에서 매우 중요한 위치를 차지하고 있는 개념이다. 훈육의 정의는 바라보는 관점에 따라 미세한 차이를 보이는데, 교육학 사전에서는 단체생활이나 사회생활에 적응하기 위해서 요청되는 여러 가지 바람직한 습관을 형성시키거나 규율 위반과 같은 바람직하지 못한 행위를 교정하는 것이라고 정의한다. 또한 국어 대사전에서는 '품성이나 도덕 따위를 가르쳐 기름'으로 정의한다. 즉 훈육은 인간이 바람직한 행동을 하도록 올바른 습관을 형성시켜 주는 교육적 활동으로 볼 수 있다(박봉주, 2018).

훈육은 그 사회문화가 요구하는 가치체계를 유아가 습득할 수 있도록 하는 것이며, 동시에 스스로 자신의 행동을 조절하고 통제할 수 있도록 학습의 기회와 동기를 제공하는 역할을 한다. 그리고 훈육은 부모가 유아들로 하여금 사회의 규정을 따르고 반사회적 충동을 조절하여 자신들이나 또래들을 위험에 빠뜨리는 활동을 피하도록 가정이 사회적 맥락에서 보다 효과적으로 참여하도록 도와주는 방법들이다. 따라서 훈육은 유아가 감정을 자유롭게 반영할 때 가장 효과적이며 창의적으로 자신의 감정을 표현하도록 도와주는 것이 중요하다. 즉, 자녀들이 바람직한 태도를 습관화시켜서 자신의 문제를 융통성 있게 해결하며 건전한 인격 형성을 하는 데 목적을 주는 것이라고 할 수 있다(김현정, 2009).

신용주, 김혜수에 의하면 『긍정적 훈육을 위한 부모 가이드』를 저술한 Pickhardt(2004)는 훈육을 "아동으로 하여금 가족의 규칙 속에서 가족의 가치관에 따라 살아가도록 가르치는 부모의 지도와 교정의 조합"이라고 정의하였다. 여기서 훈육에는 자녀를 양육하면서 나타나는 자녀의 그릇된 행동을 그때그때 단호하게 바로잡아 주는 부모의 끊임없는 노력이 필요함을 알 수 있다. 부모로서의 역할은 안정된 지도와 양육적 사랑을 제공하여 자녀가 평생에 걸쳐 익힌 부모의 가치관과 행동의 지침에 따라 살아갈 수 있도록 신념과 행동의 틀을 만들어 주는 것이다(신용주, 김혜수, 2021: 195).

육아와 훈육은 양육의 하위개념으로써 육아는 아이가 잘 자라도록 보살펴 기른다는 의미이다. 훈육이란 자녀가 바르게 성장하기 위하여 가정에서 인성이나 도덕 등을 가르쳐 기른다는 교육의 목적을 가지고 있다. 훈육은 부모의 가치관과 경험으로 형성된 삶의 지혜를 자녀의 발달 과정에 따라 바른 성장을 하도록 지도하고 끌어주는 의도적인 사회화 과정이다. 이를 통하여 자녀는 사회에서 요구하는 도덕과 규범을 훈습하고, 자기 행동을 절제하며, 타인을 배려하는 이타심과 성격,

성향, 가치관 등을 형성하게 된다. 여기에는 부모의 언행, 표정, 성격, 성향, 가치, 신념, 자녀의 행동에 대한 부모의 태도 등이 포함된다.

부모는 자신의 자녀가 자신보다 더 나은 삶을 살아가도록 훈육한다고 한다. 자녀가 바르게 자라도록 때로는 체벌하기도 한다. 그러나 자녀를 위한 체벌이라고 하지만 체벌이 지나치면 가정폭력이 되며 이는 자녀에게 돌이킬 수 없는 마음의 상처를 남긴다. 사람은 태어나서 경험하는 모든 일들은 그냥 사라지는 것이 아니고, 무의식에 쌓여 있다가 연상기억(연상상황)에 의하여 재활성화된다. 따라서 부모는 훈육과 체벌을 구분하는 지혜가 있어야 하며, 누구를 위한 훈육과 체벌인지 되돌아보아야 한다.

2) 훈육의 태도

훈육 태도란 일반적으로 부모가 유아들을 대하고, 가르치고 돌보는 데 있어서 나타나는 태도 및 행동으로 유아의 행동을 통제하고 변화시키기 위한 부모의 의도이며, 부모의 행동들이 모두 포함된다. 따라서 부모가 자녀를 훈육하는 태도는 필요에 의해서 유아의 행동을 통제하거나 변화시키기 위한 부모의 태도라 할 수 있다(김현정, 2009).

훈육은 유아에 대한 성인과 교육자의 의식적인 사회화 과정으로서 삶 속에서 유아를 대하고 가르치고 돌보는 데 있어서 나타나는 태도 및 행동을 의미한다(김현택 외, 1996). 과거에는 가정이나 교육기관에서의 체벌 등이 훈육의 역할을 한다고 생각하여 자연스러운 행동으로 여겨지기도 했지만, 근래에는 훈육의 정당성에 대한 문제 제기와 함께 아동의 권리가 존중되어야 한다는 목소리가 커지면서 훈육과 학대의 기준에 대한 논의가 끊이지 않고 있다(박봉주, 2018).

훈육의 태도는 양육자나 부모가 자녀들을 기르고 돌보는 과정에서 표출하는 모습으로 자녀의 행동을 통제하고 변화시키기 위한 모든 행동을 의미한다. 이는 부모가 필요에 의해서 자녀의 행동의 변화를 위한 부모의 태도라고 할 수 있다. 부모의 훈육 태도에 따라 자녀의 태도도 달라진다. 따듯하고 자상하고 온정적이며, 칭찬을 잘하고, 인정욕구를 충족시켜주는 훈육 태도는 부모와 자녀 사이의 걸림이 없는 의사소통을 하고, 관계도 친밀해진다. 또한 자녀의 사회성, 자율성, 독립성, 자아존중감 향상에 좋은 영향을 미치게 된다.

그러나 칭찬에 인색하고, 냉정하고, 비난하고, 야단치고, 통제적이거나 무조건 허용적이며, 방관하는 훈육 태도는 자녀와의 벽이 생기고, 닫힌 대화를 하며, 거친 의사소통을 하게 된다. 또한 과잉 반응 훈육 태도는 자녀의 행동에 걸림돌 역할을 하게 되며, 심리적, 정서적으로 위축시키기도 한다. 때로는 우울, 조울, 불안이나 강한 공격성 등 병리 증상을 유발하기도 한다. 이와 함께 방임하는 훈육 태도 역시 자녀의 공격성, 사회성, 낮은 자아존중감, 인성 형성 등에 부정적 영향을 미친다.

특히 부모의 지속적 체벌 훈육은 자녀의 마음속에 미해결 과제나 상처받은 내면의 아이로 자리 잡게 되며, 자녀의 발달 단계에 부정적 영향을 미치게 된다. 또한 자녀의 마음속에 부모에 대한 적대감이 형성되며, 자녀가 힘이 생기기 시작하면 부모와의 갈등이 나타나기도 한다. 양육자는 자녀가 바르게 성장하기를 원한다면 하지 말아야 할 행동들이 있다. 그중 자녀를 훈육하는 과정에서 비난과 질시를 하며, 배우자의 욕을 하는 경우가 있다. 이러한 상황에 지속해 노출되면 이미지가 화석화된다.

예를 들면, "니 아빠를 닮아서 하는 짓이 이렇지.", "니 엄마는 욕 잘하고, 시기심 많고, 남들 잘되는 것 못 보는 인간이니까 너는 엄마 닮지 마라.", "니 아빠는 나쁜 놈이야, 집안일도 안 하고, 쉬는 날 잠만 자고, 자기밖에 모르고, 내가 이런 인간하고 결혼해서 아이고 내 팔자야.", "니 엄마 행실로 볼 때 너는 내 아이가 아닌 것 같으니까 유전자 검사를 해봐야 한다." 이러한 이야기를 지속해 듣고 자라면 어느 사이 마음속에 부정적 이미지가 형성된다. 또한 하늘과 같이 믿고 있었던 부모가 나쁜 사람이라는 생각과 부모의 이미지에 대해 실망하게 된다. 이는 아이의 자아존중감이 낮아지게 되고, 피해의식과 또래 관계 그리고 사회생활에 안 좋은 영향을 미치게 된다. 양육자나 부모가 무심코 하는 말 한마디에 의해서 아이에게 힘이 되기도 하고 실망하기도 한다.

이와 함께 허용적인 양육자는 자녀에게 자율성을 인정하고 스스로 할 수 있는 일은 하도록 하게 하며, 그 행동을 지지하고 칭찬해 주며 성장 과정을 지켜본다. 그러나 통제적인 양육자는 자신이 정한 틀에서 아이를 바라보며 아이의 모든 행동을 감시하고 통제하며 결과에 대해 비난하며, 부정적 반응을 보이게 된다. 또한 분위기에 따라 일관성 없는 화를 내거나 심한 반응을 보이기도 한다. 이러한 양육자의 태도는 아이의 성격과 인성 형성에 부정적 영향을 미친다.

따라서 양육자는 지지와 격려, 칭찬 등을 통하여 애착형성과 인정욕구를 충족시켜야 한다. 이와 함께 건강한 육아와 훈육 그리고 적절한 조력을 통하여 아이로 하여금 자기 삶의 주체가 되고, 바람직한 사회의 구성원이 되며, 자신의 세계를 펼쳐 가도록 하여야 한다.

5장

아동의
정서 발달과
사회

1. 아동의 정서 발달 이해

정서란 인간의 마음에 일어나는 여러 가지 감정이나 사랑, 온정, 배려 등 감정을 불러일으키는 기분이나 분위기를 말한다. 또한 사고, 감정, 표현적 행동을 포함한 인간의 내부에서 진행되는 느낌이나 감정 등을 의미한다. 심리학자들은 정서가 한 개인의 환경이나 상황에 대한 인식, 신체적 반응, 접근 또는 회피 행동을 다양하게 수반한다는 데 대체로 의견을 같이하고 있다.

금서현에 의하면 정서는 인간의 내적 경험을 구성하는 요소 중 하나로, 개인의 정신건강에 있어 중요한 의미를 지닌다. 선행 연구에 따르면, 부정 정서에 비해 긍정 정서를 많이 경험할수록 주관적 안녕감이 높을 뿐 아니라(한덕웅, 2006), 긍정 정서의 경험 비율이 높을수록 심리적인 면과 사회적인 면에서 긍정적으로 기능한다(김진주 등, 2007). 이처럼 개인이 경험하는 정서는 삶의 질에 영향을 미친다. 이때, 경험하는 정서의 종류, 정서를 경험하는 시점, 정서를 경험하고 표현하는 방식에 영향을 미치는 과정인 정서 조절(Gross, 1998)을 통해서 정서의 변화가 일어날 수 있다. 따라서 정서 조절은 개인이 경험하는 정서를 변화시키고 더 나아가 정신건강까지 영향을 미칠 수 있는 과정이라고 할 수 있다(금서현, 2021).

  정서 조절은 자신의 감정을 통제하는 것뿐만 아니라, 타인의 감정을 조절하는 능력과 타인이 자신에 대하여 갖고 있는 인상을 통제하기 위해 타인에게 보여주는 행동 방식을 조절하는 능력 또한 요구한다. 따라서 정서 조절이란 자신의 정서를 상황 또는 개인의 목적에 맞게 조절하고 표현할 수 있는 포괄적인 능력이라고 이해할 수 있다(한정원, 2022). 긍정적 정서를 갖는 것은 경험되는 부정적 정서를 감소시켜주고 부정적 정서를 미리 예방해줄 뿐만 아니라 긍정적 정서를 높여주는 효과까지 있다는 것이다. 이렇듯 긍정적 정서의 함양은 자신이 경험하는 정서를 조절하게 해 주고 긍정적 정서의 활용을 높여준다고 할 수 있다(장정주, 2015).

  아동기는 비교적 정서적으로 안정된 시기로서, 정서적 혼란이나 흥분은 비교적 적은 편이다. 아동기에는 정서적 통제와 분화된 정서 표현이 가능해진다. 사회적 행동과 밀접한 관련성을 지니고 있는 정서 중에서 먼저 공포감에 대해 살펴보면, 상상적이고 가상적인 것, 비현실적이고 초자연적인 것에 대한 공포가 많아진다. 예를 들면 아동기에는 괴물, 유령, 죽음 등에 대한 공포감을 많이 느낀다. 이러한 공포감과 직접적으로 연관된 정서가 바로 불안 정서이다. 불안은 미래의 위협을 예상할 때 생기는 약한 공포반응이다. 이러한 불안반응은 아동의 상상력 발달과 관련되어 있는데, 이 시기에는 주로 부모와 선생님의 기대를 충족시키지 못할 때 따르는 질책이나 벌, 성적 하락이나 운동 능력 미발달에 대한 친구들의 조롱 등에 대한 불안이 특히 많다. 특히

가정생활과 학교생활 사이에 조화가 이루어지지 못할 경우에 불안정
서가 강해져 공포증이라는 정서장애로 나타난다. 이러한 아동기의 정
서장애 중에서 대표적인 것이 등교 거부증(school refusal) 또는 학교 공
포증(school phobia)이다(김동배, 권중돈, 2000: 98).

아이들은 발달 단계에 따라 성장하여야 하며, 어떠한 경험을 하는가
에 따라 정서 발달에 미치는 영향은 달라질 수 있다. 따뜻한 사랑과 애
정 그리고 편안한 손길로 보살핌을 받으며, 애착형성과 인정욕구가 충
족되었다면, 그 아이는 자아존중감 형성과 안정적 정서 발달로 인하여
관계 속의 주체가 되어 자기의 삶을 펼쳐 나아가는데 그 경험이 밑거
름 역할을 하게 될 것이다. 그러나 냉정한 양육자로부터 기본적 욕구
의 미충족과 거칠고, 견디기 힘든 학대 속에 성장하였다면, 아이의 마
음속에는 불신과 미움의 정서로 가득 차게 될 것이다. 이에 따라 낮은
자아존중감, 피해의식, 또래 관계의 어려움 등 부작용이 나타나게 될
것이고, 부정적 정서 발달이 형성될 것이다.

따라서 아이들의 성장 과정에서 정서 발달에 절대적 영향이 미치는
양육자는 자신이 돌보는 아이에게 어떻게 대하여야 하는지 다시 한번
생각하여보아야 한다. 아이를 돌보는 주 양육자는 어머니가 되겠지만,
어머니가 돌보지 못하는 경우 양육자는 신중하게 선택하여야 한다. 이
는 양육자의 성격, 성향, 가치관이 여과 없이 아이에게 전달되며, 아
이는 그대로 받아들일 수밖에 없기 때문이다.

2. 아동의 정서 발달과 사회

가정환경은 인간이 탄생하는 순간부터 운명적으로 만나게 되는 장소이며, 인생의 출발점이기도 하다. 인간은 가정에서 많은 시간을 보내게 됨으로써 유아가 인지적, 정서적, 사회적, 신체적 발달을 이루면서 성장해 가는데 중요한 영향을 미친다. 그러므로 아동의 발달을 제대로 이해하기 위해서는 아동을 둘러싼 환경 중 가정환경에 대한 연구가 필수적이라 할 수 있다. 특히 부모와의 관계가 성격 및 행동 발달에 직접적인 영향을 미치므로 가정환경은 더욱 중요한 의미를 갖는다고 할 수 있다(이진숙, 2005).

가정이 인간의 성장과 정신적 건강을 촉진시켜 주는 환경을 제공하는 잠재력을 지니고 있으며, 여러 가지 환경요인 중에서도 가정환경이 인간의 인성 형성 과정에 작용하여 행동에 미치는 영향이 크다는 것은 더 말할 나위 없다. 그러므로 가정의 환경적 조건과 가정생활의 형태는 그 개인의 건전한 성장뿐만 아니라 국가, 사회의 번영이라는 차원에서도 매우 중요하게 다루어져야 한다(박경한, 2006). 많은 사회심리학자들이 아동의 발달적 측면에 관심을 기울이고 또 그래야만 하는 이유는 이혼의 증가, 가정 내에서의 대화의 부재와 같은 현대사회에서 나타나는 가정의 병리적 현상이 아동들에게 심신의 발달상 불건전한 영향을 미칠 가능성이 있으며, 이러한 아동기의 문제가 그 시기의 문제로 끝나는 것이 아니라 청소년기와 성인기까지 영향을 미쳐 사회의 한 부분을 형성하고 그만큼 사회적으로 큰 파장을 일으키기 때문이다 (윤화연, 2013).

유아는 영아기의 완전 의존상태에서 벗어나 점차적으로 독립적인 생활을 하면서 발생하는 특징인 반항적 태도를 보인다. 4세가 되면 자기중심적이고 자아의식이 강해져 반항적 태도가 나타난다. 특히, 유아기에 또래 집단과의 접촉에서 얻은 경험은 유아의 사회성 발달에 큰 도움이 된다(김현심, 2009). 성장함에 따라 아동들은 자신의 신체적 및 심리적 특성들을 인지하는 데에서 한 걸음 나아가 자아평가(self- eval-uation)를 하기 시작한다. 자신이 기대하는 기준에 비추어 자아평가 결과가 긍정적일 때 아동은 적절한 자아존중감과 긍정적인 자아개념을 갖게 되며, 그렇지 못할 때 부정적인 자아개념을 갖게 되고 심하면 무력감에 빠져들게 된다. 자아존중감이 높은 아동은 자신의 모든 특성에 대해 긍정적으로 평가하는 반면 자아존중감이 낮은 아동은 여러 측면에서 자신을 바람직하지 못하다고 지각하는 경향이 높다. 그러므로 출생부터 유·아동기에 이르기까지 부모와 주변 어른들의 역할이 아동의 심리 정서적인 부분에 지대한 영향을 끼칠 수 있음을 요약할 수 있겠다(노정현, 2007).

정옥분에 의하면 어떤 사회에서든지 정서를 표현할 경우 어떤 특정 상황에서 어떤 정서는 표현해도 괜찮지만 어떤 정서는 표현해서는 안 된다는 규칙이 있다. 예를 들면, 마음에 들지 않는 선물을 받았을 때, 실망감을 보이는 대신 기뻐하며 고맙다는 인사를 해야 한다는 것이다 (Gross & Ballif, 1991; Harris, 1989). 어떤 면에서 이 규칙은 언어의 화용론적 발달과 유사하다. 즉, 이러한 규칙을 습득하고 활용하는 것은 사회적 적응에 도움이 된다. 그렇다면 이러한 규칙은 언제 습득되는가? 불쾌한 자극을 피하거나 관심을 다른 곳으로 돌려 부정적 정서 유발을 감소시키는 일은 어린 영아에게는 매우 어려운 일이지만(Mangelsdorf, Shapiro, & Marzolf, 1995), 우리가 생각하는 것보다 훨씬 일찍부터 영아는 이러한 규칙을 습득한다. 첫돌 무렵에 영아는 벌써 자기 몸을 앞뒤로 흔들거나, 입술을 깨물거나 불쾌한 사건이나 사람들을 피함으로써 부정적 정서 유발을 감소시키는 책략을 발달시킨다(Kopp, 1989; Mangelsdorf et al., 1995). 18개월이 되면 영아는 부정적 정서를 숨길 줄 알게 된다. 20개월 된 영아는 넘어졌을 때 어머니가 함께 있을 때만 울음을 터트린다. 3세가 되면 자기감정을 더 잘 숨길 수 있다(정옥분, 2009: 241 재인용).

아동기에는 애정을 쏟는 대상이 가족 구성원에서 또래 친구에게로 변화해 간다. 그중에서도 이성의 친구보다는 동성의 친구에 대한 애정이 더욱 강하다. 이러한 애정의 표시로 친구가 원하는 일이면 무엇이든지 해 주려 하고, 같이 있고 싶어 한다. 만약 자신의 애정을 방해하는 경쟁자가 나타나게 되면 질투 감정을 강하게 느끼게 된다. 이러한 동성애 경향은 사춘기에 접어들면서 점차 이성애로 변화되며, 점점 사랑의 대상도 넓어지게 된다(김동배, 권중돈, 2000: 98-99).

정서 발달은 정서 반응의 발달 또는 변화이며, 성숙요인과 학습요인의 복잡한 상호작용의 결과로서 일어나는 생물학적인 성숙 과정인 동시에 학습된 경험에 의존하는 것이다. 이런 정서들이 유아기 때 안정되지 못한 어린이는 신체적으로 발육이 지연될 수 있고, 정서적으로는 불안정한 성품으로 자라, 성인이 되어 급성 우울증과 편집증을 일으킬 수 있는 원인이 된다고 Freud와 Erikson은 주장하였다(권육상, 2006: 37-38).

학동기 아동은 또래 집단에 동조하지 못하는 것에 두려움을 느끼고 또래의 압력에 쉽게 동조하는 경향이 있다. 그 밖에도 학업에서의 실패, 무서운 이야기, 상처, 부모나 친구 또는 자신의 죽음 등에 두려움을 느낀다. 이런 아이들에게 자신의 무서움이나 두려움을 표현하도록 해 주며, 노력하면 괜찮을 것이라는 점을 확신시켜준다. 그리고 상상력의 사용을 타당화 시키고 안전에 관한 예방책을 가르친다. 이 시기의 아동은 유치한 감정을 나타내며 당황하기도 한다(최예림, 2005). 사회적 기술의 습득은 공동체에서 의미 있는 경험을 축적하고 다른 구성원들에게 사회적 유능함을 인정받게 함으로써 궁극적으로 개인의 사회적 위상을 변화시킨다(박진재, 이은해, 2002).

사회적으로 유능한 학생들은 외부의 체계적인 도움 없이도 일상적 경험을 통해 자연스럽게 적절한 사회적 기술을 습득하는 반면, 장애 위험이나 장애를 가진 학생들의 경우 자연스러운 일상생활에서 사회적 기술을 습득하는 것이 그리 쉽지 않다. 특히 정서나 행동의 문제를 가진 아동 및 청소년들이 보이는 대인 관계 문제, 부적절한 행동이나 감정, 우울, 불안과 위축 등은 사회적 기술의 습득 및 수행 결함과 밀접하게 관련되어 있다고 볼 수 있다.

아이들은 발달 단계에 의하여 점차 자기중심적인 사고나 행동은 줄어들고 사회적 상호작용에 필요한 방법들을 습득하게 된다. 아이는 또래 아이들에게서 듣게 되는 이야기에 대해 양육자의 이야기보다 중요하게 생각하는데 이는 아이의 정서가 타인에 대해 열려있다는 것이다. 또래 집단의 일원이 되어 수용하고 인정받음으로써 정서적 안정감을 얻게 된다. 이는 발달 과정에서 중요한 의미로서 아이는 또래 아이들과 함께 지내면서, 좋아하는 것, 싫어하는 것, 하지 말아야 하는 것, 해야 하는 것, 갈등 등을 경험하면서 관계 맺는 방법을 습득하게 된다. 또한 인기를 얻기 위한 노력을 지속해 하면서 외모관리, 학업성취, 성적관리 등을 하게 된다. 이러한 과정은 아이들의 심리적, 정서적 발달에 영향을 미치게 되며, 긍정적 경험을 많이 하게 되면, 성인이 되어서도 좋은 영향으로 자리 잡아 긍정적 성격 형성에 영향을 미치게 된다. 그러나 관계 속에서 부정적 경험을 많이 하며 자란 아이들은 피해의식, 낮은 자아존중감, 미해결 과제, 걸림 등으로 인하여 성격 형성에 부정적 영향을 받게 된다.

6장

심리적
발달 과정

부모가 건강해야 가정이 건강하고 사회가 건강하고 나라가 건강해진다. 부모는 자녀가 바르게 성장하기를 원한다. 그러나 자녀는 부모의 행동거지와 양육 방식에 의하여 성격, 성향, 가치관 등이 다르게 형성된다. 자녀가 바람직한 사회구성원의 일원이 되어 자기답게 살아가게 될지, 사회의 부적응으로 인하여 힘든 삶을 이어 나가게 될지는 부모의 영향이 크다. 대추를 먹어본 사람들은 대추의 씨가 몇 개인지 안다. 그러나 그 씨에 몇 개의 대추가 열릴지는 아무도 모른다.

인간은 생후부터 양육자의 보호 아래 양육되며, 양육자의 양육 방식은 아이의 육체적, 심리적, 정신적 발달에 영향을 미치게 된다. 양육자가 자상하고 따뜻하게 아이를 포용하고, 원하는 사랑을 충분히 주며, 시기에 맞는 칭찬과 인정욕구를 충족시켜준다면 아이는 그 영향으로 인하여 그가 살아가는 세상에서 타인과의 관계가 원만하고 원하는 것을 주고받으며, 사회의 구성원이 되어 이상적인 삶을 살아가게 될 것이다.

그러나 양육자가 차갑게 대하고 비난과 질시를 하며, 아이의 의사와

관계없이 양육자의 마음대로 사랑을 주고 싶을 때 주고, 주고 싶지 않
을 때 안 주고, 폭언과 폭력을 사용하고, 수시로 짜증을 내며, 귀찮아
하는 태도로 아이를 대한다면 아이는 불안정 애착형성과 인정욕구의
결여로 우울증, 조울증, 경계선 성향 등 다양한 정신병리 인자를 갖고
성장한다. 이러한 성장 과정을 거친 아이는 청소년기 이후 외부로부터
트라우마(trauma), 왕따, 폭력 등 조건이 형성되면 잠재하고 있던 병리
증상의 인자들이 활성화 되어 삶을 힘들게 만들고 때로는 감당하기 어
려운 상황에 이르기도 한다.

Saul(1972)에 의하면 어머니가 가혹한 처벌을 내리고 거부적이라면
조건화 과정을 통하여 어린이의 행동은 어머니와 연합됨으로써 그가
행동할 때마다 어머니가 나타나리라고 예상하게 된다. 이는 아동으로
하여금 모든 사람이 그러하리라고 예상하게 만들며, 특히 여성으로부
터 그렇게 취급받으리라고 예상하게 만든다. 또는 어머니가 자신에게
했던 것처럼 자기가 자기 자신을 혹독하게 다루는 결과를 초래한다.
그러므로 외상적인 경험은 어린이의 마음속에 그 부모의 상과 함께 남
아 일생 동안 지속된다(이근후 외 역, 1992: 51-52).

인간 발달의 개념을 논할 때 한 가지 염두에 두어야 할 것이 있다.
그것은 인간 발달의 맥락을 고려해야 한다는 점이다. 왜냐하면 인간의
성장과 발달이 이루어지는 바탕인 사회문화적 배경과 그 안에 담긴 가
치체계를 이해하지 않고서는 진정한 발달을 이해할 수 없기 때문이다.
사상적 기반을 유교적 가치와 신념 체계에 두고 있었던 조선시대의 문
헌을 분석해 보면, 아동은 성인에 비해 생각이 모자라고, 지적으로 아

직은 판단력이 갖추어지지 않은 상태에 있으며, 무한정한 욕구를 가지고 있으므로 아동기는 이를 적절하게 통제하는 방법을 가르치기 위해 훈육이 필요한 시기로 보고 있다. 어린아이를 가르치는 일은 가능한 빨리, 일상생활을 통해 가까운 관계에서부터 시작하는 것이 효과적이라고 생각했기 때문에 가정교육이 중요시되었고, 부모들의 자녀교육에 대한 책임이 강조되었다(정옥분, 2009: 98-99).

인간은 태어나면서 양육자의 보호 아래 성장 과정을 거친다. 아이가 성장하면서 양육자를 통하여 경험하게 되는 수많은 느낌이 각기 하나의 표상을 만든다. 이러한 표상들이 한 인간의 정서를 총괄하는 무의식 세계를 구성한다. 곤충이 우화 과정을 거치면서 성충이 되듯이, 인간은 생후부터 성인에 이르는 삶의 과정에서 심리적 성장과 변화가 두드러지게 나타나는 시기가 있는데 그 내용은 다음과 같다.

1단계는 심리적 우화 변환기로써 생후부터 100일 전후이고, 2단계는 심리적 밀착기로써 100일 무렵에서부터 18개월 정도이다. 3단계는 심리적 분리기로써 약 19개월부터 36개월이며, 4단계는 심리적 욕구 충족기로써 37개월에서 60개월 정도이다. 5단계는 심리적 갈등 혼재기로써 11세 전, 후부터 성인이 될 때까지로 본다. 6단계는 심리적 성숙 독립기로써 30대 전후이며, 그리고 7단계는 심리적 틀 비우기로써 이 시기는 70세 이후부터 죽음을 맞이하게 될 때까지를 의미한다.

1. 심리적 우화 변환기

우화는 곤충의 번데기나 유충(애벌레)이 성충(어른벌레)이 되는 과정을 말하는 것으로 보통 날개가 없는 애벌레나 번데기에서 날개가 돋아나는 과정을 표현한 단어이다. 즉, 곤충이 탈피를 거쳐 유충에서 성충이 되는 과정을 말한다. 예를 들면, 누에가 고치 속에서 번데기가 된 다음 나방이 되어 나오는 것이 우화이다.

1) 심리적 우화 변환기의 이해

심리적 우화 변환기는 생후부터 약 100일까지의 심리적 성장의 시기를 의미한다. 이 시기는 외부와의 관계를 맺을 것인가 아니면 내부에 머물러 자신만의 시간을 보낼 것인가를 결정하는 시기로써 생후부터 100일이다. 이 시기 이전의 신생아는 어머니 자궁에서 보호받으며, 성장에 필요한 영양을 공급받으면서 약 9개월 동안 자란 후 아이의 의사와 관계없이 세상 밖으로 나오게 된다. 아이는 어머니 태내에 있다가 처음 맞이하게 되는 주변 환경에 적응하기 위하여 본능적으로 노력하지만 이전의 자궁과 같이 자신만의 공간이 아닌 양육자의 울타리 안에서 외부적 상황에 대처하여야 한다.

임종렬에 의하면 모든 아이는 자폐아로 태어난다. 태어날 때 자폐의 두꺼운 각질 속에 쌓여 태어난다. 이는 곧 외부 세계를 전혀 알지 못하고 태어나며, 태어난 다음에도 상당한 기간 동안 외부 세계를 전혀 알지 못한다는 뜻이다(임종렬, 2002: 169).

Rene Spitz(1887~1974)는 유아를 어머니와 생리적 기생 관계에 있는 어머니의 자궁 안의 존재로부터 시작해서 출생 후 어머니와의 심리적 융합의 상태로 이어지는 존재로 생각하였다. 자신의 생명을 서로 의존하는 쌍생아처럼, 어머니로부터 갑작스럽게 분리되거나 독립적인 기능을 발달시켜 가는 점진적 과정이 박탈된 경우 유아는 심각한 위험에 처하게 된다. 무기력하고 상처받기 쉬운 유아에게 그보다 발달한 정신 능력을 가진 어머니는 환경이 되어준다. Spitz는 신생아를 시력이 회복된 맹인처럼 생각했다. 처음에 신생아는 새로 막 눈을 뜬 사람처럼 기쁨에 넘치기는커녕 자신이 처리할 수 없는 무의미한 자극들의 홍수에 압도당한다. 어머니는 이러한 충돌을 조정해 준다. 그녀는 유아가 스스로 경험들을 처리하고 조절할 자아의 능력을 발달시킬 때까지 경험을 대신 처리하고 조절해 주며, 부드럽게 달래고 과잉 자극으로부터 보호하는 등 유아의 '보조 자아' 역할을 한다(이재훈, 이해리 역, 2002: 88~89).

아이는 어머니의 자궁으로부터 분리되어 생후부터 새로운 경험과 도전을 하여야 하며 스트레스를 받게 된다. 아이를 대하는 어머니의 태도, 외부의 변화된 환경, 소리 등에 노출되어야 한다. 아이는 이 기간에 대부분 잠을 자며 보내게 되는데 이는 성장을 위한 움트기와 심리적 우화 변환기의 시간으로 보내야 하기 때문이다. 그러나 아직은 신체적이나 정신적으로 발달이 부족한 상태이기에 외부 대상을 인식하는 능력과 관계 맺는 능력이 부족하다. 따라서 외부 자극에 대한 반응이 약할 수밖에 없으며, 생존을 위해 본능적으로 먹고, 자고 배설하는 등 기본적 활동을 할 수밖에 없다. 이 시기에 아이는 양육자의 보호 아래 놓이게 되는데 그 과정에서 기본적 욕구 충족과 따듯함, 자상함을 느끼거나, 냉정함과 무관심, 학대당하는지 감각적으로 느끼고 알게 된다.

아이는 욕구가 충족되었을 때 심리적 우화 변환기에서 벗어나 다음 단계인 심리적 밀착기로 넘어가게 된다. 이러한 과정에서의 아이와 양육자의 행동을 '줄탁동시啐啄同時'로 보고 싶다. 즉, 알이 부화가 되기 위해서는 어미가 밖에서 쪼고, 안에서는 밖으로 나오려고 노력하듯이, 정상 자폐의 틀을 벗어나기 위해서는 틀 밖의 환경이 더욱더 나은 곳이라는 것을 느낄 수 있도록 따듯한 품으로 보살펴 주어야 한다. 한 생명체가 자폐의 틀에서 벗어나는 것은 양육자의 헌신적 사랑과 외부적 환경이 뒷받침되어 인간의 구실을 할 수 있는 기본적 틀을 형성하게 되었다는 것을 의미한다.

2) 심리적 우화 변환기의 특징

출생 후부터 약 2개월간 아기는 외부 자극과 단절시켜주는 자폐 껍질(autistic shell)에 싸여 있어서 외부 자극에 대한 리비도 집중이 거의 없으며, 배고플 때 외에는 거의 잠을 잔다. 이 시기는 심리적 과정보다는 생리적 과정이 절대적이다. 아기는 생리적 성장을 촉진하기 위하여 출생 이전과 비슷한 상황을 유지하며, 극단적인 자극으로부터 보호받고 있다. 말러는 이 상태를 은유적으로 개념화하여 정상적 자폐 단계(normal autism phase)라고 하였다(반건호, 2021).

영아기 때 특히 중요한 것은 어머니와 아기와의 애착 관계이다. 애착이란 한 개인이 자신과 가장 가까운 사람에게 느끼는 강한 감정적 유대 관계를 말한다. 영아기에 있어서 애착 행동은 울거나 웃거나 어머니에게 매달리거나 하여 어머니 곁에 있고 싶어 하고 떨어지지 않으려는 행동으로 유아가 어머니나 그 밖의 식구들을 자기 주변에 있게 하고 사랑을 구하는 애정 행위라 할 수 있다. 어머니가 수유 과정과 편안한 보살핌을 통해 아이에게 애착을 보이면 이는 곧 어머니와 아기와의 기본적인 신뢰감을 형성시켜 주는 것이 되어서 아기의 심신 발달에 좋은 영향을 주게 된다. 반면 어머니와의 애착이 이루어지지 못하면 정서적인 문제와 신체 발육에 나쁜 영향을 미치게 된다(권육상, 2003: 43-44).

Melanie Klein(1882-1960)은 두 개의 극단적인 상황을 중심으로 유아의 경험을 나누었다. 그 두 개의 상황은 이론적으로 뿐만 아니라 정서적 성격에 있어서도 대조적이다. 유아에게 대조적인 두 개의 상황을 적용해 보면 다음과 같다. 한편에서 유아는 사랑으로 둘러싸인 것처럼 느낀다. 놀라운 영양분과 풍부한 사랑으로 가득 차 있는 '좋은 젖가슴'은 사랑하게 되고 그 보호하는 양육에 깊이 감사하게 된다. 그러나 그렇지 않은 경우에 유아는 박해와 고통을 느낀다. 증오스럽고 고약한 '나쁜 젖가슴'은 이제 내부로부터 그를 공격하고 버린다. 유아는 이 '나쁜 젖가슴'을 미워하며 강렬하고 파괴적인 보복 환상에 사로잡힌다. 클라인이 묘사한 분열된 세계는 어떠한 현실검증 능력도 생겨나기 훨씬 전에 형성된 것으로 보인다. 유아는 그의 사랑과 미움에 대한 환상들이 환상의 대상들에게 실제로 강력한 영향을 미친다고 믿는다. 아동은 '좋은 젖가슴'에 대한 자신의 사랑이 대상을 보호하고 회복시킨다고 믿으며, '나쁜 젖가슴'에 대한 자신의 증오는 대상을 박멸시킨다고 믿는다. 아동은 자신의 충동들을 전능감을 갖고 경험하기 때문에 이 세상에 극히 위험한 장소이며 자신의 충동의 대가 또한 크다고 느낀다(이재훈, 이해리 역, 2002: 168-169).

백일이 되었는데도 아이가 어머니의 존재를 알아보지 못한다면 그 아이에게는 문제가 있다. 아이가 어머니를 알아본다는 말은 자신 외에 다른 사람이 세상에 존재하고 있다는 사실을 인식했다는 뜻이기 때문에 어머니의 존재에 대한 인식은 매우 중요하다. 아이가 밖에 존재하는 어머니를 알아보지 못한다면 그 아이는 아직 자폐의 각질을 벗지 못하고 자폐 상태에 머물러 있다는 것을 뜻한다. 자폐란 아이의 마음이 외부의 세계를 차단하고 혼자서 생각하고 혼자서 느끼면서 자기 이

외의 어떠한 사람도 이 세상에 존재하지 않는 것처럼 혼자서 살고 있는, 그러면서도 전혀 불편을 모르는 정신적인 상태를 가리키는 말이다. 만일 아이가 백일이 되었는데도 불구하고 자폐의 각질 속에 쌓여 있는 정신 때문에 외부 세계에 대한 인식이 전혀 없다면 이 아이는 자폐를 정신 질환으로 가지고 있을 가능성이 높다(임종렬, 2002: 173).

한편 이 시기에 영아는 행동의 변화도 나타난다. 정옥분에 의하면 영아기의 가장 주목할 만한 대근육 운동기능은 고개도 못 가눌 정도로 전적으로 의존적이던 인물에서 뒤집기, 기기, 서기, 걷기, 달리기 등을 할 수 있는 인물로 영아를 바꿔놓는다. 출생 시 신생아는 고개도 가누지 못하지만 생후 1개월이 되면 엎드린 자세에서 고개를 들 수 있다. 2개월경에는 가슴을 들 수 있으며, 3~4개월경에는 뒤집기를 할 수 있다(정옥분, 2009: 204).

아이가 태어나서 100일이 되면, 백일잔치를 하여 축하해 주는 우리의 관습이 있다. 이는 아이가 100일 동안에 죽지 않고 살았다는 것을 축하하는 의미도 있지만, 이제는 사람 구실을 할 수 있게 되었다는 의미에서 백일잔치를 하여 축하한다. 영아들에 따라 차이가 있지만 100일을 전후하여 목을 가누고 뒤집기를 하기 시작한다. 또한 100일이 지니는 의미는 이 시기에 오감이 열리기 때문이다. 오감은 인간으로서 갖추어야 하는 중요한 감각으로 시각, 청각, 후각, 미각, 촉각의 5가지 감각기관을 의미한다.

영아는 자신의 의지와 관계없이 태어나 양육자로부터 사랑과 애정을 받으며 성장할 수도 있고, 냉정한 양육자로부터 학대와 체벌, 거친

욕과 감정의 쓰레기통 역할에 처할 수도 있다. 따라서 생후부터 100일까지의 심리적 우화 변환기를 어떻게 보냈는가에 따라 자신의 틀에서 벗어나 양육자와의 심리적 밀착기로 넘어오게 된다. 이를 위해서 양육자는 아이가 원하는 애정과 사랑을 충분히 나누어주어야 한다. 이 시기에 거친 양육 환경에 처하여 무관심과 냉대 속에 성장한다면 아이는 스스로 보호하기 위하여 본능적으로 방어기제를 형성한다. 자신의 세계 안에 머물며 외부와 관계를 하지 않은 채로 성장하게 된다. 즉, 양육자로부터 소외된 영아는 외부와의 관계를 차단하고 자신의 틀 안에서 지내게 되며, 전혀 불편을 느끼지 못한다. 이러한 시간이 지속되면 영아는 자폐증을 갖게 될 가능성이 있다. 영아는 양육자와 눈을 맞추지 못하거나 외부의 환경에 적절히 반응하지 못한다. 또한 100일이 지난 영아로서의 행동거지에 크게 벗어나는 모습을 보이게 되는 등 이러한 증상들을 고려할 때 자폐아인지 아닌지 알게 되는 것이다.

2. 심리적 밀착기

Bowlby의 지나간 반세기 동안에 이루어진 가장 중요한 정신의학상의 공헌 중의 한 가지는 어린이가 출생 초기에 부모에게서 받은 보육 내용이 장차 어린이의 정신건강에 매우 중요한 영향을 끼친다는 사실을 확인하기 시작하였다는 점이다(송운규 역, 1998: 9).

1) 심리적 밀착기의 이해

심리적 밀착기는 약 100일부터 18개월까지이다. 아이는 자신의 의사와 관계없이 양육자와 지내야 하며, 100일을 맞이하게 되면, 양육자는 100일 축하 잔치를 한다. 이 시기에는 양육자를 알아보게 되고, 밀착하게 되며 인간으로서 삶을 살아가게 된다.

신용주, 김혜수에 의하면 영아기란 태어나면서부터 약 18개월경까지의 시기를 말하며 Erikson의 이론에 근거하여 영아의 심리사회적 측면을 살펴보면, 이 시기는 '기본 신뢰감 대 불신감'의 단계이다. 영아는 가족, 특히 어머니의 적절한 보살핌이 제공되면 기본 신뢰감이 형성되나, 일관성 없는 양육 태도를 경험하면 불신감이 생긴다. 기본 신뢰감은 장차 타인과의 원만한 인간 관계는 물론 자신 및 세상에 대한 신뢰감의 바탕이 된다(신용주, 김혜수, 2021: 153-154).

이 시기에 어머니의 얼굴을 보고 미소 짓는 반응이 처음으로 나타난다. 비록 이것이 어느 정도의 분리를 의미하는 것처럼 보일지라도 Mahler(1897-1985)는 유아가 마치 이전과 동일한 대인 관계 체계의 부분인 것처럼 경험한다고 하였다. 그래서 유아는 먹을 것, 따듯함 그리고 그 외의 물리적 필요들이 채워지더라도 어머니가 정서적으로 혼란스러울 때는 고통스런 태도로 반응할 수 있다. 이러한 원시적인 "전 대상기적" 경험들은 초기 분열의 씨를 품고 있다. 즐거운 경험들은 "좋은" 것으로 범주화하는 반면, 고통스러운 경험들은 "나쁜" 것으로 분류된다. 이 둘 모두 이후 대인 관계 분열의 전조가 되는 기억의 기반을 형성한다. 이 시점에서는 분리된 인간으로서의 경험도 어머니와 유아 "자기"간의 구분도 없고 단지 공생적 하나됨만을 경험할 뿐이다(이영희 외 역, 2007: 35-36).

임종렬에 의하면 이 시기를 공생기라고 하였다. 공생기에 양육자가 충분한 밀착감을 아이에게 느끼게 해 주지 못한다면 아이는 불행한 느낌 속에 이 시기를 보내게 된다. 공생기를 불행하게 지낸 아이는 공생기 이후에 경험하게 될 격리 개별화기를 제대로 경험하지 못하게 되고 에디퍼스 갈등기 또한 의미 있게 보내지 못하게 된다. 공생기를 원만하게 보내지 못한 아이가 청소년이 되었을 때 외부로부터 심한 스트레스를 받으면 감정 장애라고 하는 우울증을 갖게 되며 나아가서는 정신분열증을 일으킬 수 있다. 우울증과 정신분열증은 청소년기에 갑자기 갖게 되는 정신 질환이 아니고 공생기(4개월에서 18개월까지)를 외롭게 보낸 결과에 의해 생긴 질환이다. 외롭게 지냈다는 말은 양육자와 정신적으로 밀착된 관계를 가지지 못하고 거리를 두고 지냈다는 것이다(임종렬, 2002: 179).

허용적인 양육자는 아이에게 자율성을 인정하고 아이가 할 수 있는 일은 스스로 할 수 있도록 한다. 아이의 자율적인 행동에 의한 결과를 지지하게 되고, 조력하는 자세로 아이의 성장 과정을 지켜볼 것이다. 그러나 통제적인 양육자는 아이의 모든 행동을 감시하고 통제하며, 행동에 의한 결과를 비난한다. 아이를 양육하는 전체 과정을 고달프게 생각하며, 아이에게 무관심하거나 방관하는 태도를 취하게 된다. 또한 양육자의 감정에 따라 일관성 없는 격한 반응을 보인다. 이러한 양육자의 태도는 아이의 성격을 결정하는 자아의 형성과 특성에 큰 영향력을 미친다.

긍정적인 양육자와의 관계에서 받게 되는 사랑의 에너지는 자아존중감, 선행하는 자율성, 독자적인 기능을 가능하게 하여 바람직한 아이로서의 표상을 정착시킨다. 그러나 부정적인 양육자와의 관계에서 제공받는 에너지는 부정적인 자기감과 만족스럽지 못한 행동을 하게 하고, 의존성과 나태성을 갖게 하여 비난받는 아이로서의 이미지를 내재화한다. 이처럼 양육자와 아이와의 관계는 긍정적 또는 부정적 성향으로 성장하는 유일한 매개체로써의 기능을 한다. 어떠한 성격을 가진 양육자를 만나는가에 의해 아이의 성격 형성에 미치는 영향력은 크게 된다.

2) 심리적 밀착기의 특징

옛날부터 우리나라에는 아이의 백일을 크게 축하해 주는 잔치를 했다. 백일잔치를 해 주는 것은 사람이 되었다는 것을 축하하는 의미에서였다. 아이에게 백일처럼 중요한 날이 없다. 왜냐하면 백일은 사람이 정신적으로 태어나는 날이기 때문이다. 자폐의 각질을 벗고 하나의 인간으로서 정상적인 삶을 살 수 있게 하는 정신이 기능을 하기 시작하는 새로운 시기를 맞이하게 되었다는 것을 기념하는 것이다. 백일이 되면 아이들은 귀로 듣고, 눈으로 보며, 입으로 옹알이를 하는 기능이 시작된다. 사람으로서 갖추고 있는 오관이 일을 시작한다는 것이다. 이때의 아이는 어머니의 존재를 인식하고 아이와 어머니를 구별할 수 있는 정신적인 능력이 생긴다. 처음 시작하는 어머니와의 관계이기 때문에 그 관계를 어머니마저도 잘 알아볼 수 없을 정도로 미세하지만 어떻든 아이의 입장에서는 어머니와의 관계가 새롭게 시작되는 날이 백일이라고 할 수 있다(임종렬, 2002: 172).

출생 후 5주부터 약 2세까지의 아이들을 유아라고 부르며, 이 시기의 특징은 매우 빨리 성장한다는 것이다. 유아기 때에는 부모로부터 물려받은 유전적인 특성과 외부환경적인 요인이 상호작용을 함으로써, 일생 중 가장 많은 변화가 일어나는 시기이다. 대표적인 특징으로는 유아기 때의 아동들이 자신의 몸을 스스로 움직이고 이동할 수 있게 된다는 것이다. 또한 유아는 어른이 생각하는 것보다 훨씬 뛰어난 능력을 가지고 있어, 태어나는 즉시 여러 가지 복잡한 행동들을 수행하기 때문에 이 시기에는 적절한 감각적 자극과 책임 있는 보호가 지속해 요구된다. 만약 이때 유아가 성취하여야 할 과업에 있어서 차질이 생길 경우, 유아는 사랑결핍증으로 성장에 지연이 올 수도 있고, 정서적인 안정에 이상이 초래되는 등 여러 가지 발달의 저해를 가져올 수 있다(권육상, 2006: 33).

영아가 특정인과 애착을 형성하게 되면 낯선 사람이 다가오거나 부모가 낯선 사람에게 자신을 맡기면 큰 소리로 우는데, 이런 반응을 낯가림이라고 한다. 낯가림은 낯선 사람 그 자체에 대한 반응이 아니고, 영아가 익숙해 있는 얼굴과 낯선 얼굴의 불일치에 대해 보이는 반응이다. 즉, 일단 영아가 친숙한 사람에 대한 도식을 형성하게 되면 이를 낯선 사람과 비교하게 되며, 그 차이가 큰 경우에는 혼란스러움을 경험한다는 것이다. 낯가림은 6-8개월경에 나타나기 시작해서 첫돌 전후에 최고조에 달했다가 서서히 감소한다. 대부분의 영아가 낯선 사람에 대한 불안반응을 보이지만, 낯가림의 정도는 영아의 기실이나 환경요인에 따라 다르게 나타난다. 부모나 친숙한 성인이 함께 있는 상황에서는 낯가림이 덜 나타나고, 기질적으로 순한 영아가 까다로운 영아보다 낯가림을 덜 하는 편이다. 그러나 낯가림을 전혀 하지 않는 것도 바람직한 것은 아니다. 이런 영아들은 낯선 사람에 대한 변별력이 없기 때문에 애착형성이 잘 이루어지지 않는 경향을 보인다(정옥분, 2009: 253).

유아가 통합되지 않은 의식상태에서 자신의 욕구와 소망을 드러내면 좋은 어머니는 그의 바람을 거의 즉각적으로 깨닫고 그의 욕구를 충족시켜주는 주변 환경을 만들어 준다. 아이를 먹이는 어머니의 신체적 반응(모유의 방출과 같은)은 어떻게 어머니가 아기의 자발적인 몸짓에 반응하는지를 보여주는 전형적인 예라고 할 수 있다. 이러한 어머니의 몰두로 인해 생후 몇 개월 동안 아기는 자신을 모든 존재의 전능한 중심으로-Winnicott이 주관적 전능감이라고 부른-경험하게 된다. 그가 소망하면 이루어진다. 그가 배가 고프고 젖을 원하면 젖이 나타난다. 그는 그것을 나타나게 만든다. 그는 젖을 창조한다. 만일 그가 춥고 기분이 언짢아져서 따뜻해지기를 원하면 곧 따뜻해진다. 그는 자기 주변 세계의 온도를 통제할 수 있다. 그는 주변을 창조한다. 어머니는 지체하지도 않고 조금도 빠트리지도 않고 그에게 세계를 가져다준다. Winnicott에 따르면 그러한 어머니의 반응은 아이에게 아이 자신의 소망이 욕망의 대상을 창조한다는 믿음 곧 환상의 순간을 제공한다. 아이에게는 필요할 때 어머니가 곁에 있어 주는 것만큼이나 필요하지 않을 때 어머니가 물러나 주는 것이 중요하다. 그렇게 함으로써 어머니는 Winnicott이 말하는 안아주는 환경을 창조한다. 다시 말해, 그녀는 유아가 자신이 보호받고 있다는 것을 의식하지 못한 채 보호받는 물리적, 심리적 공간을 창조한다. 바로 그러한 망각이 아기로 하여금 그다음 단계의 경험들을 자연스럽게 받아들일 수 있게 만든다(이재훈, 이해리 역, 2002: 223).

Bridges는 생후 2년 된 유아들의 정서 반응과 그 분화과정을 관찰했는데(Tompson, 1952) 그 내용은 다음과 같다. 신생아 때에는 흥분상태에서 자거나 빠는 등 매우 본능적인 정서가 지배하지만, 2개월이 되면 불쾌감을 호소하는 표정으로 울거나, 뚜렷한 목표 없이 미소를 짓기도 한다. 3개월이 되면 노하는 표정이 처음으로 나타나기도 하는 반면, 기쁨과 행복감의 정서도 함께 가지게 되는데, 이때는 엄마의 품에 안겨 젖을 빨고 있는 때이다. 6개월이 되면 무서움을 알기 시작하고 노여움이 증가하는 것을 볼 수 있다. 12개월에는 의기양양하고, 애정이 더욱 증가하며, 18개월에는 성인을 위한 애정과 어린이를 위한 애정과 질투가 생긴다. 결국 정서 발달은 정서 반응의 발달 또는 변화이며, 성숙요인과 학습요인의 복잡한 상호작용의 결과로써 일어나는 생물학적인 성숙 과정인 동시에 학습된 경험에 의존하는 것이라고 말할 수 있다. 이런 정서들이 유아기 때에 안정되지 못한 어린이는 신체적으로 발육이 지연될 수 있고, 정서적으로는 불안정한 성품으로 자라, 성인이 되어 급성 우울증과 편집증을 일으킬 수 있는 원인이 된다고 Freud와 Erikson은 주장하였다(권육상, 2006: 37-38).

정옥분에 의하면 아이의 출생부터 24개월까지의 발달 과정 중 대근육 운동의 발달 과정에 대하여 다음과 같이 서술하고 있다. 출생 시 신생아는 고개도 가누지 못하지만 생후 1개월이 되면 엎드린 자세에서 고개를 들 수 있다. 2개월경에는 가슴을 들 수 있으며, 3~4개월경에는 뒤집기를 할 수 있다. 7개월경에는 혼자 앉을 수 있고, 12~14개월 경에는 혼자 설 수 있다. 12개월경에는 붙잡고 걸을 수 있으며, 15개 월경에는 혼자 걸을 수 있다. 18개월경에는 계단을 오를 수 있고, 자 전거 타기를 할 수 있다. 18~24개월경에는 달리기, 뒤로 걷기, 공차 기, 공 던지기, 뜀뛰기 등을 할 수 있다(정옥분, 2009: 204).

유아의 넘쳐나는 욕구를 충족시켜주는 일반적으로 돌보아주는 사람 인 엄마는 유아의 이러한 혼란스럽고 비조직적인 카오스 상태에 들어 오게 된다. 불쾌감으로 감지되는 유아의 욕구에 대한 보호자의 조정은 위협적이고 참을 수 없는 긴장을 만족과 안정감으로 전환시키는 것이 다. 유아의 불쾌감에 대한 엄마의 차분하고도 적절한 반응은 점차적으 로 유아에게 긴장의 근원들이 따로따로 분리되어 존재한다는 것을 가 르쳐주며, 그리고 보다 더 중요한 것은 불쾌감을 해소하기 위해서 다 른 사람에게 의존할 수 있고, 다른 사람을 신뢰할 수도 있다는 것을 유 아에게 가르쳐준다(김영호 외 역, 2006: 35).

우울한 어머니는 자녀와의 관계에서도 우울과 관련한 특성을 보이 고 양육 기술의 부족을 나타내기도 한다. 그리고 자녀로 하여금 어머 니를 거부하거나 적대의 감정을 유발하여 어머니-자녀 간 상호행동을 약화시키게 된다. 즉, 우울은 어머니의 양육 행동에 있어 스트레스와 무력감을 느끼게 하여 어머니의 공격성을 증가시키고 그것은 곧 영아 발달에도 부정적인 영향을 미칠 수 있음을 시사한다(최선녀, 2015).

인간의 발달 과정 중 심리적 밀착기에 형성되는 애착형성은 아이가 앞으로 마주쳐야 할 상황에 대해 어떠한 마음으로 대처하는지에 영향을 크게 미친다. 안정적으로 애착이 형성된 아이는 관계 속에 긍정적이고 이타심이 많고 자아존중감이 높은 아이로 성장한다. 그러나 불안정 애착이 형성된 아이는 자기중심성이 강하고 부정적 사고와 관계 속의 고립을 형성하게 된다.

마음의 원동력은 자동차의 엔진과 마찬가지로 에너지가 없이는 움직이기가 어렵게 된다. 아이가 출생 후 심리적 밀착기 동안에 양육자로부터 애착형성과 충분한 사랑의 에너지를 공급받게 된다면, 아이는 평생을 통해서 에너지를 재공급받지 않더라도 충분하게 사용할 만한 에너지의 양을 갖게 된다. 그러나 받은 에너지가 부정적이었을 때의 아이는 원하는 에너지를 수시로 받아야 하는 어려움을 가지게 된다.

심리적 밀착기에 아이는 양육자와 분리가 되지 않고, 양육자와 자신을 동일하게 생각한다. 배가 고파 울게 되면 우유를 입에 물려주고, 놀아달라고 칭얼대면 놀아주고, 쉬를 싸서 울면 기저귀를 갈아준다. 아이는 이 모든 것이 자신이 만드는 것으로 생각하며, 자기중심적 사고를 갖게 되며, 원하는 것이 다 이루어지는 환상의 시기로 보고 있다. 아이는 양육자와 밀착된 관계 속에서 양육자로부터 필요한 사랑과 보호받으며 믿고 의지하며 성장한다. 이러한 과정을 거치면서 양육자로부터 분리하여 독립을 준비하는 시기이다. 심리적 밀착기에 양육자로부터 사랑과 보호를 받지 못하고 소외되고 외롭게 보내게 되었다면 우울, 조울증 등의 인자가 형성된다. 이러한 인자는 무의식에 잠복하고 있다가 심리적 갈등 혼재기(청소년기) 이후 어느 시기에 조건이 형성되면 잠복하고 있던 인자가 활성화된다.

3. 심리적 분리기

1) 심리적 분리기 이해

심리적 분리기는 약 19개월부터 36개월의 시기이다. 아이가 양육자로부터 필요한 사랑과 보호를 충분히 받음으로써 아이는 양육하는 사람을 믿고 의지하게 된다. 이때의 믿음과 의지가 아이로 하여금 양육자로부터 떨어져 나가 독립해도 되겠다는 생각하게 한다. 이때부터 아이는 양육자로부터의 독립을 본격적으로 시도한다. 이러한 노력은 19개월에서 36개월이 될 때까지 계속된다. 이 시기를 Mahler는 분리개별화, Mann은 분리-개인화, Cashdan은 분리-개별화, 임종렬은 격리개별화기 라고 한다.

Mahler(1975) 등은 36개월 이전까지의 아동에 집중하여 인간 성격의 현실적 부분인 자아가 격리-개별화되어 확고한 정체성의 바탕을 이루는 시기로 규정하고 있으며 어머니의 역할을 무엇보다도 강조하고 있다. 대상관계이론에서는 아동의 최초의 대상인 어머니와의 관계의 내용을 내면화하여 어머니의 표상을 형성하고 이러한 대상 표상으로부터 자기의 이미지인 자기 표상을 분화시키게 내면세계의 발달을 이루게 된다고 보고 있다(김영호, 2004).

　Mann에 의하면 분리-개인화 시기는 3개월부터 3세 사이에 진행되는 성숙과 발달 과정이 포함된다. 이 시기 동안 유아는 어머니상으로부터 자아상을 분별한다. 대상과 자아의 성공적인 분별이 이루어지면 상당히 발달된 현실지각이 뒤따르게 된다. 분리-개인화, 현실지각의 발달, 자아 발달 경과 사이의 상호관계는 타인과의 관계를 조정해 줄 수단이 되는 적용방식의 적절성을 결정해 주게 된다(박영숙, 이근후 공역, 1993: 38).

　Cashdan에 의하면 분리-개별화 과정의 재접근 하위 단계는 15개월과 18개월 사이에 시작되어 30개월 내지는 그즈음까지 지속된다. 이 시기 동안 아이는 어머니와 다른 중요한 타인, 특히 아버지와 언어적인 수준에서 더 많은 상호작용을 하기 때문에 언어적 능력을 빠르게 획득한다. 아이는 새롭게 나타나는 독립성을 매우 강하게 과시하면서 자기주장성과 분리감을 전면에 드러낸다. 그러나 아이가 어머니와 자신을 분리해서 한 개인으로서 자기를 확립하는데 큰 진전을 보이지만, 여기에는 여전히 도움과 재확인을 받으려는 강한 욕구가 남아있다(이영희 외역, 2007: 38).

　임종렬에 의하면 격리개별화기인 19개월에서 만 3년을 사는 동안에 에너지의 공급이 부족하여 현실거래에 어려움이 있었다면 이는 경계선 증후군을 갖게 하는 고착 현상을 남기게 되며, Oedipus 갈등기인 만 3년에서 만 5년을 사는 동안에 현실거래에 필요한 에너지가 축적

되지 못했다면 신경증적 고착을 면치 못하게 된다(임종렬, 2001: 211).

Mahler의 분리개별화 단계와 비슷한 시기를 거치는 심리적 분리기는 대상 표상(양육자)으로부터 자기가 분화되고, 비자기로부터 자기의 경계를 분명하게 설정하게 되는 분화가 된다. 좋고, 나쁜 자기와 대상 표상은 처음에는 분리되어 함께 존재하지만 점차 통합되어간다. 좋고 나쁜 대상 표상을 전체 대상 표상으로 통합하는 것은 대상항구성을 성취하도록 한다. 나쁜 것으로부터 좋은 것을 따로 나누는 분열을 사용하는 것은 이 시기에는 정상적이다. 분열은 아동이 양육자와의 이상적인 좋은 관계가 좌절시키는 나쁜 양육자와 구분하기 위하여 자기를 보호하는 방법이다. 정상적인 아이는 점차 분열을 적게 사용하는 반면 경계선 성향의 소유자는 비조직화하는 불안으로부터 그들의 나약한 자아를 보호하기 위해 분열을 지속해 사용하게 된다.

대상 표상으로부터 자기 표상을 분화시키는 것은 안정적인 자아경계선을 설정하는데 기여하지만 안정적인 자아 경계는 외부 자극에 의하여 불안정하며 동요하는 상태에 있게 된다. 아직까지 통합된 자기감이나 타인에 대한 통합된 개념은 없다. 따라서 이 시기에는 부분 대상관계 단위에 머물러 있게 되며, 고착이나 병리적인 퇴행은 경계선 성격을 형성한다.

심리 내적인 구조는 외부의 대상과의 다양한 상호작용을 거친 후에 기본적인 패턴에 따라 형성되지만 개개인의 차이는 존재한다. 아이는 관계를 맺고 환경에 적응하고, 사고하며, 느끼는 경험을 통하여 중심 자아인 의식을 형성하게 된다. 양육자와의 경험이 만족스러울수록 아이의 중심 자아는 점차 긍정적으로 발달하게 된다. 또한 성장 과정에서 즐거운 일, 슬픈 일, 고통스러웠던 일 등 다양한 경험을 하며 성장한다. 특히 양육자와의 경험은 무겁고 가벼움을 떠나 아이의 무의식에 자리 잡아 연상기억(연상상황)인 유발 인자에 의하여 의식으로 올라올 수밖에 없다. 즉, 한 번 경험한 일들은 무의식에 가라앉아 있다가 외부의 자극에 의하여 의식 위로 올라오게 되는데 이는 마치 회전판 원리와 같이 한 번 경험한 일들은 반드시 재활성화된다.

따라서 심리적 분리기인 19개월~36개월까지의 경험은 아이의 성장 과정에 중요한 영향을 미치게 된다. 이러한 시기에 양육자로부터 지나친 자율 제한이나 육체적, 정서적 학대를 당하게 되면 경계선 성향, 반사회적 인자가 형성된다. 이러한 일들은 아이에게 트라우마(trauma)나 미해결 과제, 걸림으로 남게 되어 훗날 청소년기 이후 어느 시점에 유발 인자에 의하여 병리 증상이 활성화되어 정신적 성장을 가로막거나 퇴행이 일어나기도 한다.

2) 심리적 분리기 특징

영아기는 인간 발달에 있어 기초가 형성되는 결정적 시기로 매우 중요한 시기이며, 출생 후 36개월 동안은 발달이 빠르게 일어난다. 이 시기에는 신체, 인지, 언어, 사회, 정서적 발달이 급격하게 이루어지며, 영아기 발달은 이후 발달의 광범위한 측면에 중요한 영향을 끼치기도 한다. 영아의 발달 수준은 평균적인 영아의 발달, 개별적인 영아의 발달도 있지만 그 발달 수준에 적합한 경험을 제공해야 한다(윤다희, 2014).

생후 18개월 이후에서 만 3세까지의 시기를 걸음마기(보행기)라고 하는데, 이 시기에는 공격적 충동과 자기주장을 내세우며, 부정적이고 반대적인 경향을 보이고 자기 뜻대로 안 되면 울고 야단하는 분노 발작을 일으키기도 한다. 이 시기에 부모는 일관성 있는 행동 통제 및 감독을 함으로써 유아의 공격적 감정을 조절해 주고, 자기주장과 고집을 적당히 들어주거나 막아줌으로써 유아로 하여금 행동의 범주를 배우도록 도와주어야 한다. 이 시기는 대소변 훈련의 시기로 유아의 대소변 훈련은 유아의 성격 형성에 큰 영향을 미친다. 따라서 대소변 훈련 시 부모의 뜻대로 되지 않는다고 해서 유아를 윽박지르거나 강요하지 말고 자신감을 갖도록 해줄 필요가 있다. 그뿐만 아니라 이 시기에는 유아의 분노 발작 행동이 나타날 때도 있다. 유아의 분노 발작은 유아가 욕구 불만 상태이거나 자신의 의사가 관철되지 않는 경우에 때와 장소를 가리지 않고 큰소리를 내어 울고 발버둥치는 행동이다. 이때 무조건 요구를 충족시켜 주면 이러한 방법이 습관화될 우려가 있다. 영아기나 유아 초기에는 분노발작 시 안아주고 달래지만 언어로써 의사소통이 가능해진 후에는 욕구 불만을 말로 표현하도록 지도하여 정당한 적응양식을 길러줘야 한다(권육상, 2003: 44- 45).

양육 태도와 분리-개별화에 대한 연구를 살펴보면, 정윤희(2012)는 부모가 애정적인 양육 태도를 보일수록 자녀는 비교적 수월하게 분리-개별화 과정을 겪고, 부모가 거부적이고 과보호적인 양육 태도를 보일수록 자녀는 분리-개별화되지 못하고 공생관계에 있으려 하여, 건강한 분리-개별화는 부모와의 애정적 관계에서 가능하다는 사실을 보여주었다. 따라서 애정적인 양육 태도를 가진 부모에게서 자란 자녀는 자신과 타인에 대해 긍정적인 시각을 가지고 부모로부터 심리적 독립이 가능하지만, 거부적이고 과보호적인 양육 태도를 가진 부모 밑에서 자란 자녀는 의욕이 상실되어 생활을 자주적으로 운영할 능력이 없으므로 부모에게 의존할 가능성이 높다(김미경, 2021).

격리 불안의 일반적인 형태로써 유기 공포라는 것이 있다. 성장기 특별하게는 격리개별화기에 모성 부재로 인한 강한 박탈감을 경험한 사람은 격리개별화기가 지난 이후에 유기감을 갖는 경향이 있다. 이러한 사람들은 원래의 양육자 혹은 대상이나 그가 속해 있는 가족에 대해서만 유기감을 느끼는 것이 아니라 그들의 핵가족과 그 밖의 사람들에 대해서도 같은 종류의 느낌을 가지게 된다. 이들의 심리적 무의식에 의해 추구하는 유기 상황의 재현뿐 아니라 유기감을 갖게 하는 자극 그 자체에 의해서 유기를 경험하는 추상적인 상황을 재현한다. 이러한 심리 현상을 내부에 가지고 있는 사람은 유기를 예상하고 기대하며 유기 공포의 단애(斷崖)에서 일상을 대한다(임종렬, 2001: 252-253).

한편 그림 그리기에서의 연령의 변화는 뇌와 소근육이 성숙하였음을 반영하는 것이며(Kellogg, 1970), 2세 유아의 끼적거리는 영아기에 아무렇게나 끼적거리던 것과는 다르다. 유아기에는 끼적거리기에도 나름대로 패턴이 있는데, 수직 또는 지그재그로 끼적거린다. 3세 유아는 원, 정사각형, 직사각형, 삼각형, 십자 모양, ×자 모양을 그릴 수 있다(정옥분, 2009: 268).

육체의 건강한 보존을 위해 건강한 음식이 필요하듯 정신의 건강을 위해서는 건전한 사랑이 필요하다. 양육자의 사랑이 부족하거나 불가능했을 때 아이는 부족한 양육자의 사랑을 요구하며, 과격한 일탈행위로 표출된다. 인간의 정신적인 건강은 그의 육체를 통해서 표현되는 자아의 의지와 관련된다. 자아의 의지는 자아가 소유하고 있는 에너지의 양과 관계된다. 건강한 인간으로 표현된 사람의 행동 속에는 풍부한 자아의 의지가 내포되어 있다. 자아의 의지는 풍부한 정신에너지에 의해 가동된다. 자아의 에너지는 생명체의 유지를 위해 필요한 것을 공급받기 위한 욕구와 환경의 영향 사이에서 일어나는 지속적 상호작용에 의해 충족된다.

아이의 자아는 양육자가 제시하는 경험에 의해 형성되는 심리 기제이다. 자아의 형성이 활발한 심리적 분리기에 양육자와의 경험에서 무엇을 얻었느냐가 아이의 자아의 질을 결정하며, 질과 관계된 경험을 얼마나 했느냐가 그 양을 결정한다. 자아의 양과 질을 결정하는 양육자와의 사이에서 긍정적 경험하게 하면 긍정적 자아를 갖게 될 것이고 부정적 경험하게 되면 부정적 자아를 갖게 된다.

심리적 분리기인 이 시기에는 아이가 양육자에게서 떨어져 독자적으로 활동하게 되는 시기이다. 아이는 양육자의 품에서 벗어나 밖으로 나가려고 한다. 밖으로 나가서도 일정 거리 안에 양육자가 있는지 수시로 확인하는 것을 알 수 있는데 이는 아이가 바라보는 심리적 안전 거리이다. 또한 아이는 방바닥이나 벽에 낙서를 한다. 이러한 행동은 발달 과정에서 자연스러운 것이며, 누구나 이 시기를 거치며 성장한다. 그러나 양육자는 이러한 아이의 행동을 제한하려고 한다. 위험하다고 밖에 나가지 못하게 하고 방바닥이나 벽에 낙서를 하면 지저분하다고 야단을 치면 낙서 도구를 빼앗아버린다. 때로는 심하게 학대하는 양육자도 있는데 이는 아이의 성장 발달 과정을 이해하지 못하기 때문이다.

따라서 아이의 건강한 양육을 위해서는 아이가 밖으로 나가려고 하면 아이와 함께 산책을 하면서 아이의 욕구를 충족시켜주고, 벽이나 방바닥에 충분히 낙서를 할 수 있도록 벽에 전지를 붙여 놓는 등 자연스럽게 그릴 수 있도록 필기도구를 준비하여 두어야 한다. 이 시기에 지나치게 자율성을 제한하거나 학대를 하게 되면, 아이에게 경계선 성향, 반사회적 성향 등의 인자가 형성되어 무의식에 잠복하고 있다가 청소년 이후 어느 시기에 조건이 형성되면 잠복하고 있던 인자가 활성화된다.

4. 심리적 욕구 충족기

정신분석이론은 성장기에 아버지와의 경험을 중요시 하며, 대상관계이론에서는 어머니, 임종렬의 대상중심이론과 필자의 관계형성이론에서는 양육자를 중요하게 다루고 있다.

1) 심리적 욕구 충족기의 이해

심리적 욕구 충족기는 약 37개월에서 60개월 정도이다. 이 시기는 정신분석이론이나 대상관계이론에서 다루고 있는 오이디푸스 시기로써 이성 부모를 연인으로 생각하고 사랑하는 시기이다. 아이는 이때 이성 부모로부터 충분한 사랑을 받아야 한다. 이성 부모로부터 원하는 만큼 사랑을 받았을 때 아이는 다시 동성부모와 동일시하며 동성 부모의 행동을 모방하고 동성 부모와 같이 행동을 하게 된다. 이때 아이가 이성 부모로부터 원하는 사랑을 받지 못하게 되면 자기도취증이나 신경중 등의 인자가 형성되어 무의식에 자리 잡게 된다. 잠복하고 있던 인자는 심리적 갈등기인 청소년기 이후 어느 시기에 유발 인자의 자극에 의해 활성화된다.

임종렬에 의하면 37개월에서 60개월에 이르는 시기를 에디퍼스 갈등기라고 하였다. 이 시기는 이성 부모를 연인으로 생각하고 사랑하는 시기이다. 이때 아이가 원하는 만큼 이성 부모를 사랑할 수 있어야 하고 이성 부모로부터 충분한 사랑을 받아야 한다. 이성 부모로부터 충분한 사랑을 받았을 때 아이는 다시 동성 부모와 동일시하게 되고 이때 비로소 아이는 동성 부모가 행하는 역할을 모방하고 동성 부모와 같이 행동하게 된다(임종렬, 2002: 179). 아이의 성장 과정 중 오이디푸스 갈등기 또는 오이디푸스 콤플렉스에 대해서 다루고 있는데 여기서 의미하는 오이디푸스에 대하여 미국 정신분석학회(The American Psychoanalytic Association)에서 발간한 정신분석 용어사전(Psychoanalytic Terms & Concepts)에 다음과 같은 이야기가 있다.

소포클레스(Sophocles)의 오이디푸스 왕 이야기에 나오는 고전적 신화의 내용은 다음과 같다. 테베(Thebes)의 왕인 라이우스(Laius)는 앞으로 태어날 자신의 아들이 자신을 죽일 것이라는 신탁의 경고를 받는다. 여왕인 조카스타(Jocasta)가 아들을 낳자, 왕은 아이를 산에다 버려 죽게 하라고 명령한다. 양치기가 아이를 발견하고 폴리부스(Polybus) 왕에게 갖다 주었고 왕은 아이를 길렀다. 오이디푸스가 청년이 되었을 때, 코린스(Corinth)를 떠나 가다가 갈림길에서 우연히 라이우스를 만나게 된다. 누가 길을 먼저 갈 것인지를 놓고 다투다가 오이디푸스는 자신의 아버지인 왕을 죽인다. 다음에 오이디푸스는 스핑크스(Sphinx)에게 갔는데, 스핑크스는 테베로 가는 길을 막고 모든 여행자에게 수수께끼를 내서 그것을 풀면 통과하게 하고 풀지 못하면 목숨을 빼앗는다. 오이디푸스는 수수께끼를 풀었고 스핑크스는 치욕으로 스스로 목숨을 끊는다. 이 일을 감사히 여긴 테베의 사람들은 오이디푸스를 왕으로 추대하고 조카스타와 결혼을 시켰다. 그러나 신들은 모르고 하는 것일지라도 근친상간을 용서할 수 없었으며, 따라서 테베에 전염병을 퍼뜨린다. 그리고 신탁에 따라 라이우스의 살해자를 찾으면 그 상으로 전염병을 거두겠다고 한다. 이야기가 전개되면서, 오이디푸스는 범죄자를 찾아 도시를 구하겠다고 맹세하지만, 자신이 살해자이고 어머니와 결혼했다는 사실을 알게 된다. 비극적 결말에서, 조카스타는 목을 매어 자살하고 오이디푸스는 옷을 조이는데 쓰던 브로치로 스스로 눈을 찔러 시력을 잃고 만다(이재훈 외 역, 2002: 291-292).

Saul에 의하면 에디퍼스콤플렉스는 성적인 요소가 부모에게는 위협을, 아동에게는 불안을 유발하는 특별한 경우로 보인다. 어머니나 혹은 부모에 대한 아동의 다른 욕구를 간파할 정도로 성적 요인을 지나치게 강조하지 않는다면, 에디퍼스 콤플렉스는 광범위한 상황이 적용된다. 영아와 어린 아동의 가장 큰 욕구는 어머니의 부드러운 보호와 애정이다. 이들 욕구는 기본적인 것인데, 성적인 요소는 이 기본적인 의존적 사랑의 욕구가 위장된 것이다. 물론 억압적인 부모 태도 및 문화적 규범과 성이 갈등을 일으키는 경우, 이러한 성적 갈등이 반항과 죄책감, 신경증적 증상의 원인이 되는 힘이라는, 의심할 바 없이 타당한 주장을 부인하는 것은 아니다(이근후 외 역, 1992: 69).

　아이의 심리구조의 주요한 발달 세력으로 어머니에게 초점을 맞추는 것은 전통 정신분석이 관심을 가졌던 강조점에 큰 변화를 가져왔다. 정신분석에서, 중심 단계를 차지하는 사람은 아버지다. 어린 소년에게 거세 불안을, 그리고 소녀에게 남근 선망을 창조함으로써 아버지는 아이가 오이디푸스시기를 성공적으로 지나갈 수 있는지에 강력한 영향을 미친다. 대상관계이론에서는 어머니와의 관계가 우세하다. 아버지에서 어머니로의 강조점의 전환은 소수의 이론적 입장의 사소한 변화를 의미하는 것은 아니다. 그것은 중요한 개념의 재편성을 의미한다. 우선, 그것은 정상적인 발달에서 중요한 경험 유형과 갈등에 대해 무언가를 말하고 있다. 예를 들어, 친밀성과 양육에 대한 문제가 힘과 통제의 문제보다 중요해지기 시작한다. 다른 수준에서, 그것은 오이디푸스 갈등의 중요성에 대해 가히 혁신적인 무언가를 나타낸다. 대상관계이론가들에게 전 오이디푸스기의 사건들은 오이디푸스기의 사건들보다 성격 발달에 더 중요하다(이영희 외 역, 2007: 53).

　자기와 대상을 구분할 수 있게 된 이후에 초기의 자기 표상과 대상 표상들이 서로 격리된 상태에서 전체적으로 좋은 애정 상태와 연결되기도 하고, 나쁜 애정 상태와 연결되기도 한다. 그 결과 성장 초기의 자기와 대상 표상들이 좋으면 전체적으로 좋고, 나쁘면 전체적으로 나쁘다고 생각하게 된다. 이러한 생각은 심리적 욕구 충족기가 시작되는 생후 약 37개월 이후에 일어나게 되는데, 이는 복잡한 애정 상태와 관계를 맺게 되는 단계에 이르기 때문이다. 즉, 37개월 이전에 경험했던 자기와 대상 표상들과의 관계를 바탕으로 그가 새롭게 경험해야 하는 애정 상태를 결정하는데 이때 과거의 경험이 좋았다면, 그의 애정 상태도 좋은 것으로 느끼며, 좋지 않게 느꼈으면 나쁜 애정 상태로 결정해서 나쁜 것으로 느낀다.

따라서 아이는 37개월에서 60개월 되는 심리적 욕구 충족기에 부모로부터 원하는 사랑을 충분히 받아야 한다. 특히 이성 부모로부터 사랑을 받는 것이 아이의 건강한 심리적, 정서적 발달에 중요하다고 본다. 이는 아이의 자아존중감 형성에 미치는 영향이 크며, 심리적 갈등 혼재기(청소년기) 이후에 동성의 역할을 잘할 수 있기 때문이다.

2) 심리적 욕구 충족기의 특징

(1) 부모 역할

부모는 아동이 경험하는 최초의 인적 환경으로서 그들의 성장과 발달을 도와주는 역할을 한다. 따라서 부모는 단순히 자녀의 성장에 필요한 영양 공급뿐만 아니라 자녀가 걷고 말하고 자기 자신을 지키는 방법을 가르치며, 사회의 한 구성원으로 살아갈 수 있도록 필요한 지식과 기술을 습득하도록 도와줌으로써 올바른 태도와 가치관을 형성하는데 영향을 준다(김은숙, 2012).

Erikson은 이 시기를 '주도성 대 죄책감'이라는 대비되는 개념으로 설명하고 있다. 이 시기의 유아는 스스로 계획하고 달성하기 위해 주도적으로 행동하고 노력한다. 이 과정에서 유아가 설정한 계획과 기대가 성공적으로 이루어지면 주도성이 확립되지만, 유아가 잦은 실패와 갈등 또는 주위의 억압을 경험하게 되는 경우에는 죄책감을 초래하게 된다. 이 시기의 부모 역할은 '양육자로서의 부모(parents as nurturers)'라 규정지을 수 있다. 여기서 양육이란 자녀가 더 나은 발달을 하도록 이끌고 지도하는 것을 의미한다. 부모는 자기중심적인 유아에게 애정 어린 보살핌과 관심으로 교육하고 지도하는 양육자의 역할을 감당하여야 한다. 아울러 부모는 자녀가 자율성과 선도성을 위협받지 않으면서 책임감 있는 행동을 습득함과 동시에 부모와는 신뢰감을 더욱 증진할 수 있도록 양육하는 것이 무엇보다 중요하다. 그리하여 일관성 있는 규칙을 제시하되 유아의 호기심과 반응에 민감하게 대처하는 것이 필요하다(신용주, 김혜수, 2021: 156-157).

아이의 바람직한 성장과 발달에 부모의 역할이 미치는 영향이 크다는 것에 이의를 제기할 수 없을 것이다. 아이에게 가정은 1차 학습장소이며, 부모의 행동거지에 의해 훈습화 과정을 거치면서 성격, 성향, 가치관이 형성되어간다. 아이는 주변 환경의 다양한 일들에 의해서 기쁨과 슬픔, 성취와 좌절, 자율과 구속 등을 경험한다. 부모로부터 칭찬, 인정욕구 충족, 자율성, 관심 등을 받으며 자라는 아이는 주도성을 갖고 자기답게 살게 되며 삶의 질이 높게 될 것이다. 그러나 비난, 체

벌, 구속, 간섭, 무관심 등에 자라는 아이는 낮은 자아존중감과 피해의
식으로 인해 관계 속에 어려움이 있으며, 삶의 질이 낮아지게 된다.

(2) 아이의 심리적 욕구

어린이는 자기 존재를 확인받기 위해서 어머니의 사랑을 필요로 한
다. 애정과 관심을 받고 있으며, 가치 있는 존재로 인정받고 있음을 알
려주는 사랑으로 인하여 어린이는 안정감을 얻는다. 어린이는 어머니
에게 애착을 느끼고 어머니의 사랑을 원하므로 주변 사람들 모두를 경
쟁자로 인식하고, 그 결과 투쟁–도피 반응이 야기된다. 어머니와 자
신이 단둘이 되기 위해 도피하고, 경쟁자를 미움과 적대감으로 대면한
다. 이 경쟁자는 형제나 자매, 아버지, 누구나 될 수 있다. 사랑에 대
한 욕구가 가족의 어떤 사람에게라도 애착을 보이는 것으로 나타날 수
있는데, 이때는 애착을 갖는 사람 이외에는 그 누구도 즉, 어머니까지
도 경쟁자가 될 수 있다. 이 발달 단계에서는 리비도의 초점이 구강기
의 입보다는 성인들처럼 성기에 있다. 그러므로 이 시기를 에디퍼스기
라고 부른다(이근후 외 역, 1992: 46).

David & Celani에 의하면 부모가 자신에게 제공해 주는 것이 무엇
이든 간에 비록 그것이 자신에게 상해를 입히는 것일지라도 받아들여
야만 한다. 아이는 부정할 수 없는 강렬한 욕구에 위압 당한 채 대상에
게 집중하고 있어서 자신을 대상의 학대로부터 보호할 수 없다. 그가

대상에게 필요로 하는 애착은 그를 파괴할 것이다. 그러나 아이에게는 그 문제에 대한 선택의 여지가 없다. 왜냐하면 어머니에 대한 욕구가 절대적이기 때문이다. 시간이 지남에 따라 거부당한 아이는 지지를 더욱더 필요로 한다. 이를테면 지속해 박탈된 경험이 있는 다섯 살의 아이는 다섯 살이 필요로 하는 것뿐만 아니라 더 어린아이였을 때 필요로 하는 애정을 요구한다. 이러한 아동의 양상은 정상적으로 양육된 아동들이 성장해감에 따라 점점 더 줄어드는 부모의 지지를 견딜 수 있게 되는 것과는 반대되는 양상이다(김영호 외 역, 2006: 25-26).

Freud는 3세에서 6세 사이의 아동은 무의식적으로 반대 성의 부모 쪽으로 향하게 되며, 실제로 자신의 반대되는 쪽의 부모를 소유하려고 한다고 가정하였다. 남자아이의 경우 아버지를 배제하고 자신만이 어머니의 사랑을 독점하고자 하는데, 그러기 위해서는 강력한 적수인 아버지를 이겨야 한다고 생각하기 때문에 아버지에 대해 경쟁심을 갖고 아버지와 투쟁하려고 한다. 그러나 자신이 아버지에 비해 힘이나 권위 면에서 매우 뒤떨어져 결코 아버지에게는 대적하지 못할 것을 알고 적개심과 공포를 느끼게 된다. 특히 자기보다 우세한 아버지가 자신을 이겨서 남성의 상징인 성기를 해칠 것이라는 두려움을 가지게 되는데, 이를 거세공포라고 하며, 이에 대한 불안을 거세불안이라고 한다. 아버지와 같은 남자가 되면 자신도 어머니의 사랑과 관심을 얻게 되리라는 생각이다. 그래서 아버지의 남성적인 행동을 모방하게 되는데 이를 동일시라고 한다. 남자아이가 사랑과 관심을 어머니 쪽으로 돌리고 어머니의 사랑과 관심을 얻기 위해 아버지와 투쟁하는 것과는 반대로 여

자아이는 사랑과 관심을 얻기 위해 어머니와 투쟁하나 아직 어머니에게 의존해야 하는 상황에서 투쟁의 어려움을 느끼고 다른 방법을 찾게 된다. 그것은 곧 아버지가 좋아하는 대상인 어머니 같은 여자가 되는 것이라고 생각한다. 그래서 어머니와 같이 되겠다는 모방심리가 생기기 시작하여 어머니의 여성적인 역할을 동일시하게 된다(권육상, 2003: 50-51).

Freud가 사고의 전능성이라고 부른 감각을 통해서 유아는 자신이 완전하고 전능하다고 느낀다. 이러한 전능성과 과대주의적인 욕구가 충족되지 못하고 좌절되면 그의 자기애적인 몰두는 지장을 받는다. 과대주의적인 욕구의 충족을 확보하지 못한 유아는 자신의 리비도적 에너지를 외부의 다른 사람에게로 돌려서 비록 완벽하지는 못하더라도 가능한 한 최대의 만족을 추구하게 된다. 이러한 과정에서 자기애적인 리비도는 정상적으로는 대상 리비도로 전환되며, 아동은 그의 부모를 중요한 사랑의 대상으로 삼게 된다. 이러한 부모에의 애착과 그 안에서 발달하는 오이디푸스적인 환상은 이후에 아이가 극복해야 할 발달적 과제가 된다. 만일 아이가 이러한 오이디푸스적인 환상들을 포기하지 못한다면, 그의 리비도는 자신의 유아적인 사랑의 대상에 고착될 것이며, 그는 신경증 환자가 될 것이다. 만약 나중에 그가 성인으로써 정신분석치료를 받게 된다면, 이렇게 지속되어온 유아적 애착은 분석가에게 전이되어서 강렬하게 재 경험되고 해석되는 것을 통해서만 해소될 수 있을 것이다(이재훈, 이해리 역, 2002: 260-261).

Freud에 의하면 3세에서 6세까지의 성장 시기를 남근기(phallic

stage)라고 부르는데 이 시기에는 남녀 아이 모두에게 페니스(penis)가 마음속에서 관심의 주가 된다. 즉, 성적인 관심, 자기가 주된 관심의 대상 또는 쾌락의 근거가 된다. 남자아이들은 자기 성기를 힘과 우월의 상징으로 보고, 여자아이들은 그것이 없다는 점에서 남근 선망(penis envy)과 더불어 열등감을 형성하게 된다. 이 시기의 후반기가 오이디푸스기인데 이 시기에 남자아이와 여자아이는 다른 진행 과정을 겪게 된다. 남자아이들은 생후부터 어머니를 사랑하고 또한 어머니와 동일시를 해왔기에 "나도 어머니처럼 아버지의 사랑을 받았으면 좋겠다."라고 생각하기 시작한다. 여자아이들은 어머니를 포함한 다른 여자들에게는 페니스가 없다는 사실을 알게 됨으로써 서서히 어머니와 동일시를 포기하는 대신 아버지와의 동일시를 시작한다. 그리고 아버지가 어머니를 사랑하듯이 자기도 어머니를 독점하고 싶어 한다. 따라서 아버지에게는 존경, 선망, 질투, 경쟁을 느끼고 어머니에게는 소유하고 사랑하고 싶은 마음을 갖게 된다.

이것이 오이디푸스 콤플렉스인데 이는 유아가 남성성(masculinity)을 발전시키는 데 중요한 역할을 하게 된다. 남자아이는 어머니를 포기하고 아버지와의 동일시를 시작함으로써 오이디푸스의 굴레에서 벗어나게 되는데 정신분석에서는 이를 오이디푸스 콤플렉스의 해소라고 한다. 여자아이는 남자아이와 마찬가지로 출생 이후 어머니와의 동일시를 계속하여 오다가 자신에게는 페니스가 없다는 사실을 발견하게 된다. 그로 인해 어머니에게 페니스가 없는 자신을 낳은 어머니에게 실망하고 남자들의 페니스를 부러워하게 된다. 이를 남근 선망 또는 남성 콤플렉스라고 한다. 따라서 사랑의 대상은 어머니에게서 아버지로 변하게 되고 어머니처럼 아버지의 사랑을 독점하고 싶어 하며 아버지와 가까이하려고 한다. 이와 함께 어머니를 사랑의 경쟁자로 생각하여 어머니를 적대시하는 행동을 보이게 된다.

시간이 흐르면서 아이들은 이성 부모에 대한 욕망과 적대 행동에 대해 죄책감을 느끼게 된다. 이를 해소하고자 동성 부모와의 동일시를 시도함으로써 이러한 갈등들은 점차 동성의 부모를 닮아가면서 해소되게 된다. 아이들이 동일시 과정을 통해 부모의 규범과 그가 속한 사회의 규범을 내재화하게 됨으로써 초자아가 발전하게 된다. 즉, 근친상간의 심정을 성공적으로 해결함으로써 초자아가 발전하게 되는데 이를 오이디푸스 콤플렉스라고 한다.

이 시기에 욕구 좌절, 욕구 미충족의 심한 경험을 한 아이들은 심리적 어려움의 인자가 형성되는데 남자아이들은 거세의 두려움을 지니게 됨으로써 아버지와 같이 권위 있는 선생님, 직장 상사, 윗사람 등을 유난히 무서워한다. 이와 함께 뻔뻔스럽고 타인으로부터 인정과 박수를 받고 싶어 하는 성격을 형성하게 되는데 정신분석에서는 이러한 성격을 남근기적 성격이라 한다. 여자아이들은 남근 선망을 갖게 되어 매사에 남자 못지않게 더 잘하려고 하며, 히스테리(hysterie)적 성격을 갖게 된다. 이러한 과정에서 연극적이고, 표현이 과장적이며, 유혹적이며, 정서가 불안정한 성향을 형성하게 된다. 또한 자기중심적이며, 허영심이 강하고, 감정이 쉽게 변하기도 한다.

따라서 심리적 욕구 충족기에는 양육자로부터 아이가 원하는 사랑과 관심을 충분히 받아야 한다. 이 시기에 아이는 자기중심성이 강해지고 다른 사람의 입장을 생각하지 못하고 주도적으로 생각하고 행동한다. 또한 이 시기의 특징은 부분적인 이미지가 전체적인 이미지로 통합되는 것이다. 긍정적 감정과 결부된 아이의 좋은 이미지와 공격적인 감정과 결부된 자기에 대한 나쁜 이미지들이 전체적인 자기 체계로 통합되어 진다. 이와 유사하게, 부정적 감정을 품은 대상에 대한 부정적 이미지는 긍정적 감정을 가지고 있는 대상에 대한 좋은 이미지와 합쳐진다. 아이는 양육자에 대해 전체적이고 현실적인 이미지를 설정하게 된다. 또한 자아, 초자아 그리고 원초아는 정신 내적 구조로 굳어지게 되며, 자아정체성이 설정되며, 대상 표상으로 이루어진 내적 세계는 더 잘 조직되고 인식된다. 이 시기에 초자아는 독립적인 하나의 정신 내적 구조로 통합된다.

5. 심리적 갈등 혼재기

1) 심리적 갈등 혼재기의 이해

심리적 갈등 혼재기는 생후 11세 전후부터 시작되며, 부모로부터 심리적 독립을 하는 시기에 끝나게 된다. 이 시기는 변화가 심하게 나타나는 시기로 청년기, 청소년기, 사춘기, 질풍노도의 시기, 과도기 등 다양하게 불리고 있다.

권육상에 의하면 청소년기는 일반적으로 12세에서 18세까지를 말하며, 흔히 사춘기라고도 한다. 세계적인 추세가 성인 연령을 만 18세 정도의 수준으로 낮추고 있기 때문에 만 18세가 되지 아니한 시기까지를 청소년기로 보는 것이 타당하다. 청소년기는 아동기와 성인기 사이에서 아동기와 성인기의 특성을 함께 가지고 아동에서 성인으로 발달해 가는 과정 중의 한 시기이다. 이러한 과도기적 성격 때문에 이중적 성격, 즉 주변인(marginal man)으로 정신적으로나 신체적으로 불안정과 불균형이 심하게 일어나는 '폭풍과 노도(성난 파도)의 시기'이다. 그만큼 청소년기는 극도로 광적이며 불안하고 위험한 시기라는 뜻이다. 문화적 과도기나 경제적 과도기와 정치적 과도기가 모두 그러하듯이 과도기란 반드시 혼란이 있고 진통이 있고 불안정이 있게 마련이다(권육상, 2003: 56).

청소년기는 아동기부터 초기 성인기까지에 걸친 발달 시기이고, 대략 10~12세에 시작되어 18~22세에 끝난다. 청소년기는 빠른 신체적인 변화로 시작된다. 체중과 키의 극적인 증가, 몸매의 변화, 가슴의 확대와 같은 성적 특성의 발달, 음모와 수염의 발달, 굵어진 목소리 등 발달의 이 시점에서 독립과 정체성의 추구가 두드러진다. 사고는 더욱 논리적, 추상적, 이상주의적으로 되어 간다. 이 시기에는 많은 시간을 가정 밖에서 보낸다(김인자, 2012).

청소년은 아동기를 벗어나 성인이 되어가는 과도기에 있으면서 더 큰 자율성과 증가된 능력감을 발달시키고 자신의 삶에 대해 책임을 져야 하는 부담감에서 어린 시절로 다시 돌아가고 싶은 퇴행의 욕구를 느끼기도 한다. 청소년기의 개인은 부모와 정서적으로 가깝고 따뜻한 관계를 유지하면서 부모에게서 분리될 수 있어야 한다. 일반적으로 자녀가 청소년기에 도달할 때 세대 간의 가족관계에 전체적인 변화가 일어난다. 청소년은 신체적으로 성숙하고, 부모 세대는 중년기에 접어들며, 조부모 세대는 고령화에 의해 여러 가지 문제에 직면한다. 부모는 자신도 정체감 위기를 경험하는 중년기에 처하게 되면서 가족 경계의 융통성을 증가시키고 부모의 권위를 조정함으로써 청소년 자녀가 독립성과 발달적 성숙을 얻을 수 있도록 해야 한다(김춘경 외, 2010: 417).

청소년기는 신체적, 인지적, 심리적 발달을 통해 부모와 대등성을 가지며, 부모가 더 이상 이상적인 대상이 아님을 인식하고 탈 이상화와 개별화가 시작된다. 부모도 자녀에 대한 유아적이고 의존적인 대상 표상을 주체적 결정을 할 수 있는 대상으로 변경하여 인식하게 되는 중요한 시기이다. 급격한 변화 속에 이루어지는 강렬한 상호작용은 혼란스러울 수 있으며, 이에 따른 긴장을 과도하게 방어하고자 하면 각자의 개별화는 왜곡되거나 실패하며 갈등을 야기하게 된다. 그러므로 부모와 청소년 자녀의 발달과제와 상호작용에 대한 통합적 개념을 가지는 것이 매우 중요하다. 부모는 청소년 자녀의 발달과 개별화 욕구를 이해하고, 동시적으로 일어나는 자신의 개별화를 인식할 필요가 있다. 자녀 역시 자신과 부모의 마음속에 일어나는 일들을 조망하고, 그 안에서 느껴지는 관계의 분위기를 인식할 수 있을 때 더욱 유연하게 대처할 수 있다. 이러한 과정의 절정은 부모와 청소년이 갈등과 양가 감정의 긴장 상태를 견디고, 상호인식과 존중을 통해 동시적으로 개별화되는 순간이다(문덕수, 반건호, 2016).

Hall은 청년기를 "질풍노도의 시기(A period of storm and stress)"로 묘사하였다. 질풍노도라는 말은 독일의 작가 괴테와 실러에게서 빌려온 말이다. Hall은 청년기가 혼란스러운 것은 인간의 진화 과정에서의 과도기적 단계의 반영 때문이라고 이해한다. 즉, 아동도 아니고 성인도 아닌 모호한 위치에서 청년은 자아의식과 현실 적응 사이의 갈등, 소외, 고독, 혼돈의 감정 등을 경험하게 되고 이로 인한 긴장과 혼란이 이 시기를 '질풍노도의 시기'로 만든다는 것이다. Hall은 또한 청년기를 '새로운 탄생'으로 보았는데 청년기에 보다 높은 수준의, 그리고 보다 완전한 인간 특성이 새롭게 태어나는 것으로 보았다(정옥분, 2009: 474 재인용).

심리적 갈등 혼재기의 혼란스럽고 고민하는 자녀들은 가족들이 바라보는 자기의 모습이 아니라 참된 자기 자신으로 인정받기를 갈구한다. 가족들이 주장하는 방향으로가 아니라 자신의 방법으로 이해하고, 해석한 자기 경험을 갖고자 한다. 이와 함께 가족들의 바람과도 일치하고 그들의 마음에 드는 정체성을 유지하고 싶어 한다. 그러나 참된 자아에 더 접근한다고 느껴지는 자신의 내적 혼란, 불안, 고통의 응어리를 겉으로 표현하고자 하는 욕구가 피할 수 없는 치명적인 갈등을 일으킬 수밖에 없다. 이는 정리되지 않는 자기 내부의 혼란을 내면화하고자 하는 미숙한 시도인 것이다. 참된 자아는 순응과 적응이라고 하는 거짓에 의해 덮어버린 참 자아를 찾고자 한다. 이러한 노력에도 불구하고 몸부림이 더욱 격렬해지고 거부감을 심화시켜서 자신은 가족에게 용납될 수 없다는 생각에 이르기도 한다.

자신에 대한 개념과 자신에게 의미 있는 타인이 가지고 있는 자신에 대한 개념과의 관계는 자녀의 자아 정체감을 발달시키는 중요한 요인이다. 자신에 대한 정의와 사회적 정의와의 관계는 모든 심리사회적 단계에 있어서의 개인 정체성에 대한 핵심적인 내용이라 할 수 있다. 그러나 정체감을 강화하는 것은 자녀에게는 힘겨운 과업이며 나아가 새로운 욕구와 자아 기능의 발달을 요구하게 된다. 욕구에 따라 자기 정체성의 변화가 요구되고 동시에 자아의 역량에 대한 새로운 개념 또한 발달하게 된다. 그리고 변화된 자기 정체성은 내면의 복잡하고 미묘한 변화과정과 성장함으로 자연스레 뒤따르는 사회적 인식의 변화를 통합시키게 된다. 동시에 외부 현실을 개념화할 수 있는 자녀의 능력도 발달하게 된다.

논리적 사고 영역에 있어서의 새로운 능력과 가설 형성, 그것을 일반화시킬 수 있는 그의 능력은 자신이 처해있는 상황에 대한 새로운 인식을 가능하게 할 뿐 아니라 자신의 과거와 미래, 가족, 사회에 대해서도 새로운 관점으로 보게 된다. 그러나 심리적 갈등혼재기에 자아정체감 형성이라는 심리사회적 과업을 성취하지 못했을 경우 병리적인 결과가 나타난다. 가족 내에서 서로의 관계는 자아정체성의 확립 또는 정체성 혼란을 결정하는 데 영향력 있는 심리사회적 사건들이며, 심리적 갈등 혼재기의 자녀들이 겪는 병리의 중요한 결정물이 되는 것이다.

2) 심리적 갈등 혼재기의 특징

심리적 갈등 혼재기에 들어서면 개개인마다 다소 차이는 있으나 공통으로 나타나는 부분들이 있는데 남, 여 모두 이차 성징과 생식기능이 갖추어지며, 변화된 모습이 나타난다. 이와 함께 무의식에 잠재되어 있던 욕구나 욕망이 왕성한 성호르몬의 영향으로 인하여 때에 따라서는 자기중심성이 강하거나 거칠게 표출하여 관계 맺고 있는 주변인들과 갈등을 야기시키기도 한다. 또한 심리적 갈등혼재기 이전의 성장 과정에서 어떠한 경험을 하였는가에 따라 표출되는 성향은 저마다 다르게 나타난다.

정옥분에 의하면 사춘기가 되면 난소와 고환이 발달함에 따라 성호르몬 분비가 증가한다. 이 성호르몬은 일차 성징과 이차 성징의 근원이 된다. 일차 성징은 출생 시의 생식기에 의한 신체 형태상의 성차 특징을 가리키는 것이고, 이차 성징은 청년기에 들어서서 성호르몬의 분비에 의해 나타나는 신체상의 형태적, 기능적인 성차 특징을 의미한다 (정옥분, 2009: 419-420).

청소년기에는 잠복기 이전에 한 번 해결되었던 오이디푸스 콤플렉스가 재활성화된다. 이 시기에 다시 활성화된 오이디푸스 콤플렉스를 건강한 방식으로 해소하고 나면 현실감각을 갖게 되고, 부모와 이전과 질적으로 다른 관계를 두면서 자율성을 획득한다. 그리고 자아 이상의 동일시 대상을 현실적 대상으로 변화시키거나, 현실의 대상들에게 만족하면서 자연스럽게 성인기에 걸맞은 현실적 수준의 자기애를 가질 수 있다. 초기 성인기에 만날 사회적 정체성을 형성하는 과정에 생길 여러 가지 현실적 갈등이나 좌절을 견디는데 건강한 자기애는 매우 중요하다. 반면 청소년기 오이디푸스 콤플렉스의 적절한 해소 과정을 경험하지 못하면 현실적인 측면에서의 초자아와 자아 이상의 수정과 발달이 이루어지지 않게 될 수 있다. 이후 자아 중심적인 자기애의 특성이 지속된 청소년은 현실의 대상에 대한 반복적인 기대와 실망 속에서 현실 적응에 어려움을 겪을 수 있다. 그리고 성인기에 이르러서도 청소년기의 비현실적인 자기애를 유지하면서 대인 관계, 사회적응에 어려움이 생길 위험이 있다. 따라서 건강하고 정상적인 정체성 형성과 성인기 진입을 하는데 자기애를 다루는 것, 이와 연관한 재활성화된 오이디푸스 콤플렉스는 청소년기의 중요한 심리적 과제로 다가온다(장재용, 하지현, 2022).

이와 함께 발달 단계에 맞는 정서 함양은 개개인의 심리적 성장에 중요한 역할을 하게 된다. 권육상에 의하면 정서는 모든 인간 행동의 근원으로서 행동 표현의 방법과 방향을 규정하고, 모든 정신생활을 지배한다. 특히 청년기는 감정이 격하고 기복이 심한 시기로써 신체적 발달과 성적 성숙에 있어서 낙관적인 감정과 비관적인 감정을 서로 교차시키기도 하고, 자부심과 수치심을 강하고 극단적으로 경험하게 하기도 한다. 청년기의 일반적인 정서의 특징은 격정적이고 일관성이 없으며, 막연하고 불안정하기에 정서를 자극하는 대상도 성의 차이에 따라 달라질 뿐 아니라 기쁨이나 슬픔, 노여움에 대해서도 민감하게 반응한다. 특히 죽음이나 운명, 학교의 실패, 희망의 좌절, 부모와의 알력, 죄의식 등 추상적인 것 등이 더욱 많아진다(권육상, 2006: 83).

사춘기의 정서는 강렬하고 일관성이 없으며 불안정한 상태에 있다고 말할 수 있다. 또한 정서 표출을 억제하거나 내면화하면서 다른 방식으로 표출하려는 경향을 갖는다. 이렇게 정서적으로 큰 변화를 겪으면서도 청소년은 자신의 정서를 인식하고 감정을 이해하며 수용할 수 있도록 해야 한다. 다시 말해 불안정한 정서 속에 욕구 불만으로 부정적인 감정만을 경험하는 것이 아니라 자신의 감정표현과 행동이 타인에게 어떻게 영향을 미칠지 인식하고 깨달아 정서를 조절할 수 있어야 한다. 정서적 변화는 자아 체험을 통해 각종 생활감정(life feeling)이 발달하는 사춘기에 그 중요성이 매우 크다. 정서란, 희로애락에 대한 감정의 흥분상태를 의미하는 것으로, 내외적 자극을 받아 동요하고 흥분할 때에 경험하는 심리적 상태를 말한다. 사춘기에 정서가 급변하는 것은 내분비선이나 신체적 구조의 변화, 사회적 요인의 변화 등에 기인한다고 할 수 있다. 사춘기의 정서적 변화를 단계별로 살펴보면, 먼저 지적인 바탕 위에 성적 충동을 강하게 느끼면서 성적인 색채를 강하게 띠게 된다. 성적 관심이 높아지지만 이성에 반발하고 주변에 반항하는 등의 이중적 정서를 표출한다. 그들의 정서는 일관성이 없고 불안정하며, 정서의 기복이 아동기에 비해 넓고 격렬하다. 이러한 것들은 지적 발달과 자아의식의 변화에 큰 영향을 미친다(김주영, 김혜림, 2014).

한편 때 이른 사춘기 진입이 가져오는 심각한 부작용 중의 하나는 대뇌 편도핵의 때 이른 활성화이다. 편도핵은 정서 처리와 관련된 대뇌 부위로써 청소년 특유의 정서 폭발 현상이나 자극 추구 행동을 촉진시킨다. 그러나 정서 통제나 문제해결능력, 의사결정능력 등 구체적 사고능력과 관련된 대뇌피질 영역은 아직도 성장 과정에 있으므로(Hooper 등, 2004) 어린 청소년들은 합리적인 판단을 하지 못한 채 위험한 행동을 스스럼없이 감행한다. 다시 말하면 성장의 가속화 현상은 정서 발달과 인지 발달 사이에 불균형을 초래하여 과거보다 더 어린 연령에서 성행동을 시작하게 되고 다양한 성 관련 문제를 야기시킨다 (장휘숙, 2012).

심리적 갈등 혼재기에 나타나는 이차적 성징은 체모와 수염의 발달, 목소리의 변화, 유방의 발달, 생식기의 현저한 발달 등을 의미하는데 이는 중추신경조직의 요인에 의해 촉발되고 뚜렷하게 증가하는 안드로겐 또는 에스트로겐의 순환에 의해 조절된다. 여성에게만 일어나는 월경과 회임과 수유의 기능이 그 예가 된다. 호르몬상의 불균형은 이차적 성징에 변화를 야기 시킬 수도 있다. 안드로겐의 결핍은 남성에게 가슴 확대증을 일으키고 과다한 안드로겐은 여성에게 다모증과 굵은 목소리, 음핵 비대증을 야기시킨다. 그러나 호르몬 수준의 변화가 성욕과 성행동에 미치는 영향은 이처럼 뚜렷하게 드러나지 않는 것이 일반적이며 보다 불명확한 성향을 지닌다.

심리적 갈등 혼재기에 접어들면 남자는 고환과 음낭, 음경이 커지며 음모가 발생하게 되고 정자의 생산 증가와 몽정이 있게 된다. 여자는 초경을 시작하며, 유방이 발달하고 자궁과 질이 커지며, 골반이 확대되고 음모와 액모가 발생한다. 이와 더불어 급격히 일탈된 행동을 하는 자녀들은 내면화된 병리를 가지고 있고 내적 갈등을 겉으로 표출하는 그 심각성의 정도를 반영하는 예후를 보이게 된다. 심리적 갈등혼재기 이전의 의존성으로부터 이 시기 이후의 독립성으로의 이동을 특징짓는 것은 누적된 내부의 혼란 또는 내적 고통이라고 할 수 있다. 이와 함께 이 시기에 새로이 발달한 추상적인 사고는 그들과 부모 또는 사회와의 관계에 있는 자신을 전혀 새로운 자유로움 속에서 개념화할 수 있는 능력을 준다. 이는 자녀들에게 부모로부터 부여된 자신의 위치와 그가 현실에서 보는 나머지 것들과의 관계를 객관적으로 사정할 수 있는 능력을 부여한다. 이 새로운 잠재력에 대한 부모의 반응은 자녀들의 자율성 발달에 지대한 영향을 미친다.

　따라서 심리적 갈등 혼재기가 끝나는 시점은 부모로부터 심리적으로 독립하는 시기라고 볼 수 있다. 이는 생물학적 나이와는 무관하며, 부모와의 융해 관계에서 벗어나는 시기이다. 이러한 시기는 배우자를 만나 결혼을 하거나 부모의 품에서 벗어나 독립적인 생활을 할 때를 의미한다. 그러나 부모로부터 독립을 하지 못하고 평생 심리적 갈등 혼재기에 머물 수도 있는데 이는 원가족 내의 병리 현상이 기인하기 때문이다. 이들은 때에 따라서는 서로 간의 강한 의존이나 밀착과 같이 융해 관계에 놓이기도 한다.

6. 심리적 성숙 독립기

1) 심리적 성숙 독립기의 이해

인간은 다른 생명체에 비해 오랜 기간 양육자의 보호 아래 성장 과정을 거치며 성인이 된다. 성인이 된 이후에는 대다수 원가족의 품을 벗어나 독자적인 삶을 살아가게 된다. 이는 배우자와의 만남으로 새로운 가정을 만들거나 부모로부터 독립을 하게 되며, 이전에 경험하지 못했던 새로운 변화를 맞이하는 것을 의미한다. 이러한 심리적 성숙 독립기는 성인기 또는 성년기라고도 하며, 국가와 사회문화 그리고 개개인에 따라 차이는 있으나 30대 전후에 이루어진다.

여성부에 의하면 인간 발달 단계 중 성인기를 어떻게 구분하는가 하는 것은 연구자에 따라 차이가 있는데 Helen l. Bee(2000)는 성인기를 18세부터 사망까지로 분류했으며, Havighurst(1972)도 성인 발달 단계를 성인 초기(18~35세), 성인 중기(35~60세), 성인 후기(60세 이상)로 구분하여 18세 이후를 성인기 시작 시점으로 보고 있다. 다른 한편 Arnett(2000)는 26세를 성인기 시작 시점으로 보았으며 국내의 여러 연구에서는 성년식을 갖는 만 20세부터 성인으로 보기도 한다(정옥분, 2004; 최운실, 2003). 그러나 최근에는 18세를 성인기의 시작 시점으로 보기에는 무리가 있다고 판단된다. 왜냐하면 성인기의 시작은 곧 개인이 성숙했음을 의미하는 것인데 일반적으로 성숙의 의미는 생물학적 측면과 심리적 측면, 사회적 측면의 세 가지 차원에서 논의된다. 우선 생물학적 성숙은 신체적으로 완전하게 성장했다는 의미로서 생식이 가능하다는 의미를 내포하고 있고 보통 18세~21세경에 생물학적 성숙은 완성된다고 간주한다는 점에서 18세를 성인기라고 보는데 별 이의가 없다. 심리적 성숙은 정신적 혹은 정서적 수준의 성숙 상태와 연결되므로 심리적으로 성숙한 사람은 새로운 상황에 적응할 수 있고, 미래에 대해 생각하고 계획할 수 있으며, 친밀한 관계에 헌신할 수 있어야 하며, 무엇보다 개인이 자신을 성인으로 지각할 수 있어야 한다. 사회적 성숙은 개인이 가정을 떠나 자신을 부양할 수 있을 때 이루어질 수 있다. 그러므로 사회적 성숙은 사회가 법적으로 보장하는 여러 가지의 권리와 의무를 수행할 수 있을 때 도달가능하다(여성부, 2008: 13-14).

전통적으로 성인기는 결혼으로 시작되기 때문에 결혼연령의 증가는 성인기 진입을 지연시키고 개인을 오랫동안 청년기에 머물러 있도록 한다. 그 결과 청년기는 더 길어졌고 성인기가 언제 시작되는지 분명하지 않게 되었다(장휘숙, 2012).

성인기 이전의 모든 시기들은 성인기로 들어가기 위해서 준비하는 시기로 볼 수 있으며, 성인기 이후는 이제까지 준비해 온 것을 실현하고, 구체화시키는 시기로써 대개 성인기를 22세에서 34세로 잡는다. 그랜트 스터디에 의하면 25~35세의 성인들은 직업과 자신의 가족을 보살피는데 전념하며, 특히 직업에서는 자신의 능력을 인정받고 전문 가가 되기 위해서 열심히 일한다고 하였다. 또한 성인의 성공적인 성 숙에는 지능이나 행복한 아동기 또는 풍족한 집안 배경과 같은 요인 이 아니라 훌륭한 지도자와 역할모델의 존재가 더 큰 영향을 준다고 보고 하였다. 이러한 성인의 발달은 '사랑과 일'을 통해서 자기 생활의 만족을 얻고 나아가서는 자기실현의 길을 내딛는 계기가 된다(권육상, 2006: 96).

또한 청년기에 부모로부터 분리, 독립하여 자율성을 찾는 과정에서 대부분의 청년들은 양가감정을 갖게 된다. 즉, 부모로부터의 독립에 대한 갈망과 함께 부모로부터 분리되는 것에 대한 불안감을 동시에 갖 는다. 청년들은 이러한 부모와의 분리에서 오는 불안감을 극복하기 위 하여 동년배 집단의 지원에 의존하고 집단의 규범과 기준에 동조하기 도 하지만, 진정한 자율성을 확보하기 위해서는 동년배 집단으로부터 도 분리되어야 한다. 따라서 부모가 청년의 분리와 독립에 대해 어떠 한 태도를 보이는가는 매우 중요하다. 부모가 이러한 청년의 양가감 정을 최소화하고 자율성 획득을 지원하기 위해서는 자녀들에게 부과 하던 금지나 제한을 줄이고, 가족 의사결정에 자녀의 참여를 격려하 고, 자녀를 독립된 개인으로 인정해 주어야 한다. 이와는 반대로 어떤 부모는 청년기에 자녀가 집을 떠나는 것을 금지하고, 지속해 보호하 려 하거나 자녀의 행동에 많은 제한을 가하기도 한다. 이런 경우 청년들은 부모로부터 분리되지 못하고 영원히 부모와 자녀로 남아 있거나, 부모와 적대적 관계를 형성하고 빈번한 갈등을 경험하기도 한다(김동배, 권중돈, 2000).

양육자의 따듯한 보살핌과 인정욕구 충족, 애착형성 등으로 자아존중감이 높게 형성되었다면 공동체 일원의 기대에 따라 주어진 역할과 책임을 잘 수행하게 될 것이다. 이들은 자기 삶의 주체가 되어 자기답게 살아갈 것이다. 그러나 양육자의 야단과 핀잔, 학대 등 바르지 못한 양육 태도로 인하여 이 시기를 보냈다면, 애착형성의 결여, 인정욕구 미충족으로 인하여 낮은 자아존중감, 피해 의식, 미해결 과제 등이 형성된다. 이는 심리적 성숙 독립기에 하여야 할 과업들에 부정적 영향을 미치게 된다. 이들은 삶의 과정에서 원치 않은 갈등과 소외로 인하여 관계를 힘들게 하기도 하고, 공동체 일원으로서 가져야 할 자기 주도성을 가지지 못하여 삶의 질이 낮아지게 될 수도 있다.

2) 심리적 성숙 독립기의 특징

오늘날 대부분의 사회에서 성인으로 간주되는 보편적인 기준은 학업을 마치고 경제적으로 독립하여 결혼을 하고 부모가 되는 시기이다. 즉, 경제적 독립을 이루고 사회적 역할과 맡은 바 책임을 다할 때 비로소 성인으로 인정받는다. 성년기는 지적, 정서적, 신체적 발달에서 굉장한 잠재력이 있는 시기이다. 많은 사람들이 성년기에 직업인, 배우자, 부모로서의 새롭고 중요한 역할을 담당하게 된다. 대부분의 사람들은 성년기에 처음으로 직업을 가지며, 사랑을 하고, 부모 곁을 떠나 결혼하고, 자녀를 낳아 기르는 중요한 변화를 겪는다. 청년기와 성년기가 되면 모든 신체적 성장과 성숙이 거의 완성된다. 성년기는 정력, 활력, 신선함, 젊음의 육체적 매력 등으로 특징지어지는 시기이다. 특히 20대는 체력이 절정에 달하고, 생식기관에도 아무런 문제가 없으며, 운동수행 능력도 절정에 달한다. 이 모든 것들은 신체 체계가 절정에 달한 것을 반영하는 것이다(정옥분, 2009: 495).

지금까지 규범적 발달로 인식되었던 인생 사건들이 개인에 따라 상당히 다양한 연령에서 경험되고 있다는 것이다. 아직도 학교 졸업과 결혼, 부모 역할의 시작 그리고 직업 생애의 시작은 성인기 시작을 특정 짓는 규범적 사건으로 인식되고 있기는 하지만, 과거와는 달리 많은 사람들은 각기 다른 연령에서 이러한 사건들을 경험하고 있다. 중요한 것은 서로 다른 연령에서 경험된 인생 사건들이 각 개인에게 서로 다른 영향을 준다는 것이다. 그 예로써 학교를 졸업하고 취업하고 그리고 결혼하는 인생경로를 선택하는 사람과 결혼하고 그 후에 학업과 취업을 병행하는 경로를 선택하거나 취업하고 결혼과 학업을 병행하는 경로를 선택하는 사람들의 삶의 양상은 크게 달라진다. 과거와 비교하여 결혼은 더 늦어지고 있고 자녀 출산도 지연되고 있으며, 결혼을 하고도 무자녀로 생활하는 사람들이 많아졌을 뿐 아니라 직업의 유형과 직업을 갖는 시기 및 직업으로부터 은퇴하는 시기도 다양해짐으로써 인생 과정은 점점 더 개별화되는 경향을 보인다. 이제 성인기의 규범적 사건으로 인식되었던 많은 변화들이 규범적이기보다는 개별 특징적 사건으로 인식되는 추세에 있다(장휘숙, 2008).

성인기에 있어 성숙한 사람은 주체성이 뚜렷하고, 자주, 독립성이 있으며, 홀로 판단과 결정을 할 수 있어야 한다. 또한 남의 의견을 존중하고 좋은 결정을 따르며, 책임감이 있고, 자기의 장점과 단점을 알면서 자기를 가치 있는 한 인간으로 긍정적으로 인정한다. 자기의 목표에 따라 나아가되 융통성이 있고 참을 줄 알며, 주위 사람들과 인화관계를 이룰 수 있다. 자기 분수에 맞게 일을 하며 일에서 만족을 느끼고, 성숙한 이성과 결혼하여 자녀를 양육하는 책임을 질 수 있어야 한다(권육상, 2003: 63).

또한 부부간의 사랑의 결과인 자녀의 출산은 부부의 삶의 방식과 가족생활에 많은 변화를 초래한다. 많은 사람들이 결혼 초기에 자녀를 갖긴 하지만 최근에는 부부 생활의 행복을 유지하고 경제적 안정을 찾기 위하여 자녀 출산을 연기하는 경우도 늘어나고 있다. 자녀는 부부간의 사랑을 연결해 주고, 친구도 되기도 하며, 부부간의 외로움을 감소시켜 주기도 하지만 첫 자녀의 임신, 출산 준비 등이 결혼 생활에 긴장을 야기하고, 결혼 만족도나 행복감을 감소시키기도 한다. 그 이유는 부모의 자녀 양육 기술이 부족하거나 의견 차이가 발생할 수도 있으며, 수면 부족, 가사와 양육역할 분담 문제 등으로 인하여 부부 사이에 갈등이 일어날 수 있기 때문이다. 따라서 자녀 출산 이후에도 부부간의 적응상태를 적절히 유지하기 위해서는 부모로서의 역할전환에 대한 준비가 되어 있어야 하며, 육아에 대한 지식을 가지고 있어야 한다. 이와 아울러 부부간의 역할과 책임에 대한 재조정을 포함한 전체 가족생활의 재조정이 이루어져야 한다(김동배, 권중돈, 2000).

심리적 성숙 독립기에는 인생의 커다란 변환기이자 새로운 출발점이며, 삶의 여정에서 활동 영역이 확장되며 자립의 기틀을 세우고 초석을 거쳐 중심 돌을 세우는 중요한 시기이다. 대다수는 원가족의 틀에서 벗어나 독자적인 틀을 형성하게 되며, 이전에는 경험하지 못한 일들이 생기게 된다. 이 시기에 대다수는 배우자를 찾게 되며, 결혼을 하고 자녀를 낳고 양육하며 삶을 이어간다. 아이는 언제 몇 명을 낳을 것인지, 거주는 어디에서 할 것인지, 집 장만은 어떻게 할 것인지, 원가족과 같이 살 것인지, 부부만이 독립적으로 살 것인지 크고 작은 당면 과제를 맞게 된다.

또한 자녀를 출산하고, 부양하여야 하는 의무와 권리가 형성된다. 일자리를 구하고 직장 내에서 자신의 영역을 확장하며, 다양한 관계를 통해 삶의 질을 향상하게 된다. 이 시기를 집을 짓는 과정에 비유하자면 집터를 어느 곳에 잡을까, 철근 콘크리트로 지을까, 나무로 지을까, 방은 몇 개를 만들까, 단층으로 할까, 복층으로 할까 내부는 어떻게 꾸밀까 등 구체적으로 구상하고 실행에 옮겨야 하는 시기이다.

인간의 삶은 무의식의 지배하에 놓여 있으며, 경험에 의해 형성된 양육자의 대상 표상이 자녀의 무의식에 자리 잡아 성인이 된 이후에도 지속적인 영향을 미치게 된다. 따라서 건강한 심리적 성숙 독립기로 지낸다는 것은 자신이 속한 삶의 공동체에서 순기능적 역할을 하며, 더불어 사는 사회의 구성원이 되는 것이다. 그러나 이 시기를 건강하게 보내지 못하게 되는 경우 자신의 삶과 관계된 공동체 일원들도 힘든 상황을 맞이하게 된다. 삶의 공간과 활동 영역에 적응하지 못하고 제도권 내에서 일탈하여 역기능적 사고와 행동으로 인하여 원치 않는 삶을 이어가기도 한다.

이와 함께 인생의 여정에서 선택의 기로에 처하기도 한다. 이러한 선택은 무의식에 형성된 대상 표상의 영향을 받기는 하지만, 자신이 의지로 결정하는 것이다. 그 선택에는 책임이 따르게 되며, 개개인의 삶의 질을 향상하기도 하고 낮추기도 한다. 그러나 마음이 가는 대로 선택을 하게 되면 후회를 덜 하게 된다. 심리적 성숙 독립기를 순기능적으로 보내게 되면 이후에 다가오는 심리적 틀 비우기 또한 무리 없이 맞이하게 되며, 공동체 일원으로서 건강하게 보내게 될 것이다.

7. 심리적 틀 비우기

1) 심리적 틀 비우기의 이해

틀은 일정한 격식이나 형식으로써 여기서 의미하는 틀은 인간의 마음속에 자리 잡은 가면(persona), 그림자(shadow), 참나(self)이다. 이러한 틀은 삶의 경험에 의하여 지속해 확장되고 있다. 비우기는 내려놓기를 의미하며, 삶의 여정에서 쌓아온 견고한 틀은 때가 되면 유연하게 내려놓아야 한다.

심리적 틀 비우기는 인생을 회상하며, 남은 삶을 정리하는 황혼의 시기로써 인간의 발달 단계의 마지막 시기인 노인기 또는 노년기라고도 한다. 이 시기는 70세 이후부터 삶을 마감할 때까지를 의미한다. 그러나 향후 의학의 발달로 인하여 인간의 수명이 연장되고 삶의 질이 향상됨에 따라 그 시기는 상향될 것이다.

권육상에 의하면 현대는 과학과 의학의 발달로 인하여 70대 이상에서도 노인의 징후를 보이지 않는 사람이 많다. 그럼에도 불구하고, 일반적으로 노인복지법(1981 제정)에 의하여 65세를 노인으로 규정하는 것은 아마도 대부분의 나라들이 은퇴 연령을 65세로 규정하고 있기 때문이 아닌가 생각된다. 노년기는 대부분 그동안 자신이 쌓아 올린 노력과 업적에 대해서 회상해 보는 시기로서, 학창 시절에 대한 회상이나 결혼과 사랑 또는 직업과 일의 만족도 및 자녀 양육 등 그 외 많은 젊은 시절의 자기 생활에 대한 성공과 실패 또한 만족감과 불행감 등에 대한 반성의 시기라고 할 수 있다(권육상, 2006: 120).

노인과 노화 과정을 연구하는 노인학 학자들은 오늘날의 70대 노인들은 10년이나 20년 전의 50대처럼 행동하고 사고한다고 말한다. 인간 발달의 단계를 명확히 구분 짓는 것은 어려운 일이지만, 그중에서도 중년기의 끝과 노년기의 시작을 한계 짓기가 갈수록 더 어려워지고 있다. 노년기의 전형적인 분류기준인 은퇴는 더 이상 신뢰할 만한 기준이 못 된다. 오늘날 많은 사람들이 50세에 이미 은퇴하는가 하면, 어떤 노인들은 70대 이후까지도 계속해서 일을 하기 때문이다. 노인 세대가 차츰 젊어질 뿐만 아니라 그 수가 점점 더 많아지고 있다. 65세 이상의 건강하고 활기찬 노인들의 숫자가 급격히 늘어나고 있기 때문에 머지않아 노년은 80세부터 시작된다고 해야 할지도 모른다(정옥분, 2009: 631).

의료과학과 기술 발전 및 삶의 질 향상 등으로 인하여 사람의 수명은 연장되었고 이는 고령화 시대를 초래했다. 고령화 시대란 노인의 인구 비율이 매우 높아졌으며 더 이상 노인 문제는 간과될 수 없게 되었음을 의미한다. 이런 현상은 한국뿐만 아니라 세계적인 문제이다. 수명의 연장이란 사람의 인생에서 노년기의 연장이며, 노년기 연장은

100세 시대라 일컫는 요즘에 인생의 1/3 정도를 노인으로 살아야 함을 의미한다. 따라서 노년기의 삶을 어떻게 살아야 할지는 우리 시대의 중요한 과제이다(김하나, 2019).

노년기에 이르게 되면 일반적으로 학습 능력의 저하가 일어나기 때문에, 노인들의 학습 능력을 향상시키기 위해서는 충분한 시간을 갖고 수행할 수 있는 구체적이고 의미 있는 학습 과제를 부여하고, 학습 결과에 대한 적극적인 환류가 이루어져야 한다. 노인들은 오랜 삶의 경험을 통하여 나름의 삶에 대한 지혜를 갖게 된다. 이러한 지혜는 지식과 실용적 능력을 결합하여 인생에 대한 더 큰 이해를 갖게 되는 개인적 지식의 통합체이다. 지혜는 공식교육, 부모나 스승의 가르침, 수도 등을 통하여 후천적으로 습득할 수도 있지만, 성인이나 종교 지도자처럼 선천적으로 지혜를 타고나는 경우도 있다. 노년기에는 반응속도의 저하와 같은 인지기능의 저하를 오랜 인생 경험을 통해 획득한 지혜를 사용하여 보완해 나갈 수 있다(김동배, 권중돈, 2000: 160).

인간은 개개인의 가치관에 따라 삶의 과정에서 권력, 명예, 재물 등을 추구하며 살아가고 있다. 이들은 저마다 이루는 과정에 차이가 있으며, 자신이 만들어 놓은 다양한 일들에 대해 자족하거나 부족함을 느끼면서 살아간다. 그러나 그중 일부는 더 많은 것을 소유하고자 하며, 이를 취하지 못하여 괴로워하기도 한다. 때로는 자신의 욕망, 욕심, 욕구 등을 충족시키기 위하여 자신을 혹사하기도 하고, 타인을 아프게도 하며, 고통을 주기도 한다. 이러한 욕심은 점차 자신의 틀을 견고하게 만들며 지키려고 혼신의 노력을 하게 된다. 그러나 때가 되면 그동안 이루어 놓은 것들을 내려놓아야 한다. 인생의 황혼기에 자신의 삶을 되돌아보며, 어깨 위에 짊어지고 있는 크고 작은 것들에 대한 집착을 내려놓음으로써 건강한 심리적 틀 비우기를 하여야 한다.

2) 심리적 틀 비우기 시기의 특징

Erikson은 인간을 전 생애를 통해 발달하는 존재로 보았으며, 노년기를 단순한 쇠퇴의 시기로 보는 것이 아니라 자아 통합을 이루는 발달 과정 중 마지막 단계로 보았다. 즉, 노년기를 발달의 정점으로 봄으로써, 가치 있고 중요한 시기로 평가한 것이다. Erikson의 이론에 따르면 자신의 인생을 그대로 수용하는 것이 성공적인 노년기를 이루며 자아통합을 형성할 수 있다고 하였다(김하나, 2019).

발달적 관점에서 노년기는 일에서 은퇴함으로써 사회적 역할과 경제력이 약화되고, 배우자나 친구와의 사별로 인해 인간 관계에서 상실을 경험하며, 신체적, 정신적으로 건강이 약화되는 상실과 쇠퇴의 시기라 할 수 있다(이현서, 정영숙, 2021). 또한 노인기는 역할 상실, 경제력 감소, 노화로 인한 신체건강 및 정신건강의 약화 등을 경험하며, 배우자나 친구의 죽음과 같은 상실감을 겪게 되는 시기이다. 이와 함께 사회적 지지의 축소로 우울, 무력감 등의 다양한 부정적인 생활사건에 자주 노출되면서 스트레스 상황에 직면한다(이형하, 최희철, 2017).

 이와 함께 노년기에는 신체 내, 외부의 변화와 상태에 대한 정보를 수집하여 뇌에 전달하는 감각기관의 기능도 저하된다. 먼저 시력은 40대 이후부터 약화되기 시작하여 70세 이후부터는 교정시력으로도 정상시력을 유지하기 어려워진다. 그리고 노년기에는 와우각의 퇴화, 내이에서 대뇌피질까지의 청각 체계의 반응 능력 감소, 중추신경계의 자극반응 능력 감소 등으로 인하여 청각 능력의 감퇴가 이루어진다. 55세 이후부터는 음의 고저에 대한 변별력이 감소하고, 노년기 후기에는 보청기와 같은 청력 보조기구의 사용 필요성이 높아진다. 미각은 이전까지는 큰 변화가 없으나 80세 이후부터는 맛봉오리가 감소하여 미각구별 능력이 쇠퇴한다. 그리고 연령이 증가함에 따라 일반적으로 수면시간이 감소하며, 노년기에는 취면 장애, 조기 각성, 숙면 장애를 경험하는 경우가 많다. 노년기에는 생식기능은 상실되지만, 성교나 성욕에 대한 상실은 아니며 남성 노인의 경우에는 70대에도 성적 관심과 성적 활동을 유지하기도 한다(김동배, 권중돈, 2000: 159).

 노년기의 정신건강은 유아기 때부터의 정신건강 상태와도 관련이 있다. 젊어서부터 성숙되어 있고 인격이 원만하며, 인간 생활에 적극적, 긍정적인 면을 보여준 사람은 노인이 되어서도 여러 가지 일에 잘 적응하고 문제해결 능력도 크다(권육상, 2003: 67). 특히 이 시기에 배우자와의 관계는 삶의 질에 미치는 영향은 크다.

 이은진, 남석인에 의하면 부부친밀감이 높을수록 자녀와의 관계에서 과도하게 방어적이고 폐쇄적일 수 있는 애착 회피가 낮아져서 자녀와의 관계에 긍정적인 영향을 미치는 것으로 해석할 수 있다. 정여진, 안정신(2012)의 연구에서는 노인의 부부 친밀감이 자녀와의 애착 관계에 미치는 직접적인 영향을 남녀를 나누어 따로 분석한 결과, 남성 노인은 부부 친밀감이 높을수록 자녀에 대한 애착불안이 감소하는 것으로 나타났고, 여성 노인은 부부 친밀감이 높을수록 애착 회피가 감소하는 것으로 나타났다. 즉, 남성 노인은 배우자와의 관계가 좋을수록 자녀에게 과도하게 의존하려는 경향이 낮아지며, 여성 노인은 배우자와의 관계가 좋을수록 자녀에게서 정서적으로 과도하게 방어적인 경향이 낮아졌다. 그러나 자녀와의 관계에서는 남편, 아내에게 애착불안, 애착 회피 감소라는 다른 양상으로 긍정적인 영향을 보이는 것으로 나타나 노인 부모와 자녀와의 관계에서 성별 차이가 존재함을 알 수 있다(이은진, 남석인, 2021).

삶을 갈무리하는 인생의 황혼기에 지나온 삶을 회상하며 오랜 기간 쌓고, 채우고, 지키며, 견고하게 다져진 삶의 틀을 서서히 비우고 변화하는 환경에 유연하게 대처하며 보내야 한다. 이 시기에 접어들면 신체적 노화와 유병률 증가, 외적 모습, 정신적, 심리적 변화가 나타난다. 지나온 삶의 과정과 개개인에 따라 차이는 있겠으나 5가지 고통에 처할 수도 있다. 5가지 고통이란 첫 번째는 질병으로 나이가 들면 신체적, 정서적, 정신적 기능의 저하로 나타나는 노인성 질환 등을 의미한다. 두 번째는 빈곤으로 경제활동의 어려움으로 인하여 소득이 줄게 되며 생활이 어려워진다. 세 번째는 고독이다. 주변의 지인들이 하나둘, 삶을 마감하여 느끼게 되는 고독이나 외로움, 그리움 등이다.

네 번째는 무위인데 허무함과 공허함을 느끼게 되는 데서 찾아오는 고통이다. 그리고 다섯 번째는 비우기인데 가지고 있는 것을 내어놓지 않으려 하고 더 많은 것을 가지려 하는 욕심과 사소한 일에도 집착하고 서운한 감정이 일어나는 마음이다.

3) 건강한 틀 비우기

노년기에는 죽음이 가까워져 오고 있으며 더 이상 죽음을 연기할 수 없다는 사실을 인지하고 그로 인한 불안을 피할 수 없다. 그러나 노년기에 죽음을 어떻게 수용하는지 또는 죽음에 대해 어떠한 의미를 부여하는지, 즉 죽음 불안에 대해 대처하는 모습에 따라 남은 여생 동안의 삶의 질이 좌우된다(임연옥, 허남재, 2017).

Erikson은 노년기를 자신의 삶을 의미 있고 만족스럽게 인식하게 되는 중요한 시기라 하였다. 이 시기에 만족감을 가지면 삶에 대한 적극적인 관심과 지혜를 얻게 되지만 자신이 무의미하고 후회가 되면 절망감에 빠지고 자신에 대한 경멸을 경험하게 된다(정아롱, 2012). 인간에게 특히 노년기에 '자아'가 중요한 이유는 한 사람이 자기 자신을 인식하는 것과 그리고 자신의 주변 상황을 인지하고 평가하는 통합적인 차원은 '자아'를 통하여 이루어지기 때문에 Erikson이 언급한 '자아'의 기능은 노년기의 죽음 불안을 극복하는 것에 있어서 매우 중요한 작용을 한다(김하나, 2019).

인생의 최종 단계는 인생의 과정 중에서도 매우 중요하고 소중한 부분이다. 만약 우리가 충분히 오래 산다면 가까운 이들의 죽음을 보게 된다. 더욱이 우리 자신도 언젠가는 죽을 것이라는 자각을 함으로써 인생의 기쁨에 대해 특별한 인식을 하게 되며, 자신이 살아오면서 간직한 가치들에 대해 되돌아보게 된다. 모든 죽음은 모든 삶이 서로 다르듯이 다르다. 죽어가는 과정은 사고 희생자, 말기 암 환자, 자살자, 그리고 순간적인 심장마비로 죽는 사람의 경우 모두가 똑같지 않으며, 유족들에게도 사별의 경험은 같지 않다. 그러나 우리는 모두 인간이다. 우리의 삶에서 공통점이 있는 것처럼 죽음에서도 공통점이 있다(정옥분, 2009: 677).

인간의 죽음에 대한 태도는 아동기에 시작하여 노년기에 이르기까지 장기간에 걸쳐 형성되는데, 노년기에는 죽음을 인생의 자연스러운 부분이라는 사실을 인정할 수 있게 된다. 그러나 이러한 죽음에 대한 태도는 자아통합성의 성취 정도에 따라 차이를 보인다. 만약 노인이 자아통합에 이르게 되면 자신이 살아온 인생을 수용하고 두려움 없이 죽음에 직면하는 능력이 높아진다. 그러나 절망에 이른 경우에는 죽음을 수용하지 못하고 타인을 원망하며 우울증의 경향을 보인다(김동배, 권중돈, 2000). 왜 죽음을 두려워하는가에 대해서는 사람마다 차이가 있다. 어떤 사람들은 죽음으로 인해 더 이상 실존할 수 없기 때문에 공포를 경험하고, 또 다른 사람들은 내세라는 미지에 대한 공포 때문에,

죽어가는 과정에 대한 공포 때문에, 육신의 소멸에 대한 공포 때문에, 사랑하는 사람과의 분리에 대한 공포 때문에 등 다양한 이유로 죽음을 두려워한다(장휘숙, 최영임 2008).

심리적 틀 비우기는 삶의 과정에서 이루어왔던 명예, 재물, 관계 등 쌓아놓은 것들을 유연성 있게 내려놓고, 삶을 정리하는 시기이다. 또한 아집이나 집착에서 벗어나 참된 나로 되돌아가는 과정이다. 자신의 삶을 주도적으로 이끌어온 사람들은 자기답게 삶의 흔적을 정리할 것이다. 그러나 타인의 힘에 이끌리어 주도적인 삶을 살지 못한 사람은 인생의 허무와 무상, 아쉬움 등을 느끼기도 한다.

'콩 심은 데 콩 나고 팥 심은 데 팥 난다.', '말이 씨 된다.'는 속담이 있다. 삶의 여정에서 어떠한 행동을 하였는가에 따라 그 결실은 다르게 이루어진다. 원인이 있어야 결과가 생기듯이 행한 모든 일들은 원하든 원치 않든 그 흔적은 나타나게 된다. 예를 들면, 말의 씨 두 개가 땅에 떨어져 뿌리를 내리고 새싹이 돋는다. 시간이 흐르면서 줄기가 커져 둥치를 이루고, 잎과 열매가 무성하고 그늘이 많은 두 그루의 나무로 성장하였다. 첫 번째 나무는 삶의 여정에 지치고 힘든 사람들이 그늘 아래에서 휴식을 취하고, 열매를 따 먹으면서 갈증 해소와 원기 회복을 하는 등 주변을 이롭게 하는 나무가 되었다. 그러나 두 번째 나무는 삶의 여정에 지치고 힘든 사람들이 열매를 따 먹고, 먹은 사람마다 내상을 입게 되어 고통과 갈증이 더욱 심해지는 해로운 나무가 되었다.

인생의 여정에는 개개인의 흔적이 남게 되며, 저마다 그 역할은 달리할지라도 심리적 틀 비우기는 건강하게 비워야 한다. 삶을 마감할 때 웃는 모습으로 편안하게 눈을 감게 될 것인가, 아니면 눈을 감지 못하고 힘들게 떠나갈 것인가. 지나온 시간들을 되돌아보기를 바란다.

　살아오면서 이루어 놓은 것들은 영원한 것이 아니고, 잠시 나에게로 와서 머물다가 떠나간다는 것을 알게 된다면, 크게 기뻐할 것도 없고, 크게 슬퍼할 것도 없다. 그러나 집착으로 인하여 내려놓아야 할 때 내려놓지 못하면 외부의 힘에 의하여 내려놓아야 하며, 원치 않는 상황에 처하기도 한다. 따라서 심리적 틀 비우기를 잘 해낼 수 있도록 노력하여 많은 이들이 노년을 즐겁고 행복하게 보내기를 희망하는 바이다.

참고문헌

강선희, 정남운(2002). 내현적 자기애 척도의 개발 및 타당화 연구. 한국심리학회지 상담 및 심리치료, 14(4), 969-990.

강혜숙, 김영희(2012). 부부의 성격특성이 결혼 만족도에 미치는 자기효과와 상대방효과. 상담학연구, 13(6), 2861-2880.

곽민하, 전혜성(2016). 부부 갈등과 부부 적응의 관계에서 탈중심화 및 용서의 조절효과. 가족과 가족치료, 24(3), 339-359.

권영순, 변상해(2019). 노인의 성 태도와 성생활이 삶의 만족도에 미치는 영향. 인문사회 21, 제10권 제5호, 1389-1402.

권육상(2003). 『정신건강론』. 서울: 유풍출판사.

권육상(2006). 『인간행동과 사회환경』. 서울: 유풍출판사.

금서현(2021). 정서 강도와 우울의 관계에서 정서변화 신념과 반추의 역할. 서울대학교 대학원 석사학위논문.

김경애(2020). 알아차림 명상과 연계한 부모 교육 프로그램 개발 및 적용. 동국대학교 대학원 박사학위논문.

김기홍(2009). 어머니의 양육 태도와 유아의 기질 및 조화적합성이 보육시설 적응에 미치는 영향. 중앙대학교 사회개발대학원석사학위논문.

김나영(2015). 부부의 갈등 완화를 위한 의사소통 미술치료 사례연구. 대구대학교 재활과학대학원석사학위논문.

김동배, 권중돈(2000). 『인간행동이론과 사회복지실천』. 서울: 학지사.

김미경(2021). 은둔형 외톨이 자녀를 둔 부모의 자녀 양육 경험에 대한 해석현상학적 분석. 광운대학교 대학원박사학위논문.

김선영(2009). 어머니의 양육 스트레스, 부모효능감 및 양육 행동과 유아의 사회적 유능성의 관계. 연세대학교 교육대학원석사학위논문.

김연(2014). 아동기 애착 및 피학대 경험과 대학생의 경계선 성격 성향의 관계에서 스트레스 대처양식의 매개효과. 경기대학교 대학원박사학위논문.

김영호(2004). 취업모의 양육 죄책감 경감을 위한 어머니 역할훈련프로그램의 효과성
연구: 대상관계이론을 중심으로. 부산대학교 대학원박사학위논문.

김은숙(2012). 부모 역할 교육이 유아기 부모의 양육 태도 및 효능감에 미치는 영향. 중
앙대학교 교육대학원석사학위논문.

김인자(2012). 발달신경심리학적 분석에 의한 미술치료 연구: 장애 및 부적응 아동 중
심. 한양대학교 대학원박사학위논문.

김진희(2014). 대학생이 인식한 부모-자녀 관계 특성에 따른 결혼 가치관 및 배우자 선
택조건. 한국생활과학회지, 제23권 제3호, 395-408.

김춘경, 이수연, 최웅용(2010). 『청소년상담』. 서울: 학지사.

김하나(2019). 에릭슨(Erikson) 이론을 기반으로 한 노인 자서전 미술교육 프로그램 개
발 연구. 단국대학교 교육대학원석사학위논문.

김현심(2009). 유아체육활동이 농촌지역 아동의 사회 · 정서 발달에 미치는 영향. 경북
대학교 과학기술대학원석사학위논문.

김현정(2009). 부모의 훈육 태도가 유아의 기본생활습관에 미치는 영향. 숭실대학교 교
육대학원석사학위논문.

나희영, 서미아(2020). 가족관계 어려움과 전문적 상담 추구 간의 관계에서 체면과 자
기 은폐의 매개효과. 가족과 가족치료, 28(1), 111-133.

노정현(2007). 시설 아동의 심리 정서적 지원으로서 집단미술치료 사례연구: D.
Winnicott의 정서 발달 이론을 중심으로. 한양대학교 교육대학원석사학위논문.

노준(2009). 발기부전. 의대논문집, Vol. 33, 22-28. 조선대학교부설의학연구소.

류도향(2021). 가족적인 것의 개념: 연결의 정치학을 위한 시론. 가족과 문화, 33 (4),
40-57.

문덕수, 반건호(2016). 부모와 청소년 간 분리개별화 과정의 동시성 개념. 精神分析 =
Psychoanalysis. 한국정신분석학회, 제27권 제2호, 35-41.

박경한(2006). 아동의 심리적 가정환경이 인성 발달에 미치는 영향. 관동대학교 교육대
학원석사학위논문.

박봉주(2018). 훈육 행동이나 지도 행위의 부적절함에 대한 인식: 어머니와 보육교사의

인식을 중심으로. 인하대학교 대학원석사학위논문.

박상윤(2022). 이혼 위기 부부 대상 연구 동향(2006-2021). 인문사회 21, 13(2), 1621-1634. 아시아 문화학술원.

박성환(2013). 블렌디드러닝 기반 부모효능감 향상 프로그램 개발 및 효과 분석. 숭실대학교 대학원박사학위논문.

박영숙, 이근후(1993). 『12회 면담 한시적 정신치료』. 서울: 하나의학사.

박은민, 백서희(2017). 청소년이 지각하는 부, 모 양육 행동과 행복의 관계에서 낙관성의 매개효과. 상담학연구, 18(4), 149-166.

박진재, 이은해(2002). 아동의 또래 관계 증진을 위한 사회적 기술 중재 프로그램의 효과. 유아교육연구, 22(2), 57-84.

박초롱(2013). 부부의 성 의사소통 유형과 성 기능 장애와의 관계. 가톨릭대학교 대학원석사학위논문.

반건호(2020). 청소년기: Granville Stanley Hall부터 Emerging Adulthood까지. 정신분석, 제31권 제4호, 63-69 한국정신분석학회.

백유미(2009). 노인기 섹슈얼리티 증진을 위한 집단상담 프로그램 개발. 한남대학교 대학원박사학위논문.

법무부(2020). 제812조(혼인의 성립). 민법 법률 제17503호 일부개정 2020.10. 20. 법무심의관실(02-2110-316).

서선영(2006). 한국 부부들의 성 이야기. 이화여자대학교 대학원박사학위논문.

서울대학교병원(2022). 서울대학교병원 의학정보, www.snuh.org〉health

손강숙, 주영아(2015). 기혼 중년 남녀의 성적 친밀감이 결혼 만족도에 미치는 영향: 부부간 의사소통의 듣기와 말하기의 조절효과. 한국심리학회지: 문화 및 사회문제, 21(4), 697-718.

송성자(2005). 『가족과 가족치료』. 서울: 법문사.

송양근(2006). 부부의 성 욕구 표현과 성 수행 불안이 성생활만족도에 미치는 영향 연구: 수도권 거주 기혼 남녀를 중심으로. 동국대학교 행정대학원석사학위논문.

신경희(2015). 『삶을 만점으로 만드는 스트레스 관리』. 서울: 영림미디어.

신경희(2017). 『스트레스의 핸드북』. 서울: 씨 아이 알.

신용주, 김혜수(2003). 안드라고지의 실천적 개념으로서의 부모효능감: 장애 자녀 부모 교육프로그램의 새로운 모형. 한국성인교육학회. Andragogy Today, 제6권 제1호. 59-84.

안성원(2014). 아동 공격행동에 대한 부모 반응 교육 프로그램 개발, 성균관대학교 대학원박사학위논문.

안숙향(2013). 노인의 성생활 인식이 삶의 만족도에 미치는 영향. 대구한의대학교 대학원석사학위논문.

안창현, 김진이(2008). 부부의 자아존중감, 의사소통 및 가족 응집성, 적응성과 갈등 대처 방식 간의 관계. 한국가족치료학회지, 16(2), 95-114.

안태윤, 김영혜, 고지영, 김명일(2011). 노인의 성생활 실태와 정책지원방안 연구. 수원: 경기도가족여성연구원.

양미아(2020). 중년의 사회적 관심과 생성감의 관계에서 결혼 만족과 일 만족의 매개효과. 목표대학교 대학원박사학위논문.

여성부(2008). 생애주기별 양성평등의식 교육: 성인기. 한국양성평등교육진흥원.

오매성(2002). 부부의 성 문제와 치료에 관한 연구. 서울신학대학교 상담대학원석사학위논문.

오승하(2012). 65세 이상 노인 부부와 독거노인의 성생활 인식이 생활 만족에 미치는 영향에 관한 연구: 음성군 지역을 중심으로. 극동대학교 [글로벌]대학원석사학위논문.

오한진(2016). 스트레스를 없애려 하기보다 잘 관리하자. 중년 건강 백과, 2016. 5. 26. [네이버 지식백과]

오현정(2014). 부부의 자존감, 성적 친밀감과 결혼 만족도간의 관계: 의사소통의 매개효과 검증. 한국상담대학원대학교 석사학위논문.

우지선(2021). 한국어교육에서의 자기효능감 연구 동향 분석. 학습자중심교과교육연구, 제21권 제2호, 1085-1110.

왕소희, 배희분(2021). 대학생이 지각한 부모의 심리적 통제가 사회불안에 미치는 영향: 내현적 자기애와 자기효능감의 순차적 매개효과. 가족과 문화, 제33집 4호, 193-226.

윤다희(2014). 영아의 발달 수준과 사회적 지원이 어머니의 심리적 특성에 미치는 영향. 배재대학교 대학원석사학위논문.

윤지영(2020). 어머니의 양육 태도와 아버지의 양육 참여가 유아의 기본 생활 습관에 미치는 영향. 부산교육대학교 교육대학원석사학위논문.

윤화연(2013). 어머니의 인성 특성이 아동의 정서 및 사회성 발달에 미치는 영향: 모-자 상호작용의 매개효과를 중심으로. 한세대학교 대학원박사학위논문.

이문길(2009). 당뇨병성 발기부전 백서에서 경구용 Rho kinase 억제제가 발기력에 미치는 영향. 서울대학교 대학원박사학위논문.

이보미(2016). 취약성-스트레스-적응모형을 적용한 결혼 초기 부부의 결혼 만족도 예측모형. 단국대학교 대학원박사학위논문.

이선형(2019). 부부 관계 유대감, 부모 양육효능감 및 유아의 정서 조절 능력 간의 관계. 서울여자대학교 대학원석사학위논문.

이순화, 천성문(2020). 청소년기 부모효능감 척도 개발 및 타당화. 교육치료연구, 제12권 제2호, 121-144.

이유미(2019). 학업 스트레스와 자기효능감 및 학업성취의 종단적 관계 분석. 전북대학교 대학원박사학위논문.

이윤미, 이영호(2012). 기혼여성의 오르가슴 장애 유무와 유형에 따른 성 태도 및 성행동의 차이. 한국심리학회: 여성, 17(1), 31-51.

이은진, 남석인(2021). 노년기 부부의 결혼 만족과 성인자녀관계 만족의 종단적 상호연관성에 관한 연구: 자기-상대방 상호의존모형(APIM)의 적용. 가족과 문화, 제33집 2호, 124-169.

이진숙(2005). 아동의 기질·가정환경·정서지능 및 사회성 발달에 관한 연구. 인하대학교 대학원박사학위논문.

이진숙, 이윤석(2020). 출산 전후 부부의 가사노동 변화. 가족과 문화, 32(4), 155-188.

이현서, 정영숙(2021). 노년기 사회적 지지 제공과 지지받기가 자기존중감에 미치는 차별적 영향: 삶의 의미 매개효과를 중심으로. 한국심리학회지: 문화 및 사회문제, 제27권 제4호, 505-528.

이형하, 최희철(2017). 노인기 스트레스와 우울의 종단적 관계에서 사회적 지지의 조절 효과. 전주: 국민연금연구원.

임연옥, 허남재(2017). 노년기 죽음불안과 영성, 낙관성의 관계. 지역사회학, 제18권 제3호 통권38호. 101-121.

임종렬(2000). 『관계적 사유』. 서울: 한국가족복지연구소.

임종렬(2001). 『대상중심 이론 가족상담』. 서울: 한국가족복지연구소.

임종렬, 김순천(2001). 『관계적 사유』. 서울: 한국가족복지연구소.

임종렬(2002). 『모신』. 서울: 한국가족복지연구소.

임향빈(2002). 국내 입양 활성화를 위한 교회 내 인식 전환. 사목, 제280호, 25- 37.

임향빈(2014a). 가족 갈등 문제를 가진 빈곤여성가구주의 변화과정 연구: 대상중심가 족치료를적용한 사례를 중심으로. 한국가족치료학회지, 22(2), 97-130.

임향빈(2014b). 『심리상담의 이해와 대상중심 가족치료의 실제』. 서울: 북랩.

임향빈(2018). 『단기상담의 이해와 실제』. 서울: 북랩.

임향빈(2018). 『관계형성이론 심리상담』. 서울: 북랩.

이혜욱(2020). 선교사 부부 갈등 해소를 위한 선교사 멤버 케어 활성화 방안. 백석대학 교 기독교전문대학원박사학위논문.

장정주(2015). 긍정적 정서 증진 훈련이 대학생의 정적 및 부적 정서, 정서 조절의 곤란 및 대인 관계에 미치는 영향. 정서, 행동장애연구, 제31권 제3호, 421 -443.

장재용, 하지현(2022). 청소년기 자기애와 오이디푸스 갈등: 최인훈의 '광장'. 정신분석 = Psychoanalysis, 제33권 제1호, 19-30.

장주현(2013). 선택적 음경 배부 신경 차단술은 조루증 치료를 위한 대안이 될 수 있는 가?: 임상적 사례와 문헌을 통한 고찰. 가천대학교 대학원석사학위논문.

장휘숙(2008). 인생 과정 조망과 성인기 발달. 한국심리학회지: 발달, 21권 3호, 99-113.

장휘숙(2012). 발달심리학. 국내 기사 학문연구의 동향과 쟁점. 대한민국학술원, 제2 집, 292 -303.

장휘숙, 최영임(2008). 죽음공포와 죽음수용의 관계. 한국심리학회지: 발달, 21권 2 호, 59-76.

전수경(2009). 미술치료가 스트레스에 미치는 영향에 대한 심리, 생리적 분석: 상담 전공 학생들의 점토 작업을 통하여. 한양대학교 교육대학원석사학위논문.

전지혜(2018). 긍정심리 집단상담 프로그램이 청소년 동반자의 부정 및 긍정 정서, 스트레스 대처 방식과 심리적 소진에 미치는 효과. 경성대학교대학원 석사학위논문.

정미혜(2010). 역기능 가정의 부모 양육 태도가 자녀의 낮은 자존감에 미치는 영향. 상명대학교 복지상담대학원석사학위논문.

정사라(2018). 배우자 선택 과정 및 무의식 역동이 가족 상담에 주는 함의. 서울여자대학교 사회복지, 기독교대학원석사학위논문.

조성희(2011). Bowen의 자기분화 개념에 근거한 어머니의 양육 경험 탐구. 중앙대학교 대학원박사학위논문.

정아롱(2012). 에릭슨의 심리사회적 발달 단계를 적용한 회상요법 미술치료가 치매 노인 삶의 질과 자아존중감에 미치는 효과. 경기대학교 미술·디자인대학원석사학위논문.

정옥분(2009). 『발달심리학 전 생애 인간 발달』. 서울: 학지사.

조두영(1999). 성(性)생활과 성 기능 장애. 精神身體醫學, 7권 1호, 10-25. 한국정신신체의학회.

조수동(2017). 노년기 파트너 유형별 친밀감과 성 관련 특성이 주관적 안녕감에 미치는 영향. 성신여자대학교 대학원박사학위논문.

차경수(2021). 변혁적 리더쉽이 운동선수의 경기력 향상에 미치는 자기효능감 매개효과 연구. 칼빈대학교 대학원박사학위논문.

최명현(2005). 여대생의 성적 자기주장 관련 요인. 연세대학교 대학원석사학위논문.

최빛내, 정현숙(2021). 학령기 학부모를 위한 Bandura 부모효능감 척도 타당화 연구. 가정과 삶의 질 연구, 제39권 제4호 통권 164호, 49-67.

최선녀(2015). 어머니 심리적 변인 및 양육 행동과 영아 기질이 영아 발달에 미치는 영향 구조분석. 배재대학교 대학원박사학위논문.

최성애, 조벽(2008). 『우리 아이를 위한 부부 사랑의 기술』. 서울: 해냄출판사.

최예림(2005). 아동의 정서 발달을 위한 미술감상교육에 관한 연구. 원광대학교 교육대학원석사학위논문.

탁용환(2017). 부부 의사소통 향상을 위한 목회적 제안. 장로회신학대학교 목회전문대
학원석사학위논문.

하경희, 강병철(2013). 빈곤 가구의 심리적 디스트레스 경험에 대한 질적 연구. 한국사
회복지질적연구, 7(2), 115-137.

한정원(2022). 정서 억제와 심리적 안녕감의 관계에서 정서 조절 목표의 조절 효과: 자
기 해석 양식에 따른 차이를 중심으로. 서강대학교 대학원석사학위논문.

홍강의 역(1998). 『부부가 함께 배우는 성』. 서울: 다섯수레.

홍대식(2009). 연애와 결혼 심리학. 서울: 박영사.

홍성열(2007). 스트레스: 교정칼럼. 교정, 51(2) 통권 제370호, 38-40.

홍정옥(2015). 노인의 성생활이 삶의 만족도에 미치는 영향: 성별 차이를 중심으로 명
지대학교 사회복지대학원석사학위논문.

Alexander, F. & French, T. M.(1946). 『Psychoanalytic Therapy: Principles and
application』. New York: Ronald Press.

American Psychiatric Association.(2002). 『정신분석 용어사전』. 이재훈, 문미희, 신은
향, 권혜경, 우재현 역. 원제: Psychoanalytic Terms & Concepts. 서울: 한국
심리치료연구소(원저 1990년 발행).

American Psychiatric Association.(2020). 『정신 질환의 진단 및 통계편람 제5판』. 권
준수 외 역. 원제: Diagnostic and Statistical Manual of Mental Disorders,
Fifth Edition. 서울: 학지사(원저 2013년 발행).

Bandelow, Borwin.(2014). 『정신과 의사가 들려주는 마음의 병 23가지』. 김태희 역.
원제: Wenn die Seele leidet: Handbuch der psychischen Erkrankungen.
서울: 교양인(원저 2010년 발행).

Bowlby, J.(1998). 『육아와 애정의 성장』. 송운규 역. 원제: Child care and the
growth of love, Pelican Books). 서울: 한국복지재단 홍보개발국(원저 1983년
발행).

Cashdan, S.(2007). 『대상관계치료』. 이영희, 고향자, 김해란, 김수형 역. 원제: Object Relations Therapy, New York: W. W. Norton. 서울: 학지사(원저 1988년 발행).

David P. Celani(2006). 『사랑의 환상: 배우자 학대의 대상관계론적 이해』. 김영호, 김도애, 이영호, 김순천 역. 원제: "The Illusion of Love -Why the Battered Woman Returns to Her Abuser-", Columbia University Press. 서울: 한국가족복지연구소(원저 1994년 발행).

Mann, J.(1993). 『12회 면담 한시적 정신치료』. 박영숙, 이근후 역. 원제: Time-Limited Psychotherapy, Cambridge. MA: Harvard University Press. 서울: 하나의학사(원저 1973년 발행).

Mitchell, S. A. & Margaret, J. B.(2002). 『프로이트 이후-현대정신분석학』. 이재훈, 이해리 역. 원제: Freud and beyond: a history of modern psychoanalytic thought. HarperCollins Publishers. 서울: 한국심리치료연구소(원저 1996년 발행).

Saul, L.(1992). 『정신역동적 정신치료』. 이근후, 최종진, 박영숙 역. 원제: Psychodynamically Based Psychotherapy. New York: Science House. 서울: 하나의학사(원저 1972년 발행).

Saul, L.(1999). 『인격 형성에 미치는 아동기 감정 양식』. 이근후, 박영숙, 문홍세 역. 원제: The Childhood emotional pattern. New York: Van Nostrand Reinhold Co. 서울: 하나의학사(원저 1977년 발행).

Walker, L. E.(1979). The Battered Woman. New York: Harper and Row.

https://terms.naver.com/entry.naver?docId=2118648&cid=41991&categoryId=41991 김주영, 김혜림 (2014). [네이버 지식백과] 사춘기. 심리학용어사전.

찾아보기

• 인명

• 용어